社区矫正机制问题研究

马兰花——著

APSS
本著作由高原科学与可持续发展研究院资金支持出版

法律出版社
LAW PRESS CHINA
北京

图书在版编目(CIP)数据

社区矫正机制问题研究 / 马兰花著. -- 北京 : 法律出版社, 2022

ISBN 978-7-5197-6639-9

Ⅰ. ①社… Ⅱ. ①马… Ⅲ. ①社区–监督改造–研究–中国 Ⅳ. ①D926.74

中国版本图书馆 CIP 数据核字(2022)第 060998 号

社区矫正机制问题研究
SHEQU JIAOZHENG JIZHI WENTI YANJIU

马兰花 著

责任编辑 张红蕊
装帧设计 汪奇峰

出版发行 法律出版社
编辑统筹 法规出版分社
责任校对 王晓萍　王语童
责任印制 耿润瑜
经　　销 新华书店

开本 710 毫米×1000 毫米　1/16
印张 17.75　　字数 302 千
版本 2022 年 5 月第 1 版
印次 2022 年 5 月第 1 次印刷
印刷 北京盛通印刷股份有限公司

地址:北京市丰台区莲花池西里 7 号(100073)
网址:www.lawpress.com.cn
投稿邮箱:info@lawpress.com.cn
举报盗版邮箱:jbwq@lawpress.com.cn
销售电话:010-83938349
客服电话:010-83938350
咨询电话:010-63939796

书号:ISBN 978-7-5197-6639-9
定价:68.00 元

凡购买本社图书,如有印装错误,我社负责退换。电话:010-83938349

自　序

社区矫正是体现国家治理体系和治理能力现代化建设的重要制度。实行社区矫正制度,其本身就是对国家预防犯罪、治理犯罪传统理念的突破,它强调使社区矫正对象成为守法公民是一项社会任务,需要充分调动社会力量参与社区矫正活动,而不再仅仅依靠政府机构。从社区矫正制度实施的情况调研来看,理念层面,社会需要增强对社区矫正的准确认知,增强社会公众参与社区矫正的主动意识;政府需要增强吸纳、培育、创新社会力量参与社区矫正的积极意识;实践层面,加强社区矫正工作专业队伍建设是迫切需求,社区矫正工作人员需要具备科学的态度和专业化的知识。同时,司法所依然是承担社区矫正日常工作的主要力量,亟须通过司法所体制机制改革,解决司法所任务繁重与工作力量薄弱之间的矛盾。从积累的社区矫正经验来看,社会建设的水平影响着社会治理的社会化水平,社区矫正工作的有效开展,需要注重提升社会建设水平,着力提高系统治理、依法治理、综合治理、源头治理能力,在党组织领导下,通过不断完善,充分激发社会活力,形成政府、基层群众自治组织、社会组织、社会力量共建共治共享的社区矫正格局。此外,社区矫正制度的实施应当体现因地制宜的特征。

本书选择青藏地区为分析样本。作为我国社区矫正制度实施的重要组成部分,青藏地区社区矫正工作自2009年始,虽已有十余年的发展(调研时,有些地方还不到十年),但至今尚未见到就青藏地区社区矫正问题进行研究的研究成果。青藏地区自然环境较为恶劣、经济发展相对落后、民族文化特色鲜明,其独特的地理环境与人文资源特征对社区矫正工作的开展均有一定程度的影响。围绕“机制构建”这一研究主题,调研考察时主要考虑了以下问题:青藏地区实行社区矫正的价值是什么?青藏地区社区矫正的运行机制是怎样的?青藏地区开展社区矫正工作的主要困境有哪些？青藏地区社区矫正的特殊性有哪些？地区民族传统文化与社区矫正的互动作用表现在哪些方面？青藏地区社区矫正长效机制构建的难点是什么？实现社区矫正规范化运行的要求是什么？如何进行契合青藏地区的社区矫正机制设计？本书结合法定要求，提出了机制构建的六个指标要素：价值、社会认知、工作队伍、矫正对象、工作内容、工作保障。本书认为，青藏地区社区矫正工作的开展，作为社区矫正制度的一种具体实施，在青藏地区表现出了社区矫正制度的价值效应。同时，由于青藏地区地理环境、人文资源的特殊性，青藏地区的社区矫正具有其特殊的价值取向，表现为保障青藏地区的社会稳定、推进青藏地区社会治理现代化、推动青藏地区民族民间优秀文化资源发挥积极作用。在研究方法上，原计划采用社区矫正工作参与式考察实证调研方法，设想按照法律法规的标准，对实务中的社区矫正工作过程进行考察与分析。但由于调研地区整体偏远，而且自然环境恶劣，部分地区社区矫正工作开展实际存在着客观的制约因素，原本采取的全过程参与考察，因种种原因没有深入。对于这些影响社区矫正机制运行的因素及其产生的问题的认识，本书认为，一方面，对于我国社区矫正制度内涵的丰富和完善具有重要价值；另一方面，也提示我们研究问题不能脱离实际，应当坚持实事求是原则，结合实际情况，围绕问题，始终将如何帮助提升社区矫正机制运行效力作为研究目标。

当然，由于分析问题水平有限，本书写作难免存在不足，敬请读者批评指正。最后感谢高原科学与可持续发展研究院资金支持出版本书，感谢法律出版社张红蕊老师对本书出版给予的认真精细的指导。

是为序。

马兰花

前　　言

本书研究的是社区矫正机制问题,涉及社区矫正机制的构建与规范化运行两个方面。本书实际调研考察了青藏地区的社区矫正工作。为什么以青藏地区为研究样本?以下将对此问题进行概括分析,并对研究的框架结构和写作方法作一说明。

一、青藏地区实施社区矫正的特殊性

青藏地区的地理环境与人文资源有着不同于其他地区的特征,这对于社区矫正制度在青藏地区的实行必然会产生一定的影响。例如,青藏地区高海拔、恶劣的自然环境,导致有些地方的社区矫正对象居住分散,增加了社区矫正工作开展的难度;青藏地区经济落后、工作条件艰苦,很多地方留不住人,形成社区矫正工作者流动性较大的现象;青藏地区社会建设较为落后,社区矫正工作需要的社会力量及其他社会资源严重不足;青藏地区某些传统文化意识对社区矫正工作的开展形成消极阻力;等等。诸多自然地理环境因素、地域性文化因素的特殊性和客观性,使得青藏地区的社区矫正机制在构建、运行过程中都具有一定的特殊性,这也是我国社区矫正机制运行完善过程中需要予以关注的问题。

(一)青藏地区实施社区矫正的基础的特殊性

社区矫正是国家利用广泛的社会资源,以非监禁形式将罪犯依法改造成为守法公民的一项强制性的制度安排。这种嵌入形式的社会制度要与青藏地区的实际条件相结合,便不可避免地会出现先进的制度与落后的社会经济之间的矛盾,而且这一矛盾短期内不会消失,因此,毋庸置疑,青藏地区社区矫正的实施与发展会面临很多问题。

首先,青藏地区地域辽阔,自然资源丰富,但地区经济发展的天赋基础却严重薄弱。自然经济游牧状态是青藏地区经济发展的起点,之后虽然一直在进行持续的努力,但是受青藏地区高海拔、多高山、高寒缺氧、自然灾害频发等恶劣自然条件的影响,青藏地区的经济发展仍然较为落后。其经济发展面临着天资差与后天自然环境不利的现实困境,若要加速发展经济,实则困难重重。

其次,青藏地区社会建设较为滞后,与国内其他地区相比具有较大的差距,而且青藏地区各区域之间也存在社会建设发展不平衡的问题。整体上,因受自然环境、经济水平、专业技术资源、基础设施等因素限制,青藏地区存在公共服务水平较低,医疗卫生、教育事业落后,社区干部不足,社会组织发育程度低,社会力量参与度不高、服务能力薄弱、作用发挥不明显等问题。由于社会建设的滞后,制约着人力资源的发展,青藏地区的社会资源极度缺乏。另外,世界格局复杂多元化,影响边疆的不稳定因素增多,青藏地区的稳定发展,一直是我国事关民族兴亡的政治大局之一,因此青藏地区保障社会安全稳定的压力较大。社会建设是社会稳定的前提,社会建设的滞后,导致社会利益诉求表达机制不通畅,不利于化解社会矛盾和减少社会冲突,直接影响着社会稳定,也使社会系统难以派生出符合社区矫正要求的资源。

总之,青藏地区社区矫正工作必须应对地区生产要素落后、经济基础薄弱、自然环境恶劣,以及因社会建设不足导致实施社区矫正制度受到制约的状况。

(二)青藏地区实施社区矫正的文化背景的特殊性

社区矫正制度的实施需要一定的思想文化作为精神支撑。因此,青藏地区实施社区矫正的特殊性还表现在青藏地区具有多元复杂的文化背景。按照哈耶克的说法,“文化乃是由习得的行为规则构成的传统”[1]。青藏地区少数民族具有多元化的特征,信仰宗教氛围浓厚,宗教在民族群众的生活中有着极其重要的地位,加之少数民族风俗文化的沉厚积淀,由此而形成的宗教信条与民族心理、民族文化、民族风俗习惯融为一体,并以非正式制度的形式对民族个体

---

〔1〕 [英]弗里德里希·奥古斯特·冯·哈耶克:《法律、立法与自由》(第1卷),邓正来等译,中国大百科全书出版社2000年版,第77页。

成员的行为规范和价值观念发挥着主导作用,尤其在一些民族聚居区,这种民族文化特征表现得更为鲜明。因而,社区矫正制度在青藏地区的实施面临着民族文化和地域文化的影响,但是这种影响并不一定就是一种消极阻力。从当前青藏地区社区矫正的实务经验来看,如果能用好非正式制度的因素和传统文化资源,对社区矫正制度的实施会产生积极有效的保障功能。因此,在研究民族地区社区矫正问题时,有必要考虑如何使地域文化包含的民族文化、民族性格、民族宗教中的积极因素在社区矫正中发挥积极作用;同时,对于社区矫正工作人员,在具备社区矫正专业知识的基础上,也应该相应地了解、熟悉相关地方性文化知识。

(三)青藏地区实施社区矫正的社区平台建设的特殊性

社区是社区矫正的执行地,是对符合法定条件的社区矫正对象开展社区矫正工作的基础条件。社区矫正过程要求专门机关在监督管理社区矫正对象的基础上,组织动员社区力量积极参与社区矫正过程,注重发挥村(居)民委员会、志愿者和社区群众对社区矫正对象的教育帮扶作用。所以,社区不仅是社区矫正专门机关联系社区矫正对象的平台,也是社区矫正对象与社会联系的桥梁和纽带。社区具有为社区居民提供社会化服务的功能,既包括自发、自愿的服务活动,也包括有组织、有指导的服务职能。社区建设的出发点和落脚点都是为了有效实现社区的服务功能,通过社区服务信息建设、社区资源建设等活动,持续提供有效服务,增强社区凝聚力,形成共驻社区、共建社区、共享社区资源的良好氛围。因此,加强社区建设、提高社区建设水平也是提高社区矫正水平、完善社区矫正功能的重要基础。换言之,社区矫正工作有效开展的客观需求是社区建设成熟、社区服务功能完善。当前,青藏地区的社区平台建设尚处于发展缓慢阶段,在经济、文化相对比较落后的条件下,社区服务水平有限,常见的只是对社区经济生活方面的基本秩序的维护。其中,以下一些特殊性,需要社区矫正工作予以关注:

一是按照社区网格化管理、社会化服务的方向,青藏地区出现了“村寺并联治理”等创新治理模式,并且取得了一定的成效,为社区矫正工作的有效开展提供了社区力量参与平台。

二是青藏地区城乡社区建设之间具有明显的差异性。相较农牧区的社区,城市社区的发展规模更大，建设规范性更强；城市社区居民的总体文化程度高于农牧区居民的总体文化程度，牧区居民的总体文化程度最低。在民族地区的农牧区，村民的参与意识还相当欠缺，许多村民根本不知道自己还能参与政府的事，他们认为村里的事也是政府的事，都是干部的事情。而且有些村委会制定的村规民约，除几条政治性要求的条文和一条生效日期规定外，其他内容都是针对违规行为的规定，包括对无故不参加乡、村要求参加的各种活动的罚款规定，显然很多情况下，村民即使参与也是被迫的，不符合民主自愿要求。

三是民族地区由于受地域条件、经济水平、文化教育等诸多因素的影响，在社区管理形式、服务体系、治理环境和文化建设等方面的发展都存在很大的限制性因素，社区建设明显滞后。有一些地区还没有现代意义上的社区，尤其是青藏地区的牧民以天然草场放牧为主的传统畜牧业历史悠久，虽然有牧民集中定居工程，但居住仍然具有分散性、流动性。而且一些偏远地区，村落之间路途遥远、交通不便、信息不畅，有的村委会无办公场所，不利于开展工作；很多村组织为村民提供公共服务的能力很弱。

总之，相对而言，对于社区矫正制度的推行，来自农村社区内部的、自我发展的协助动力不足。虽然在“全国一盘棋”的整体部署下，社区矫正的运行平台是社区，而且按照制度安排，社区功能的完善度和社区发育的成熟度直接影响社区矫正效果的发挥，但是青藏地区的社区功能整体上需要加强。与国家其他地方不同，青藏地区社区矫正工作的开展要对地区城乡之间、农牧区之间的地域差别、文化差别以及社区建设的差异性给予应有的重视。要因地制宜地选择具体的发展路径，否则就会造成居民、村民参与性主体地位的被忽视，成为政府独自支撑着社区矫正工作，使共建共治共享目标难以落实。这种状况不符合现代社会基层治理的要求，也容易使青藏地区社区矫正工作只是表现为简单的管理模式，使“社区”二字只是停留在“非监禁”而已，工作很容易形式化。

二、本书的研究任务

2013年，党的十八届三中全会提出健全社区矫正制度，标志着社区矫正问题成为党和国家关注的重点，表明了党和政府深入推进社区矫正，贯彻宽严相济刑事政策，保障人权，积极促进罪犯向社会顺利回归的强烈意愿。

社区矫正是体现国家治理体系和治理能力的重要组成部分，提出实行社区矫正制度，本身就是对国家治理犯罪、预防犯罪理念和传统规则的突破。矫正罪犯并使罪犯成为守法公民是一项社会任务，需要充分调动全社会力量参与社区矫正活动，而不再是仅仅依靠政府机构。从社区矫正制度实施的情况来看，当前社区矫正实施的重点和难点在于：理念上，社会需要增强对犯罪和罪犯的理性认识，转变社会公众的传统保守意识，提升社会对社区矫正的正确认知，增强社会公众参与社区矫正的积极意识，同时，还需要增强政府对基层社会治理的正确认识和创新吸纳社会力量参与社区矫正的积极意识；工作上，要建设完善社区矫正工作机制。从当前的工作实际来看，司法所仍然承担着社区矫正的具体工作。故有必要尽快推行司法所体制机制改革，解决司法所任务繁重与工作力量薄弱之间的矛盾；同时，还需要加强社区矫正专业队伍的建设，创新培育社会力量，发挥社会力量参与社区矫正的积极性，以创新意识推动社区建设、社会建设，帮助解决社区矫正社会基础薄弱，尤其是社会建设发展滞后地区社区矫正工作遇到的阻力与存在的问题。

作为一项覆盖全社会的治理制度，社区矫正在落实到特定的区域范围内，应当体现出其与特定现实情境相契合的工作方法上的特色。青藏地区社区矫正工作的开展实际面临着自然环境、经济发展、社会建设以及受其影响而存在的社区矫正专业人才匮乏、社会资源薄弱、民间非正式规则的影响、社区治理的特殊性等问题，直接影响甚至决定着青藏地区社区矫正机制的运行，但是对其中存在的困难和问题的认识，无疑对我国社区矫正内涵的丰富和完善具有重要理论价值和实践意义。而且，目前针对青藏地区社区矫正工作的考察研究极少。本书结合青藏地区的实际情况，尝试构建更符合青藏地区实际的、动态的社区矫正及其运行的分析框架，强调社区矫正的运行不仅是技术理性层面的，而且要在国家治理的价值考量中真正实现社区矫正合规律性和合目的性的统一。研究将主要围绕以下几方面问题展开：社区矫正的价值何在？（包括专门对青藏地区社区矫正价值的关注）社区矫正的社会认知如何？社区矫正面临的主要困境是什么？制约其发展的多重因素及其解困路径为何？区域社区矫正的特殊性表现在哪些方面？如何进行契合区域发展的社区矫正的制度设计？社区矫正的队伍建设如何？他们的工作状况与职能作用如何？社区力量状况如何？如何通过自上而下的制度安排与自下而上的内生发展的对接来保障社区矫正的实施？民族民间传统文化与社区矫正的契合作用如何表现？等等。

笔者认为,国家治理的实现在依赖法治手段的同时,必须重视社会治理的地区经验。青藏地区社区矫正的健康运行对于保障和促进青藏地区的稳定具有重要的意义。因此,笔者在本书中尽最大的努力关注分析区域的特殊性因素如何影响、制约社区矫正的健康运行并提出相应的对策。总之,从完善国家社区矫正的战略高度,应当重视社会、经济、文化发展建设与社区矫正之间的关系,以能够更好地适应社区矫正需要,并借此积极探索、建立健全社区矫正的运行机制和保障体系。

三、分析工具说明

制度的生命力在于实施。根据需要设立一项制度固然重要,但更为重要的是制度能否得到有效的实施,否则,再好的制度也只能是空中楼阁。而保证制度的有效实施必须构建实施机制,科学合理的实施机制才能够促进制度深入发展、实现制度目标。因此,社区矫正制度只有配备、搭建相应的实施机制,其涵盖的原则与内容才能够得到正常的运行,其制度预期功能才能得以发挥。另外,任何一项制度想要产生良好的制度功效,除了要有良好的制度设计外,更为关键的是要实现制度的"规范化运行",即严格按照制度的内在规律与运行规则来实施,否则,执行不到位的制度终究是纸上谈兵。当然,只有制度的运行机制构建起来之后,制度才能够得到有据、有序、有效的推行,也才能够实现规范化运行。为此,笔者认为,关注社区矫正制度的机制问题,就是要关注社区矫正的机制构建以及规范化运行的问题。机制与规范化是分析社区矫正机制的重要工具。

(一)机制

在《现代汉语词典》中,"机制"有 4 种解释:(1)机器的构造和工作原理;(2)有机体的构造、功能和相互关系;(3)某些自然现象的物理、化学规律;(4)泛指一个工作系统的组织或部分之间相互作用的过程和方式。[1] 结合词典的解释,可以理解"机制"的基本含义包含两个方面,一是制度本身,具体表现为制度的构造与功能;二是制度的结构要素,即制度是一个系统,由理念、规则、主体、

---

[1] 《现代汉语词典》(第 7 版),商务印书馆 2016 年版,第 600 页。

机构、工作方式、工作标准等要素构成，每一个要素都是独立的子系统，但彼此间相互作用，呈现出动态的磨合、排斥、嵌合过程。每一个要素对于制度缺一不可，而且与外部因素联系紧密。为了保证制度能够长期正常运行并使其产生长期效能和持续的影响力，需要建立长效机制。长效机制是解决制度实施过程中出现的问题的根本出路，也是巩固和发展制度实施成果的必然要求。长效机制具有一定的规律性，一旦形成，就具有较强的持续性和稳定性。

社区矫正制度的实施是一项系统工程，完善的长效机制在社区矫正的实际工作中能够发挥显著作用，促进社区矫正质量的持续提高。因此，有必要运用“机制”来研究分析社区矫正工作的开展情况及其存在的问题。一方面，要分析社区矫正制度本身，判断社区矫正制度的价值（功能）；另一方面，通过考察青藏地区社区矫正工作开展状况，分析社区矫正制度的结构要素，包括对社区矫正的认知，社区矫正的组织结构形式、各种制度规范、工作方式、工作效果等，同时结合青藏地区的社会发展状况，研究社区矫正制度面临的运行困境及其与社会发展因素的相互关系，分析建立社区矫正长效机制的难点、规律性、内驱性与稳定性，探索社区矫正具体机制，包括运行机制、保障机制、监督机制等。

（二）规范化

在《现代汉语词典》中，“规范”被解释为约定俗成或明文规定的标准；“规范化”被解释为“使合于一定的标准”。[1] 在本书的研究范围之内，笔者认为，规范与标准是纲举目张的关系，标准是规范的补充与细化。“规范化”不只局限于要求工作人员对规范、标准的遵守，从保障社区矫正制度发挥功效的角度，至少包含两个方面的含义：一方面，“规范化”要求尊重制度的运行规则。《社区矫正法》及相关规范性文件实施后，社区矫正工作对决定、接收、入矫宣告、入矫教育、监督管理、社区服务、集中教育、个别谈话、走访、解矫教育以及组织、指导社会力量参与社区矫正等工作的开展都有相应的标准要求，社区矫正不能任意而为，应当避免任何有违社区矫正规范的行为。另一方面，“规范化”要求具备社区矫正实施的标准条件和资源条件，包括要求构建完善的社区矫正运行机制，要求社区矫正工作贯彻体现开放、人道的价值观念，要求每一名社区矫正工作

---

〔1〕《现代汉语词典》（第7版），商务印书馆2016年版，第490页。

者和社区矫正对象尊重、理解、认同和支持社区矫正规范,要求社区矫正过程保障人的权利,使其中的每一个人都得到充分的尊重。

关注社区矫正的规范化运行,有利于强化社区矫正制度实施的严肃性和权威性,有利于进一步完善社区矫正法律制度,有利于增强公众对社区矫正的认知与尊重。实际上,社区矫正制度实施后,"规范化"一直是社区矫正运行过程中的重要关注点,其对社区矫正制度的有效实施始终发挥着基础性保障作用,在社区矫正功效提升中具有不可或缺的积极意义。

四、分析方法说明

本课题采用数据信息收集、问卷与访谈调研和案例分析相结合的方法分析问题。

首先,数据信息收集。在高度信息化的"大数据"时代,政府门户网站作为政府工作的展示窗口,是政府政务公开的重要平台。通过登录政府门户网站查询、收集有关社区矫正的官方数据以及相关社区矫正工作信息的效率较高。对运用查询获得的信息作为分析问题的资料依据具有一定的便捷性。笔者登录的政府门户网站包括国务院及其有关部门、青藏地区省级政府、青海省司法厅、西藏自治区司法厅、甘肃省司法厅、四川省司法厅以及青海省相关州市司法局、甘肃省甘南藏族自治州司法局、四川省甘孜州司法局和阿坝州司法局的门户网站等。

其次,问卷与访谈调研。笔者围绕客观评价青藏地区社区矫正工作机制,以考察分析青藏地区社区矫正机制运行过程为切入口,通过发放问卷和对社区矫正对象、司法所工作人员、社会力量等参与人员的观察、了解以及采取"一对一"的访谈形式获得研究资料。问卷发放采取现场发放与委托发放的形式。现场发放有利于发现问题后能够及时地沟通与了解。委托发放主要适用于地处偏僻边远、调研时间不能协调的地区。问卷调研主要分为两类:一类是关于青藏地区对社区矫正的认知状况,另一类是关于青藏地区社区矫正机制运行的基本情况。问卷调研的时间主要集中在 2018 年 3—12 月,关于青藏地区社区矫正机制运行基本情况问题的调研时间持续到 2021 年 7 月。选择调研访谈对象的标准主要考虑了是否对社区矫正有切身体会、是否直接参与了社区矫正过程、与社区矫正对象是否有密切关系、对社区矫正对象的矫正效果是否会产生

影响(包括积极影响和消极影响)等相关因素。具体调研访谈对象包括以下五类人员:

(1)司法行政机关工作人员,主要包括组织实施社区矫正的工作人员;

(2)社区矫正机构以及司法所工作人员,具体包括社区矫正机构工作人员、司法所所长、司法所负责社区矫正的工作人员;

(3)社区矫正对象,即实行社区矫正的犯罪人,既包括成年社区矫正对象,也包括未成年社区矫正对象;既包括女性社区矫正对象,也包括男性社区矫正对象;

(4)多方参与社区矫正工作的人员,具体包括居民委员会、村民委员会的工作人员,社区矫正对象的监护人、家庭成员,社区矫正对象所在单位、就读学校以及有关社会组织人员等;

(5)法院、检察院、公安机关工作人员,主要包括与社区矫正工作相关的公检法工作人员等。

调研访谈内容既涉及社区矫正的决定、组织实施、具体实施、执行与协助执行、法律监督、社会参与等工作环节,又涉及社区矫正机制运行过程中存在的不同层次的问题,以及听到的对解决这些问题所提供的积极的建议。

需要说明的是,第一,在开展相关调研访谈工作准备环节,选择、确定调研访谈地区时,采用了调研访谈地区应该具有地域、文化代表性因素的标准,选择的调研地区不仅包括多元化的社会经济地区,还包括具有丰富的民族文化资源的地区。具体的调研地点既有以汉族为主的社区,又有以藏族为主的社区,还有以回族为主的社区和多民族杂居的社区等。调研地区既包括自治地方,又包括非自治地方。第二,开展调研时,《社区矫正法》[1]并未颁布,最后着手总结时,《社区矫正法》已颁布实施。因此,对于《社区矫正法》与先前的规范性文件规定一致的内容予以保留,分析的法律根据表述为《社区矫正法》;对于《社区矫正法》与先前的规范性文件规定不一致的内容。重新进行了调研分析。但由于《社区矫正法》颁布实施之初,社区矫正实务实际尚未发生实质性的变化,有待继续关注。

最后,案例分析。案例是理论与实践之间的桥梁。案例分析为理论形成提

[1] 为方便读者阅读,本书中法律法规名称均省略“中华人民共和国”字样。

供现实依据,理论对实践发挥指导作用。采用案例分析方法,一方面,通过收集青藏地区社区矫正机制运行中发生的真实案例,选取其中具有代表意义的典型案例,用以论证说明社区矫正机制中的相关问题;另一方面,通过分析案例,研究案例与具体理论的连接点,在案例分析过程中查阅、参考了相关书籍和期刊数据库中有关社区矫正研究的文献资料。

五、结构体系说明

本书分为 11 个部分。

第一部分为序言,着重叙述社区矫正背景并概括阐明本书为什么研究社区矫正,为什么以青藏地区为研究样本,为什么研究社区矫正机制。指出,社区矫正的本质属性是其惩罚性,但社会性是其核心属性;青藏地区社区矫正有其特殊性;社区矫正长效机制与规范化运行是社区矫正制度发挥预期功能的基础与保障。

第二部分为社区矫正机制构建的理论要点。主要分析了社区矫正机制的基本特征与社区矫正长效机制的基本内容。

第三部分为社区矫正机制运行样本分析架构。主要分析了青藏地区社区矫正机制运行基本态势与社区矫正运行机制分析指标。包括社区矫正价值、社区矫正社会认知、社区矫正工作队伍、社区矫正对象、社区矫正日常工作和社区矫正保障要件 6 个分析指标。

第四部分是社区矫正价值判断。主要分析了社区矫正的价值类型,指出社区矫正价值属于刑罚范畴,社区矫正的价值有人道价值、公正价值、秩序价值。同时指出,青藏地区的社区矫正除了具有社区矫正的一般价值外,还具有特殊的价值,分别是:(1)维护青藏地区的社会稳定;(2)助推青藏地区的社会治理能力现代化;(3)推动青藏地区民族民间优秀文化资源发挥积极作用。

第五部分是社区矫正的社会认知。通过调查问卷和访谈的形式,分析了当前青藏地区的社区矫正社会认知状况。指出,当前青藏地区社会对社区矫正的认知度、认同度都较低,需要提高认知及认同。

第六部分是社区矫正机制的构成要件。分析了社区矫正工作队伍、社区矫正对象、社区矫正日常工作的基本状况和社区矫正保障要件。

第七部分是社区矫正机制运行系统性的理论模型分析。运用理论模型,归纳了当前青藏地区社区矫正机制的模型类型,分析其中存在的问题,设计青藏地区社区矫正机制的理想模型。

第八部分是社区矫正长效机制构建路径。认为明晰社区矫正机制构建难点是前提,明确社区矫正观是根本,加强社会建设是基础。

第九部分为社区矫正机制规范化运行基础。分析了社区矫正规范认知状况,归纳了社区矫正机制规范化运行的基本要求。

第十部分为社区矫正机制规范化运行的策略选择。建议完善机制,提高社区矫正机制的科学性,重视社区矫正机制本土特色和推行社区矫正机制联动模式。

第十一部分为未成年人社区矫正研究。分析了未成年人社区矫正的必要性和专有原则,提出应当关注的未成年人社区矫正相关问题,建议构建未成年再犯罪危险防控机制。

目　录

第一章　社区矫正机制构建的理论要点

第一节　社区矫正机制的基本特征

社区矫正机制，是指社区矫正机构根据社区矫正对象的具体情况和特点，通过履行监督管理、教育帮扶等执法职责，组织实施社区矫正工作，促进社区矫正对象顺利融入社会的制度体系。社区矫正机制主要表现为一种政府主导、多方社会力量参与的形式，因此，政府权力行使的方式和权威的体现以及社会力量参与的模式和效果等问题都是社区矫正机制必须涵盖的。由于社区矫正实施非监禁，社区矫正机制相较于监狱矫正机制有所不同，总结其基本特征主要表现在以下几个方面。

一、社区矫正过程中的方向性目标两元化

社区矫正的目的是促进社区矫正对象顺利融入社会，预防和减少犯罪。但目的的实现要经历一个过程，过程中有若干阶段的具体目标，有步骤、分阶段地推进工作。但无论哪一个阶段，设置的具体目标都是社区矫正过程中方向性目标的组成部分。所谓方向性目标，是社区矫正过程中的阶段性具体目标的方向是为了实现社区矫正目的。方向性目标为阶段性具体目标把握方向，主要表现为两个方面：一是以保护社区安全、公众安全为目标，这一目标应该是社区矫正机制运行的根本立足点，社区矫正应当最大限度地保护社区安全与民众的利益不受社区矫正对象可能重新犯罪的侵犯；二是以教育帮扶社区矫正对象为目标，这一目标源于社区矫正的核心属性，是为了让社区矫正对象顺利地融入社会。因此，提升教育帮扶质量是社区矫正工作的目标任务，致力于提高教育帮扶质量是社区矫正机构的使命。这两个目标既是相互

关联的,也是相互一致的。一定程度上,实现保护社区安全的目标依赖教育帮扶社区矫正对象目标的实现。只是不能一味地强调对社区矫正对象的教育与帮扶,而忽视必要的监督管理在防范社区矫正对象可能重新犯罪中的重要意义,也不能只注重保障社区安全目标的实现,而轻视了对社区矫正对象的教育与帮扶。

二、社区矫正被寄予更高的期待

社区矫正属于刑罚范畴,社区矫正对象是罪犯,社会上大多数人对"罪犯进监狱"已经形成了习惯性思维,而社区矫正过程是在社区对社区矫正对象进行矫正,因此在矫正罪犯的效果上,社区矫正工作实际上承担着社会期望值更高的压力。而且,与监狱矫正相比,社区矫正面临的社会要求更高。一方面,社区矫正要体现威慑性,通过监督管理表明具有惩罚犯罪与剥夺犯罪能力的功能,防止社区矫正对象产生脱管、失控甚至重新犯罪的情况,积极保障社区安全;另一方面,社区矫正还要体现人性化与社会化的特征,转变矫正观念,提高教育帮扶意识,保障社区矫正对象的权利,实现刑罚执行方式文明化,以"管理和帮扶相结合"的模式帮助社区矫正对象顺利融入社会。而这两个方面的实现在很大程度上取决于社区矫正机制的科学性、规范性、协同性、有效性以及社区矫正机构工作人员的专业素养和工作能力,包括观念态度、知识素养、工作素养、责任素养都应当符合社区矫正工作的要求。具言之,社区矫正机构及其工作人员应当具备进行社区矫正的专业知识以及高度的责任感和敏锐的警惕性,社区矫正机制应当体现出权威高效性和协同规范性的特征。

三、社区矫正工作坚持专门机关与社会力量相结合

社区矫正过程强调实现社会化。社区矫正的社会化,指的是不同于监狱矫正过程中集中监控的管理体制,社区矫正工作要求坚持专门机关与社会力量相结合。按照《社区矫正法》的规定,社会力量参与社区矫正过程,主要有以下三种形式:(1)居民委员会、村民委员会、社区矫正对象的监护人、家庭成员和社区矫正对象所在单位或者就读学校具有协助社区矫正机构做好社区矫正工作的法定义务;(2)社区矫正机构根据需要,可以组织具有法律、教育、心理、社会工作等专业知识或者实践经验的社会工作者开展社区矫正相关工作;(3)国家鼓

励、支持企业事业单位、社会组织、志愿者等社会力量依法参与社区矫正工作。无论哪种形式，确立社会力量依法参与社区矫正的要求，不仅形成了开放的矫正罪犯的新格局，而且有利于提升犯罪防控的社会化程度，充分发挥专门机关与社会力量相结合的综合性功能，使之实现法律、社会和经济效果相统一。当然，这在一定程度上也推动了社区矫正关系的复杂化。如何有效地整合社会力量参与社区矫正，对社会力量实施有效的引导与管理，不仅是政府管理层面宏观上的需求，也是社区矫正过程中的具体需要。

四、社区矫正需要建立长效机制

社区矫正是促进社区矫正对象顺利融入社会的重要刑事执行活动，经过多年的探索和实践，社区矫正工作积累了丰富的经验，建立了行之有效的制度，取得了显著成效。但是也要看到，犯罪现象是客观存在的，防控犯罪是一项长期任务，不可能一蹴而就。因此，社区矫正工作的开展，既要立足当前、解决突出问题，又要着眼长远、建立健全社区矫正长效机制。只有通过制度规范和长效机制，才能持续发挥监督管理与教育帮扶作用，提升社区矫正工作水平。社区矫正注重建立长效机制，需要完善现有制度机制，对实践检验行之有效的制度，要长期坚持，并将社区矫正实践活动中好的经验做法及时上升为制度规范，同时强调责任担当，强化制度执行力，形成制度有效的社区矫正良好局面。

第二节　社区矫正长效机制的基本内容

社区矫正功效的发挥，关键在于构建职责明确、科学合理的长效机制。随着《社区矫正法》的实施，社区矫正的发展面临更高的要求，迫切需要建立持续提高社区矫正功效、使社区矫正发挥长期有效作用的机制。社区矫正长效机制包括哪些内容，是构建长效机制首先需要弄清楚的问题。毫无疑问的是，长效机制不是单一的某种制度，也不是具体的哪项措施，而是通过一系列具体制度、措施表现出来的完整统一的制度体系和它的内在机理。具体来说，长效机制至少应该包括以下两个层面的内容。

一、基础性制度层面机制

(一)责任主体机制

主要明确社区矫正工作主体。根据《社区矫正法》和《社区矫正法实施办法》的规定,司法行政机关负责指导管理、组织实施社区矫正工作。县级以上地方人民政府根据需要设置社区矫正机构,负责社区矫正工作的具体实施。司法所根据社区矫正机构的委托,承担社区矫正相关工作。

(二)调查评估机制

依法明确委托主体、调查主体、调查程序、调查时限等调查评估规范。根据《社区矫正法》和《社区矫正法实施办法》的规定,社区矫正决定机关根据需要,通过委托社区矫正机构或者有关社会组织对被告人或者罪犯的社会危险性和对所居住社区的影响,进行调查评估,形成调查评估意见,供决定社区矫正时参考。

(三)监督管理机制

对社区矫正对象进行监督管理是社区矫正的必然要求,是社区矫正顺利并有效实施的基础和保障。根据《社区矫正法》和《社区矫正法实施办法》的规定,对社区矫正对象的监督管理涉及的具体内容包括多个方面,大体上可以概括为以下八个层面:一是专项的监督管理机制,包括"报告"制度、"会客"制度、"外出"制度、"禁止令"制度、"电子定位"制度、"收监执行"制度等;二是矫正方案管理机制;三是日常监督管理机制;四是分类监督管理机制;五是考核奖惩机制;六是变更执行管理机制;七是风险管理机制;八是档案管理机制。

(四)教育帮扶机制

教育帮扶是社区矫正的工作任务之一,是帮助社区矫正对象顺利回归社会、适应社会的有效措施。对社区矫正对象进行教育帮扶,是社区矫正人道价值的延伸。根据《社区矫正法》和《社区矫正法实施办法》的规定,对社区矫正对象的教育帮扶,在内容方面,包括道德法治教育、职业技能教育、心理健康教育和提供临时救助、落实社会保障措施、就学帮助、法律援助等;在教育帮扶形式上,包括分类教育机制、个别教育机制;在实施教育帮扶方式上,包括机构实施机制、委托实施机制。

(五)社会力量参与机制

多方社会力量参与矫正工作是社区矫正制度最显著的优势,也是落实社区矫正任务的内在要求。根据《社区矫正法》的规定,在社区矫正工作体系中,关于组织社会力量参与社区矫正工作有三个层面的运行机制:一是社会工作者参与制度。社区矫正机构根据需要,组织具有法律、教育、心理、社会工作等专业知识或者实践经验的社会工作者开展社区矫正相关工作。社区矫正机构可以通过公开择优购买社区矫正社会工作服务或者其他社会服务,也可以通过项目委托社会组织等方式,为社区矫正对象在教育、心理辅导、职业技能培训、社会关系改善等方面提供必要的帮扶。二是基层群众性自治组织参与制度。居民委员会、村民委员会依法协助社区矫正机构做好社区矫正工作。三是家庭、学校、单位参与制度。社区矫正对象的监护人、家庭成员、所在单位或者就读学校应当协助社区矫正机构做好社区矫正工作。

(六)相关部门衔接配合机制

建立健全社区矫正工作相关部门间的衔接配合机制,是保证有效实施社区矫正的前提条件。社区矫正工作体系中,人民法院、人民检察院、公安机关、监狱机关等部门与司法行政机关、社区矫正机构之间具有相互分工、密切配合的法律要求。各相关部门不仅应当认真履行各自承担的社区矫正工作职责,还需认真开展有效的衔接与配合,以形成工作合力。相关部门之间的工作衔接与配合,既包括各部门在社区矫正实施过程中的协调问题,也包括各部门依法履行职责问题。

(七)信息共享机制

社区矫正工作涉及多个部门,为保证社区矫正质量,提升部门间的协作联动能力,使人民法院、人民检察院、公安机关、司法行政机关等部门之间实现社区矫正信息的互联互通,需要建立跨地区、跨部门和跨层级的社区矫正工作信息资源共享机制。根据《社区矫正法》和《社区矫正法实施办法》的规定，社区矫正机构应当注重提高社区矫正信息化水平，社区矫正工作相关部门之间需要建设社区矫正信息共享平台，建立社区矫正信息实时查询机制，以推动实现社区矫正工作动态信息的共享。

（八）突发事件处置机制

为了有效预防、及时控制和消除社区矫正过程中的突发事件的危害，根据《社区矫正法实施办法》的规定，社区矫正机构应当建立突发事件处置机制，发现社区矫正对象非正常死亡、涉嫌实施犯罪、参与群体性事件的，应当立即与公安机关等有关部门协调联动、妥善处置，并将有关情况及时报告上一级社区矫正机构，同时通报执行地人民检察院。

二、保障性制度层面机制

（一）组织领导机制

党的领导是社区矫正工作有效开展的根本保证。根据《社区矫正法实施办法》的规定，社区矫正工作坚持党的绝对领导。社区矫正工作人员应当把党的领导贯彻到社区矫正的全过程，自觉接受党的领导，认真履行矫正职责。

社区矫正关系到社会秩序的安定与风险，涉及司法机关与政府行政管理的多个部门、多项环节。因此，社区矫正工作绝非司法行政机关一家之事，从调查评估到作出决定、进入执行阶段，从监督管理到教育帮扶，都需要在党委和政府的统一领导下完成。各党委和政府应当从党和国家事业的整体发展、社会整体稳定的高度来重视、支持、推进社区矫正机制的健全与完善。

（二）社区矫正工作队伍建设机制

专业高效的社区矫正工作队伍是提升社区矫正工作质效的关键所在。建设拥有数量充足、结构合理、素质优良的社区矫正工作者队伍，对青藏地区社区矫正工作的有效开展具有十分重要的意义。工作队伍建设保障机制应当包含对社区矫正工作人员的考核、选拔、培训、激励等内容，以促进人才队伍建设，提高社区矫正工作的规范化、专业化水平。

（三）规范履行矫正职责机制

为维护社区矫正工作人员的合法权益和职业尊严，保证社区矫正工作人员依法履行矫正职责，《社区矫正法实施办法》确立了相关保障机制，包括以下三个方面：一是权利保障机制。社区矫正工作人员的人身安全和职业尊严受法律保护。对于侵犯社区矫正工作人员权利的行为，社区矫正工作人员有权提出控告。对因依法履行职责遭受不实举报、诬告陷害、侮辱诽谤，致使名誉受到损害的，有关部门或者个人应当及时澄清事实，消除不良影响，并依法追究相关单位或者个人的责任。二是排除阻力干扰机制。社区矫正工作人员对任何干涉社区矫正执法的行为有权拒绝，并按照规定如实记录和报告。三是规范责任追究机制。如果对社区矫正工作人员追究法律责任，应当根据其行为的危害程度、造成的后果以及责任大小予以确定。

（四）监督制约机制

监督是权力正确运行的根本保证。社区矫正工作人员应当严格遵守宪法和法律，忠于职守，严守纪律，清正廉洁。健全权力监督制约机制是保证社区矫正工作顺利开展的现实需求。

监督体系包括四个层次：一是对社区矫正工作的内部监督。司法行政机关、社区矫正机构以及接受委托的司法所，通过日常监督，对内部开展社区矫正工作情况进行监督检查，包括自查自纠或者同级之间、上下级之间、委托机构与被委托机构之间的监督检查。二是法律监督机关监督。由人民检察院依法对社区矫正工作实行法律监督。三是纪检监察机构监督。四是社会监督。监督范围方面，既包括社区矫正前的调查评估活动，也包括进入社区矫正后的各环节的工作。通过开展合法性监督，依法查处其中存在的违法违规职务行为，依法制约社区矫正工作中各相关部门公权力的运行，保障社区矫正对象依法享有的人身权利、财产权利和其他权利不受侵犯，在就业、就学和享受社会保障等方面不受歧视。

（五）经费保障机制

青藏地区社区矫正工作条件艰苦、任务重，需要强有力的经费作为物质基础,因此应当建立必要的经费保障长效机制,调动社区矫正工作人员的积极性,促进社区矫正工作发挥实效。

(六)宣传教育机制

社区矫正坚持专门机关与社会力量相结合的基本原则。社会力量的协同配合能力越强,社区矫正运行机制的有效性越鲜明。但专门机关与社会力量之间能否形成良好合作状态,与人们对犯罪的观念、对社区矫正的认知水平有着密切联系。因此,深入开展社区矫正法治宣传教育,建立健全社区矫正宣传教育长效机制,对提升人们的社区矫正认知水平,增强人们参与支持社区矫正工作的积极性和主动性,形成与专门机关共同帮助社区矫正对象顺利融入社会的良好氛围,具有十分重要的意义。

第二章　社区矫正机制运行样本分析架构

机制运行，即工作是怎么开展的。对社区矫正机制运行现状有一个总体上的把握，是构建长效机制的基本前提。从实践机制运行现状中梳理出存在的问题与困境，探寻其中的制约因素，提出可能的理想路径，是本书构建社区矫正长效机制的基本思路。同时，考虑到社区矫正机制的构建与运行是一个法律问题，从法的角度对其开展规范性分析与研究应当是其基本要求，因此，本章在描述当前青藏地区社区矫正机制运行态势的基础上，结合长效机制构建需要具备的要件，以《社区矫正法》和《社区矫正法实施办法》的规定为分析依据，总结形成相关分析指标要素，为下一步从规范运行方面分析研究社区矫正机制的实际运行状况、探索构建长效机制的有效路径奠定基础。

第一节　青藏地区社区矫正机制运行基本态势

从总体上看，青藏地区的社区矫正工作处于规范稳定状态。自社区矫正工作开展以来，青藏地区严格遵循《刑法》《刑事诉讼法》《社区矫正法》等法律法规，结合本地实际，推进社区矫正工作并进行工作机制的创新探索。除了积极探索符合本地的社区矫正工作规范外，青藏地区也在实际的矫正工作中努力实践，不断积累工作经验，使青藏地区的社区矫正工作取得了明显成效，其中有些做法得到了国家的肯定。

一、社区矫正"青海样本"

青海省社区矫正工作自 2009 年启动试点、2010 年年初全面试行至今已有十余年。其间，青海省社区矫正工作经历了局部试点、全面试行、全面推进、规范运作的认真探索，在提高矫正质量、促进社区矫正对象顺利融入社会的工作中取得了良好的法律效果和社会效果。截至 2018 年，青海省累计接收社区矫正对象 16979 人，按期解除 13710 人，在册矫正 3269 人，再犯罪率保持在较低水平，[1]有效地维护了社会的稳定，为法治青海建设作出了积极贡献。

在机构设置方面，至 2017 年年底，8 个市、州均设立了社区矫正管理机构，13 个县级社区矫正机构经编制部门审批成立，46 个县（市、区、行委）、371 个乡镇（街道）均成立了社区矫正工作领导机构。[2] 与此同时，积极开展社区矫正场所建设，从 2016 年开始在所有县（市、区、行委）建设社区矫正中心。在功能设置上，社区矫正中心具有监督管理、教育帮扶等主要功能，要求设立报到登记室、矫正宣告室、电子监控室、教育培训室、心理矫治室、训诫室、档案资料室等。截至 2018 年，青海省 46 个县（市、区）社区矫正中心全部建成，覆盖面达到 100%，为社区矫正机构开展社区矫正工作提供了基础保障。

2020 年 9 月 23 日，为贯彻落实《社区矫正法》，推动形成党委政府统一领导、司法行政部门组织实施、相关职能部门协调配合、社会力量广泛参与的领导体制和工作机制，中共青海省委全面依法治省委员会下发《关于成立青海省社区矫正委员会的通知》，设立青海省社区矫正委员会，负责统筹协调和指导全省社区矫正工作。委员会由省委常委、政法委书记任主任，省政府分管副省长、省法院、省检察院、省司法厅主要领导任副主任，政法、编办、司法、教育、民政、财政、人力资源社会保障、卫生健康、医疗保障和人民团体、群众团体等 16 个部门分管领导为成员。委员会办公室设在省司法厅。至 2020 年 12 月，市（州）、县（区）自上而下设立了社区矫正委员会。

在社区矫正工作队伍方面，截至 2018 年，全省共有专职社区矫正工作者 388 名，社会兼职人员以及聘用人员 432 人，社会志愿者 1721 人，形成一支专兼职相结合的社区矫正工作队伍。[3] 2020 年 10 月，青海省开展刑罚执行一体化

---

〔1〕《打造社区矫正的"青海样本"——我省社区矫正工作实施十周年回眸》，载新华网，http://m.xinhuanet.com/qh/2018-10/09/c_1123533088.htm。

〔2〕《打造社区矫正的"青海样本"——我省社区矫正工作实施十周年回眸》，载新华网，http://m.xinhuanet.com/qh/2018-10/09/c_1123533088.htm。

〔3〕《打造社区矫正的"青海样本"——我省社区矫正工作实施十周年回眸》，载新华网，http://m.xinhuanet.com/qh/2018-10/09/c_1123533088.htm。

建设，整合司法行政系统资源，在西宁市先行试点，选派监狱戒毒警察参与社区矫正工作，以实现优势互补，充实执法力量，提高社区矫正工作规范化、专业化水平。

在工作开展方面，2014—2017 年，青海省部署开展社区矫正规范化“建设年”“提高年”“巩固年”及示范点创建活动，依据考核验收标准，有 12 个县（区）被授予“省级社区矫正示范点”，通过发挥典型示范和引领的作用，促进青海省社区矫正工作的均衡发展和全面提高。自《社区矫正法》实施以后，为了推进和规范社区矫正工作，提高教育矫正质量，鼓励社区矫正对象乐观生活，早日融入社会，各地创新开展社区矫正工作。例如，黄南藏族自治州运用“五个到位”提升社区矫正工作水平，即思想教育到位、日常监管到位、设施配备到位、业务培训到位、帮扶救助到位。同德县司法局唐谷司法所创新推进“五心”社区矫正工作模式，即走访促知心、真情促交心、真诚促贴心、公益显暖心和警示促放心。西宁市城西区古城台司法所结合辖区社区矫正对象刑种多、年龄差距大等实际状况，运用“学、宣、管、联、访、创”六字工作法，把情、理、法融入社区矫正工作中，实现了社区矫正对象无脱管、无漏管、无再犯罪、无影响社会稳定重大恶性案件发生的目标等。

在智慧矫正方面，由于社区矫正对象存在流动性强、社会关系复杂、管控难度高等问题，加之地域环境不同，青海省的社区矫正工作实际存在包括城市、农业区、牧业区不同区域特点的社区矫正状况。为此，青海社区矫正工作积极探索运用信息化方式，解决矫正中的管控难、人员分散、居住地偏远等问题，通过人与技术的结合，建设利用社区矫正信息化应用平台，推进开展以信息化为引领的社区矫正工作模式。多管齐下，推行“智能化”执法监管与“网络化”教育矫正，形成社区矫正监督管理与教育工作实施“信息网上录入、流程网上运转、执法网上监督、质量网上考核”的工作新模式。2017 年，青海省的智慧矫正工作在全国范围内，探索出了三个“首创”：

一是首创手机点验签到制度。严格规定社区矫正对象每天主动将自拍照上传至平台，监管软件自动上传位置信息，工作人员既能看到矫正对象的现场照片，又能掌握其位置信息。

二是首创多重预警制度。除了在校就读、未成年和患有严重疾病、生活不能自理的矫正对象经审批免除外，其余社区矫正对象被纳入电子监管，安装手机 App 监管软件、设置电子围栏；对新入矫以及重点矫正对象实施防拆卸腕表+手机 App 监管软件双重监管。根据分级处遇制度，对不同监督管理级别的矫正对象，设置不同的定位频次，增加自动检测功能，设计未按规定签到、报到以及矫正对象失联预警提示；开发管理人员手机 App 监管软件，将平台定位监管、点验报到等监管措施与手机互联，破除空间和时间界线，实现无缝隙监管，有效预防脱管、漏管和社区矫正工作人员失职、渎职现象发生。

三是首创网上巡查与考核制度。网上巡查制度规定县级及所属司法所工作人员对社区矫正对象日常管理情况进行逐项自查，自动生成巡查日志，省、市（州）社区矫正工作人员根据权限，适时掌握基层社区矫正日常工作情况。同时运用数据核查系统，实现核查情况自动生成，方便检查和考核。网上考核制度结合网上巡查日志，按照省、市（州）、县（区）权限分层分级进行考核，考核内容由省厅统一设计和规定，实施远程操作、一键考核、在线排名，有效促进各项监管措施的落实。

与此同时，围绕升级工程，重点定制研发档案传输、心理咨询、网上评估等系统，配备首批次 15 辆社区矫正特勤车，以西宁市为试点，建立省、市、县、乡四级视频督查系统，推进社区矫正信息化建设由数据化管理向可视化管理迈进。2017 年 3 月，青海省因社区矫正机构场所建设实现新突破、智慧监管水平迈入新行列、执法监管能力得到新提升，得到司法部“青海社区矫正监管水平跻身全国三甲”的高度肯定。

同时，青海省将保障社区矫正对象合法权益，帮助其解决生产生活中的实际困难作为社区矫正工作的一项重要内容。全省司法行政机关积极探索社区矫正对象社会适应性帮扶方式方法，通过争取原单位接收、支持自谋职业、安置回乡就业、落实就业优惠政策等措施，有效解决社区矫正对象的就业安置问题。其中，与财政、民政等部门制定实施有关社会力量参与社区矫正工作的实施意见，制定实施了“政府购买社会服务实施办法”，指导西宁市城东区司法局第一个通过招投标向社会组织购买社区矫正非执法类项目，为多渠道推进社会力量参与社区矫正工作发挥示范带动作用。另外，注重加强教育帮扶基地建设。至 2017 年，青海省建立管理教育服务基地 4 个，就业基地 10 个，教育基地 19 个，社区服务基地 90 个，为 604 名生活困难的社区矫正对象解决了低保，为 2994 人落实了土地草场，对 787 名社区矫正对象开展了职业技能培训等，通过上述举措,使社区矫正对象深切感受到党和政府的关怀及社会的温暖,激发了他们自觉接受矫正的积极性,有利于重新融入社会。[1]

二、西藏自治区"一人一组""五对一"的社区矫正模式

西藏自治区社区矫正工作首先由自治区日喀则市江孜县启动。随后,有关社区矫正工作的"江孜经验"在自治区得到充分肯定。江孜县将全县 19 个乡镇划分为 5 个责任区,指定司法助理员具体实施各责任区的社区矫正工作,并将社区矫正工作作为社会综合治理和平安建设的重要内容予以推进,建立领导机构,明确分工、责任到人,同时开展舆论宣传、队伍建设、工作机制和经费保障"四到位"。西藏自治区 2013 年全面启动社区矫正工作。首届社区矫正工作现场培训会就在江孜县举行,"江孜经验"在西藏自治区得以推广。[2]

2015 年,西藏自治区全面推进社区矫正工作,将社区矫正纳入经济社会发展总体规划与维护社会稳定工作全局,在拉萨市、林芝市巴宜区、日喀则市拉孜县和山南市乃东区等司法局建立了社区矫正中心试点,设立了宣告室、教育培训室、心理疏导室等,为社区矫正对象提供思想道德和法制教育、职业技术教育、心理辅导教育,帮助其融入社会。

2017 年,拉萨市城关区司法局社区矫正中心建设完成,成为全区第一个实现信息化监管的矫正中心,规范了对社区矫正对象的基础管理,强化了日常监管、集中教育等工作。拉萨市司法局为各县(区)司法局、基层司法所配备了警用便携式执法记录仪,加强了对社区矫正对象的日常管理和对执法人员执法行为的监督,并利用司法信息监管平台等技术手段,通过手机定位系统,实时分析社区矫正对象活动轨迹,不定期进行核查,对轨迹异常人员及时核查处理,做好全天候电子管控,筑牢"电子围墙",并在相关敬老院挂牌成立社区矫正公益劳动基地,有效解决了社区矫正对象公益劳动地点分散、时间

---

[1] 《打造社区矫正的"青海样本"——我省社区矫正工作实施十周年回眸》,载新华网,http://m.xinhuanet.com/qh/2018-10/09/c_1123533088.htm。

[2] 《西藏特色社区矫正工作模式初步形成》,载新华网,http://m.xinhuanet.com/xz/2017-09/20/c_136623333.htm。

不足、效果不佳等问题。[1]

截至2019年，西藏自治区7个市(地)成立了社区矫正工作专门机构，配备了专职工作人员；74个县(区)挂牌成立社区矫正办公室并由一名领导分管，配备一名专职人员从事社区矫正工作；全区694个乡镇(街道办事处)中，677个批准设立司法所，已配备专兼职人员444人，其中拉萨市城关区管辖12个街道办事处，均挂牌了司法所，并统一发放了区、地、县、乡四级社区矫正工作证，建立了社区矫正对象信息数据库。自治区各市(地)将社区矫正工作纳入社会管理综合治理、“双联户”创建、平安西藏建设等活动中，明确任务，定期考核，促进了社区矫正工作的规范化发展。同时，自治区创新社会力量参与社区矫正工作，全面推广“一人一组”和“五对一”的矫正模式，即每名社区矫正对象都有一个矫正小组进行管理矫正，每个小组由村(居)委会一名成员、双联户长一名、驻村工作队一名成员、矫正对象亲属和司法所工作人员组成，形成了联管联教、联帮联扶社区矫正创新的重要方法，为有效保障社区矫正对象不脱管、不漏管发挥了显著成效。通过发挥基层组织、便民警务站作用，组织社区矫正对象开展思想道德、政策法律教育，协调解决社区矫正对象在就业、就学、最低生活保障等方面存在的问题，积极促进社区矫正对象顺利融入社会。[2] 2020年，经自治区党委、政府同意，设立西藏自治区社区矫正委员会，健全完善了党委政府统一领导、司法行政机关组织实施、相关部门密切配合、社会力量广泛参与、检察机关法律监督的领导体制和工作机制，为自治区推进社区矫正工作提供了强有力的组织保障。

当然，除青海、西藏外，甘肃的甘南，四川的甘孜、阿坝等地的社区矫正工作也在稳定发展。2019年4月，甘南藏族自治州(以下简称甘南州)司法局设立社区矫正管理局，有效推进信息管理科学化，实现了与司法部、省司法厅网络的联通。2020年11月，甘南州委办公室、州人民政府办公室联合下发通知，依法设立甘南州社区矫正委员会，负责统筹协调和指导全州社区矫正工作，明确了

---

[1] 《西藏特色社区矫正工作模式初步形成》，载新华网，http://m.xinhuanet.com/xz/2017-09/20/c_136623333.htm。

[2] 《西藏初步建成社区矫正工作格局》，载中国政府网，http://www.gov.cn/xinwen/2016-12/31/content_5155092.htm。

委员会职责，制定了工作规则。[1] 而依托四川省司法平台，甘孜、阿坝地区的社区矫正工作积极落实分类管理、分级管理，实行因人施教，推行社区矫正对象手机定位、网上巡查等措施，教育矫正效果稳步提高。

然而，青藏地区社区矫正体系作为社会发展系统中的一个子系统，在发展的同时也因受到社会经济发展的制约而出现一些困境。一方面，青藏地区社区矫正工作作为我国社区矫正制度的一种具体表现形式，有着“全国一盘棋”部署下的共性问题，需要紧密结合国家社区矫正制度的发展要求，分析解决青藏地区社区矫正工作中存在的问题；另一方面，青藏地区的经济发展、社会建设深刻影响着青藏地区的社区矫正工作，由于地区自身发展的局限性和生存环境的制约，青藏地区社区矫正工作的开展又有着自己的特殊问题。为促进青藏地区社区矫正工作机制的优化和完善，有必要根据社区矫正制度的规范要求，构建科学合理的分析指标体系，综合研究，对青藏地区社区矫正的运行过程和运行结果进行全面分析。

第二节　社区矫正机制运行分析指标

社区矫正机制运行的最终目标是促进社区矫正对象顺利融入社会，预防和减少犯罪。但是，社区矫正过程中的不确定性因素很多，并且犯罪原因是一个复杂系统，存在“防不胜防”的现象，虽然《社区矫正法》与《社区矫正法实施办法》是当前我国开展社区矫正工作以及构建、完善社区矫正运行机制的基本依据，但从分析视角来看，还需要对影响青藏地区社区矫正机制运行的相关因素进行综合考虑与分析。笔者认为，有必要按照“制度制定—制度实施—制度效果”的逻辑过程，分析社区矫正制度本身对于青藏地区的意义，关注社区矫正制度在青藏地区的实施过程，考虑如何保证社区矫正制度产生良好的实施效果。具体来说，首先，依据《社区矫正法》确立社区矫正机制构建需要具备的要件；其次，将这些要件作为分析点，形成分析指标体系，对青藏地区社区矫正实践机制的运行状况开展具体分析。

---

[1] 《甘南州社区矫正委员会正式成立》，载甘南藏族自治州司法局官网，http://sfj.gnzrmzf.gov.cn/info/1105/10782.htm，最后访问日期：2021 年 6 月 3 日。

（一）社区矫正价值判断指标

对社区矫正制度价值的准确认识是构建社区矫正长效机制的核心问题。社区矫正“有什么作用”“能解决什么问题”是社区矫正的价值判断标准。完善社区矫正机制的构建与运行，就是建立健全社区矫正价值实现机制。为积极发挥社区矫正制度在青藏地区的价值，有必要强调“能够发挥实效”是科学合理的社区矫正机制的要求。

（二）社区矫正社会认知指标

社会对社区矫正的认知状况，包括对社区矫正制度是否知晓，能否接受社区矫正以及对社区矫正实践的认可程度、参与程度。社区矫正工作者、政府工作人员及其他社会力量，对社区矫正持何种理念、有何种态度，对社区矫正实践机制的科学合理性有着决定作用，直接影响着社区矫正机制能否发挥实效。

（三）社区矫正工作队伍指标

社区矫正工作队伍是社区矫正的人力资源保障，包括专门机关与社会力量。社区矫正工作人员的数量、资质、责任心、素质能力等都会直接影响社区矫正工作实效的发挥。因此，建设一支专业性的工作队伍，是保证社区矫正质量的关键。

（四）社区矫正对象指标

社区矫正对象是社区矫正工作的指向对象，也是社区矫正的目标对象，直接、客观地反映了社区矫正质量的实际情况。社区矫正对象的性别、年龄、心理特点、健康状况、犯罪原因、犯罪类型、犯罪情节、悔罪表现等诸多因素是制定、调整有针对性的社区矫正方案的根据，也是反映社区矫正过程是否具有风险的重要指标，决定着如何实现分类管理和个别化矫正。

（五）社区矫正工作指标

社区矫正的工作内容、工作方法都是保证社区矫正工作质量的关键因素。这一分析指标反映了社区矫正监督管理机制与教育帮扶机制的状况，以及社区矫正工作能否最大限度地保障社区安全、是否有助于促进矫正对象顺利回归社会。

（六）社区矫正保障指标

社区矫正工作得不到保障，会严重影响社区矫正任务的顺利完成，妨碍社区矫正制度的有效实施。因此，社区矫正保障措施是社区矫正制度是否完善的重要标志之一，直接关系到社区矫正工作成效的实现。社区矫正保障主要涉及经费保障、权利保障和多元化的监督保障。

第三章　社区矫正价值判断

关注社区矫正的价值，实际上是以社会主义核心价值观为引领，对社区矫正本源的一种考察。社会主义核心价值观中的自由、平等、公正、法治理念贯穿于《社区矫正法》始终，形成法的价值追求，为社区矫正提供价值指引，保障推动社会主义核心价值观全面融入社区矫正领域。从这个意义上讲，社区矫正过程是弘扬社会主义核心价值观的过程，社区矫正工作承载着法的价值追求。判断社区矫正制度在青藏地区实施的价值，就是从法的价值追求到社区矫正的价值，其中结合青藏地区的特殊性，又形成青藏地区社区矫正价值这样一个从一般到个别的逻辑过程。本章将以此逻辑为切入点，判断青藏地区社区矫正的价值，为青藏地区社区矫正长效机制的构建与运行提供理论基础。

第一节　法的价值追求

一、法对社会主义核心价值观的追求

通常认为，"价值"一词实际为经济学用词，用来表示特定产品符合人们的需求或者产品对人而言是有用的。从事物是客体、人是主体的角度分析，价值反映的是人的主体需要。人的需要得到满足，客体的存在就被判断为有价值。价值与价值观直接相关。价值观是人们在实践过程中，在判断客体价值的基础上形成的对客体价值的总的看法和根本观点，是辨别是非的标准与取向。价值观与个体生存、国家发展、社会建设直接相关。一个国家、一个社会和每个个体都有自己的价值观。在价值观不正确、不清晰、不科学的情况下，就会存在许多问题，不可能形成促进发展稳定的先进合理的制度。事实上，正是价值观的不同，才产生了发展水平上的差异。因此，确立正确反映时代发展要求的价值观

是至关重要的。

2012年11月，党的十八大报告提出社会主义核心价值观，即倡导富强、民主、文明、和谐，倡导自由、平等、公正、法治，倡导爱国、敬业、诚信、友善。要求积极培育社会主义核心价值观。一般意义上，“一个社会的核心价值观是明辨是非、评判美丑、权衡得失的基本标准，深刻影响着人们的思维方式、心理习性和行为操守”[1]。党的十八大以来，国家高度重视培育和践行社会主义核心价值观。中共中央办公厅印发的《关于培育和践行社会主义核心价值观的意见》明确指出，社会主义核心价值观与中国特色社会主义发展要求相契合，与中华优秀传统文化和人类文明优秀成果相承接，要求把培育和践行社会主义核心价值观融入国民教育全过程、落实到经济发展实践和社会治理中。习近平总书记在十九大报告中强调，要培育和践行社会主义核心价值观，把社会主义核心价值观融入社会发展各方面，转化为人们的情感认同和行为习惯。《宪法》规定“国家倡导社会主义核心价值观”。中共中央印发《社会主义核心价值观融入法治建设立法修法规划》，要求推动社会主义核心价值观入法入规，全面融入中国特色社会主义法律体系。社会主义核心价值观无疑凝聚着人们的理想追求，对我国法律制度建设产生了巨大而积极的影响。社会主义核心价值观是法的价值追求，法弘扬社会主义核心价值观，同时又为社会主义核心价值观的实现发挥保障作用。

二、《社区矫正法》的基本价值

在社会主义核心价值观的引领下，《社区矫正法》承载着引导人们践行社会主义核心价值观的重要使命。从法的价值角度来看，秩序、自由、正义应该是《社区矫正法》最基本的价值。

（一）秩序

人的社会性决定了人不可能孤立于社会之外。自有人类历史以来，人们就生活在一定的社会当中。任何时代的社会，人们都期望安全与有序，要求有稳定的秩序来确保自己的基本需要得到满足，因此，任何一个社会都会将秩序作

---

[1] 李拯：《涵养我们的“精神道统”》，载《人民日报》2014年4月9日，第4版。

为其价值追求，并确立秩序规则，形成“与法律永远相伴随的基本价值，便是社会秩序”。[1]《社区矫正法》在构建社会秩序中起主要作用，秩序是其基本价值。

（二）自由

社会的发展，以及人们对幸福的追求，都需要以“自由”作为最重要的前提。就自由的定义而言，“没有一个词比自由有更多的含义，并在人们意识中留下更多不同的印象了”[2]。霍布斯将自由定义为“没有阻碍的状况”，表明主体可以根据自己的意志、目的而行动，而不是按照外界的强制或限制来行动。[3] 同时，对于自由的实现，根据洛克的观点，法律的目的并不是废除或限制自由，而是保护和扩大自由。在一切能够接受法律支配的人类的状态中，哪里没有法律，哪里就没有自由。[4] 因此，在《社区矫正法》规定的范围内，社区矫正对象的个人自由才能够成为现实。《社区矫正法》赋予社区矫正对象的自由是法所追求的理想目标。

（三）正义

正义是人类思想意识中一个永恒的主题，是人类最终理想的象征，它体现了人们对人类社会公平、公正、正直、合理的崇高向往。然而，正义不是永恒不变的，不同的时代有着不同的正义观。诚如法学家 E. 博登海默的描述：“正义有着一张普洛透斯似的脸，变幻无常、随时可呈不同形状并具有一张极不相同的面貌。”[5]思想家罗尔斯在其《正义论》中主张：“在某些制度中，当对基本权利和义务的分配没有在个人之间做出任何任意的区分时，当规范使各种对社会生活利益的冲突要求有一恰当的平衡时，这些制度就是正义的。”[6]自古以来，

---

[1] [英]彼得·斯坦、约翰·香德：《西方社会的法律价值》，王献平译，中国人民公安大学出版社 1990 年版，第 38 页。

[2] [法]孟德斯鸠：《论法的精神》（上册），张雁深译，商务印书馆 1961 年版，第 153 页。

[3] [英]霍布斯：《利维坦》，黎思复、黎廷弼译，商务印书馆 1985 年版，第 163 页。

[4] [英]洛克：《政府论》（下篇），叶启芳、瞿菊农译，商务印书馆 1964 年版，第 35-36 页。

[5] [美]E. 博登海默：《法理学——法律哲学与法律方法》，邓正来译，中国政法大学出版社 1999 年版，第 252 页。

[6] [美]约翰·罗尔斯：《正义论》，何怀宏、何包钢、廖中白译，中国社会科学出版社 1988 年版，第 5 页。

正义与法就有着千丝万缕的联系，在一定意义上，法等于正义，这是人们对法的最高理想。柏拉图在其《法律篇》中强调：“法律以正义为出发点并以正义为归宿。”[1]正义是法治的生命线，习近平总书记在中央全面依法治国委员会第一次会议上的讲话中指出，法治建设必须牢牢把握社会公平正义这一法治价值追求，努力让人民群众在每一项法律制度、每一个执法决定、每一宗司法案件中都感受到公平正义。因此，正义是法必须着力弘扬与实现的价值。

第二节 社区矫正价值阐释

2020年7月1日《社区矫正法》实施，社区矫正价值正式属于法的价值范畴，《社区矫正法》的规定亦鲜明地显示社区矫正制度具有人道价值，体现公正、维护秩序，并且在内容阐释上有自己的特色。

一、社区矫正的人道价值

人道，就是尊重人性，视人为人，以人为目的。社区矫正有人道价值，其含义就是将每一个实行社区矫正的罪犯视为具有权利、义务的人，尊重他们作为人的尊严，并“使罪犯的人格得到改造并健康发展，实现其作为人的价值”[2]。与监禁矫正相比，探讨社区矫正的人道价值更富有积极性，社区矫正的人道理念更有利于实现预防犯罪，具体包含以下内容：

（一）社区矫正尊重罪犯作为人的尊严，引导其恢复自尊，帮助其回归社会

1. 社区矫正以“促进社区矫正对象顺利融入社会，预防和减少犯罪”为价值性目的

《社区矫正法》第1条明确规定了立法目的，即“推进和规范社区矫正工作，保障刑事判决、刑事裁定和暂予监外执行决定的正确执行，提高教育矫正质量，促进社区矫正对象顺利融入社会，预防和减少犯罪”。其中，“推进和规范社区矫正工作，保障刑事判决、刑事裁定和暂予监外执行决定的正确执行，提高教育

---

〔1〕 张宏生主编：《西方法律思想史》，北京大学出版社1983年版，第29页。

〔2〕 贾宇：《社区矫正导论》，知识产权出版社2010年版，第76页。

矫正质量”是直接目的,“促进社区矫正对象顺利融入社会,预防和减少犯罪”是价值性目的。二者之间的关系表现为直接目的是价值性目的的保障,换言之,只有实现了直接目的,才能实现价值性目的。关于“促进社区矫正对象顺利融入社会”这一价值性目的,有三点需要提及:

第一,价值性目的是价值理念的一种表现形式。社区矫正制度的价值理念是社区矫正制度的核心问题,通过立法的形式将其规定为立法目的是立法者对社区矫正制度所要追求的价值的最直接、最明确的表达。

第二,价值性目的贯穿于《社区矫正法》的始终,指导和制约社区矫正工作的全过程,对社区矫正具有全局性和根本性的意义。

第三,“促进社区矫正对象顺利融入社会”的价值性目的体现了以人为本的价值理念,反映了社区矫正对罪犯回归社会的重要意义。社区矫正的工作方式要求突出以人为本,将罪犯视为社会中的一员,不歧视、不排斥,帮助其成为守法公民,最终实现预防犯罪和减少犯罪的终极目标。

2. 社区矫正以非监禁模式给罪犯回归社会的信心与信任

社区矫正的“非监禁”特征打破了我国一直以来的监禁改造罪犯模式。非监禁模式有利于回避罪犯在监禁机构改造可能带来的监狱人格化、标签化以及自卑、不适应社会的障碍性结果,有助于罪犯增强回归社会的信心。

社区矫正的非监禁模式,并非只是不剥夺罪犯的自由,而是在不隔离罪犯与社会之间联系的基础上,充分利用社会资源对实行社区矫正的罪犯进行矫正。社区矫正工作坚持监督管理与教育帮扶相结合、专门机关与社会力量相结合的原则,因此无论是在矫正平台的开放性方面,还是在矫正过程中社会力量以及各种社会资源介入的深度、广度和矫正方式的多样性方面,都是监禁矫正所无法实现的。

犯罪学认为,犯罪人是社会化失败的人,犯罪是社会适应不良的结果。所谓社会化,指的是“一个人获得自己的人格和学会参与社会或群体的方法的社会互动过程”〔1〕。所谓社会适应,是指“个体接受现存的社会生活方式、道德规范和行为准则的过程”〔2〕。社会化伴随每一个人的终身,每一个人都要有良好

---

〔1〕［美］戴维·波普诺:《社会学》(第10版),李强等译,中国人民大学出版社、PRENTICE HALL出版公司1999年版,第142页。

〔2〕朱智贤:《心理学大辞典》,北京师范大学出版社1989年版,第681页。

的社会适应状态。因此,矫正罪犯的过程,就是让他们“与自己的过去彻底决裂,并将截然不同的规范准则、价值标准、认知态度等重新内化的过程”[1]。这个过程,在犯罪学领域也被称为“再社会化”。通过再社会化,培养罪犯正常的社会功能,促使其能够良好地适应社会,增强其回归正常社会的信心。具言之,就是让罪犯懂得社会规则,改过自新,与人交往时能够遵守规则;面对复杂变化的社会环境,在遭遇困难时,能够积极应对、自我调节,通过学习,懂得顺应与改变,使自己与社会环境关系和谐。而罪犯的再社会化成效和实现社会适应的过程不能脱离社会,他们需要社会这个场所,需要社会资源、社会力量来帮助他们、历练他们,而这些都是监禁矫正所无法提供的。社区矫正具备这种条件与资源,在充分地考虑罪犯顺利回归社会需要的基础上,将符合社区矫正条件的犯罪人与社会不隔离,组织社会资源,鼓励、支持发挥社会力量的作用,通过教育帮扶罪犯,使罪犯获得良好的社会适应体验,为促进罪犯顺利融入社会,实现不再犯罪的终极目标创造条件。

(二)社区矫正尊重罪犯的法律地位,保障其在社区矫正过程中的自由与权利

阐释在社区进行矫正的罪犯的法律地位问题,其实就是阐释罪犯在社区矫正过程中的权利义务问题。是否承认在社区进行矫正的罪犯具有一定的法律地位,直接关系到社区矫正工作人员能否以科学的态度、人道主义精神和制度化、规范化的方法来对待和帮助罪犯。社区矫正机制如果体现罪犯不具有法律地位的指导思想,社区矫正工作人员就不会把罪犯当人来对待,就会肆意凌辱、虐待罪犯,因为没有法律地位的人就没有权利可言。这种指导思想在我国是严重违背宪法精神与法治原则的。我国《宪法》规定:“国家尊重和保障人权。”《社区矫正法》也明确规定:“社区矫正工作应当依法进行,尊重和保障人权。”在我国,罪犯作为中华人民共和国公民,享有宪法和法律所赋予的、未被法律剥夺或限制的权利。结合我国宪法和《社区矫正法》的规定,主要体现在以下两个方面:

---

[1] 苗伟明:《再社会化与犯罪改造——再社会化在罪犯改造活动中的特殊性及其表现》,载《青少年犯罪问题》2003年第5期。

1. 保障社区矫正对象的合法权益不受侵犯

保障社区矫正对象(即实行社区矫正的罪犯)的合法权益不受侵犯,是社区矫正工作应当遵循的原则。社区矫正对象的合法权益,是指实行社区矫正的罪犯享有的宪法和法律规定的权利和利益。《社区矫正法》第2条中明确规定:"社区矫正对象依法享有的人身权利、财产权利和其他权利不受侵犯,在就业、就学和享受社会保障等方面不受歧视。"社区矫正对象人身不受非法侵犯的权利,包括生命健康权、人身自由权、人格尊严权、住宅安全权等具体权利。其中,《宪法》规定,公民的人格尊严不受侵犯。禁止用任何方法对公民进行侮辱、诽谤和诬告陷害。公民的住宅不受侵犯。禁止非法搜查或者非法侵入公民的住宅。社区矫正工作人员体罚、虐待、殴打、非法拘禁社区矫正对象,或者纵容他人实施侵权行为,都是法律所禁止的行为,违反者需要承担法律责任。《社区矫正法》第34条中明确规定:"社区矫正的措施和方法应当避免对社区矫正对象的正常工作和生活造成不必要的影响;非依法律规定,不得限制或者变相限制社区矫正对象的人身自由。"

社区矫正对象财产不受非法侵犯的权利,是指社区矫正对象合法的私有财产不受侵犯。其合法的私有财产不因犯罪而失去法律的保护,任何个人或组织不得侵占、破坏或者非法没收、使用。这是社区矫正对象的重要民事权利,应当受到法律的保护。

社区矫正对象的辩护权、申诉权、控告权、检举权不受侵犯。在社区矫正期间,社区矫正对象有权就本人的案件和判决提出申诉;对他人的指控或检举,有权获得辩护或自行辩护;有权对社区矫正机构或其他部门以及相关工作人员的违法渎职行为提出控告或者检举。这几项权利是宪法和法律赋予社区矫正对象诉讼方面的权利,社区矫正工作应当依法予以保障,任何人不得以任何形式进行阻碍、打击和报复。

社区矫正对象依法享有的名誉权、劳动权、获得劳动报酬权、休息权、宗教信仰自由权、选举权等其他未被依法剥夺或者限制的权利,同样受法律保护,不受侵犯。

为帮助社区矫正对象改过自新,顺利融入社会,社区矫正工作要求社会公民提高认识、转变观念,增强社会责任感,积极参与社区矫正,帮助罪犯在就学、就业和享受社会保障等各个方面不歧视、不排斥社区矫正对象。社区矫正工作人员应当认真听取和妥善处理社区矫正对象反映的问题,依法维护其合法权益。

2. 根据未成年社区矫正对象的身心发展特点,采取针对性的矫正措施,给予特殊保护

不满 18 周岁的未成年人由于生理与心理发育尚不成熟,思想、认识还不稳定,辨别信息的能力薄弱,社会认知水平有限,很容易受到社会不良因素的影响,为此,党和国家高度关注未成年人的健康成长。《社区矫正法》也明确强调,社区矫正工作应当根据未成年社区矫正对象的身心发展特点,给予特别矫正,并设专章规定了相关具体要求,诸如未成年人的社区矫正应当与成年人分别进行;未成年社区矫正对象的身份信息应当予以保密;为未成年社区矫正对象确定的矫正小组应当有熟悉未成年人身心特点的人员参加;针对未成年人的年龄、心理特点和身心发育需要等特殊情况,采取有益于其身心健康发展的监督管理措施;采用易为未成年人接受的方式,开展思想、法制、道德教育和心理辅导;协调有关部门为未成年社区矫正对象的复学、升学、就业等提供帮助;督促、教育未成年社区矫正对象的监护人履行监护职责,承担抚养、管教等义务;等等。

二、社区矫正的公正价值

公正是人类永恒的追求之一。公正,即正义,"正义是社会制度的首要价值"[1]。关于正义的内涵,德国学者拉德布鲁赫认为:"从法哲学上看,广义的正义主要由三种法律理念构成,分别是平等、合目的性及法的安定性。平等理念要求法对于相同的情况作相同的对待,不同的情况作不同的对待。合目的性理念要求法能够促进特定社会中的某种利益、期待或需求。而安定性理念则依赖于法的实证性,要求在立法、行政和司法等法律过程中,法的内容和程序都必须具有一定的明确性、公开性和存续性。"[2]从合目的性分析,社区矫正要促进社区矫正对象顺利融入社会,预防和减少犯罪。由于社区矫正对象都是犯了罪的人,犯罪在客观上侵犯了刑法保护的利益,给社会形成一定的危害,其应当就

---

〔1〕［美］罗尔斯:《正义论》,何怀宏等译,中国社会科学出版社 1988 年版,第 1 页。

〔2〕［德］古斯塔夫·拉德布鲁赫:《法哲学》,王朴译,法律出版社 2005 年版,第 73-74 页。

其犯罪行为承担惩罚性后果，得到应有的惩罚。对罪犯给予惩罚，其价值基础就是公正。因此，进入社区矫正阶段，社区矫正对象并非完全自由，他们必须接受监督控制，履行法律义务，只是社区矫正机构在履行监督管理社区矫正对象的职责的同时，还要积极履行对他们的教育帮扶的职责，以为其顺利融入社会创造条件。因此，从这个角度分析社区矫正的公正性，表现为矫正措施既有防止社区矫正对象再犯罪所必需的报应性措施，又有促进社区矫正对象顺利融入社会所必需的、体现人文关怀的目的性措施。其中，报应性措施就是让社区矫正对象感受到痛苦的监督管理，目的性措施就是教育帮扶社区矫正对象，帮助其成为守法公民。监督管理与教育帮扶的合并证明了社区矫正对犯罪防控与罪犯权利保障的平衡，对社区矫正对象的现在与未来都具有公正性，毫无偏私。

从平等性来看，依法决定适用社区矫正的标准是一致的。社区矫正决定机关结合罪犯罪行的轻重，判断罪犯的社会危险性和对所居住社区的影响，依法作出是否适用社区矫正的决定。社区矫正的4种适用对象中，被判处管制的罪犯，一般情况下因为罪行轻且不具有再犯罪的可能性，被决定实行社区矫正；被宣告缓刑的罪犯属于犯罪情节较轻，没有再犯罪的危险；被裁定假释的罪犯，在刑罚执行期间，认真遵守监规，接受教育改造，确有悔改表现，没有再犯罪的危险；而适用暂予监外执行的罪犯如有社会危险性，也不可能决定或者批准暂予监外执行。4种社区矫正对象都具备没有社会危险性的特征，相同的情况作出相同的决定体现了公正。而且从一定意义上说，在决定是否对罪犯适用社区矫正时，如果尊重了客观事实，对罪犯来说就是公正的，这也是对罪犯的一种尊重。另外，对不同的情况作不同的对待也是一种公正。社区矫正机构根据裁判内容和社区矫正对象的性别、年龄、心理特点等具体个人情况，采取因人施教的工作方式，制定有针对性的矫正方案，实现分类管理、个别化矫正，能够产生对症治疗的成效。需要提及的是，如果在社区矫正过程中，不公正对待社区矫正对象，社区矫正的公正性就会失去，矫正的效果就会大打折扣。另外，从安定性来看，《社区矫正法》对社区矫正的工作原则、社区矫正机构及其工作人员的职责、社区矫正工作程序、工作要求以及对未成年人社区矫正等均作出了明确规定，标志着社区矫正工作已进入法治化、科学化的轨道。

三、社区矫正的秩序价值

保障秩序是一个古老的政治议题。秩序是人们的基本需求,人们一直在追求社会生活能够保持一种有序状态。“有史以来,每一个人都要生活在一定的社会之中,离群索居只是一种偶然现象。人们只有通过一定的秩序才能联合起来,在一定的秩序之下才可能实现各自的目标,否则,由于人们的利益、价值取向、情绪与情感等诸多方面存在的一系列差异和对立所产生的各种矛盾和冲突,将使每一个人一事无成。为了避免或减少人们之间的摩擦与冲突,人类社会天然地需要秩序。因此,在任何一个社会中,社会秩序既是一种事实又是一种价值。”〔1〕从社区矫正的发生论来看,由于犯罪的发生破坏了规则,破坏了社会秩序的稳定,带来了社会如何预防犯罪发生、如何将罪犯改造成为守法公民的问题,而多数情况下这两个问题是通过监狱改造机制解决的,但如何解决监狱改造机制失灵的问题又相伴而生。虽然社区矫正制度的确立弥补了监狱改造机制的不足,但社区矫正产生的最主要的动因,是在维护社会秩序过程中如何预防犯罪。从这个意义上理解社区矫正制度,它“并不是改变社会的工具,而仅仅是帮助人们形成互相共处的自由空间的方式,同时使得这种自由空间具有秩序”〔2〕。因此,维护社会秩序是社区矫正的基本价值。实施社区矫正,就是要消除社区矫正对象可能重新犯罪的因素,帮助其成为守法公民。具体来讲,体现在以下两个方面:

一方面,为保护社会秩序,防止社区矫正对象重新犯罪或者从事其他违法活动,社区矫正机构要求他们依法接受社区矫正,服从监督管理,遵守各项矫正制度规定。同时采取多种形式,依托充分的社会资源对社区矫正对象开展公共道德、法律常识、时事政策等教育学习活动,增强其法治观念,矫正其不良心理和行为,并帮助他们解决在就业、生活和心理等方面遇到的困难和问题,以利于其顺利适应社会生活。

另一方面,为预防犯罪,社区矫正工作的重要内容包含矫正犯罪恶习、矫正违法犯罪心理、培养职业技能等。很多社区矫正对象具有厌恶劳动、鄙视为社

〔1〕 曲新久:《刑法的精神与范畴》,中国政法大学出版社 2000 年版,第 3 页。

〔2〕 [德]克劳斯·罗克辛:《刑事政策与刑法体系》,蔡桂生译,中国人民大学出版社 2010 年版,第 11 页。

会提供服务的态度或倾向,缺乏社会责任感,缺乏集体精神,缺乏纪律观念,缺乏吃苦耐劳的品格和坚强的意志品质,这些人格缺陷很大程度上需要通过劳动和为社会提供服务等活动进行弥补,因为劳动和为社会提供服务可以使社区矫正对象逐渐养成劳动习惯,对社会产生热情。而且,劳动有纪律,服务有规则,社区矫正对象通过劳动与服务,形成纪律观念与规则意识,经过反复行为,可以促使其养成遵守纪律与规则的行为习惯。因此,让社区矫正对象开展劳动以及为社会提供服务,不仅可以培养他们的社会责任感、集体观念和协作精神,还可以使其养成遵守纪律、尊重社会规则的习惯和认真负责的态度。这一切都是预防社区矫正对象重新违法犯罪的重要基础保证,也是促进社会秩序稳定的前提与基础。

第三节 青藏地区社区矫正价值分析

青藏地区社区矫正工作的开展,在青藏地区表现出社区矫正制度的价值效应。同时,由于青藏地区地理环境、人文资源的特殊性,青藏地区的社区矫正又具有其特殊的价值取向。

由于价值是对社会需要的满足,分析青藏地区社区矫正价值的逻辑起点就是青藏地区的社会需要。据此,青藏地区社区矫正的特殊价值具体表现在以下三个方面:

一、保障青藏地区的社会稳定

稳定是发展的基础。如果社会不稳定,那么改革发展的基本前提和重要保障就不存在,社会的繁荣发展就不存在,也就不可能有人民的幸福生活。

虽然青藏地区的社会需要是多方面的,但事实已证明,“利莫大于治,害莫大于乱”,青藏地区最基本的社会需要就是保持社会稳定。青藏地区的稳定不仅对所属区域具有重要意义,而且对整个国家的稳定发展大局具有重要意义。只有社会稳定了,才能实现青藏地区广大群众的安居乐业,也才能谈及深化改革开放、发展经济、改善民生等,一言以蔽之,社会稳定是青藏地区繁荣发展的基本保障。

(一)社区矫正符合青藏地区保障社会稳定的理性要求

首先,这里提及的“理性要求”,包括树立法治思维,坚持以人为本的科学稳定观,保障合法权益;加强稳定工作中的事前防范意识、服务意识,并具备民族地区意识,熟悉民族风俗习惯;实施刚柔并济的稳定策略,培育、发展社会组织,引导社会力量依法有序有效参与社会治理等活动,建设协同、开放、符合实际的社会稳定保障体系,形成共建共治共享的社会治理格局。从社区矫正制度及其运行来看,预防犯罪、减少犯罪是其宗旨。坚持法治思维,社区矫正工作应当依法保障社区矫正对象的人身、财产和其他合法权益不受侵犯,帮助社区矫正对象在就业、就学和享受社会保障等方面不受歧视。社区矫正过程中应当坚持法治与德治相结合,采取个别化矫正措施,有针对性地对社区矫正对象实行监督管理与教育帮扶,包括组织社会力量参与社区矫正,助力社区矫正机构对社区矫正对象开展帮扶活动,帮助社区矫正对象顺利融入社会。社区矫正过程符合青藏地区保障社会稳定的理性要求。

1. 实行社区矫正是基层法治建设的重要内容

实践证明,法治是善治的根本。基层作为一切工作的落脚点,基层社会只有选择依法治理,才能保证实现社会的和谐与稳定。因此,法治是推动基层社会发展模式从传统向现代化转型的强大力量,青藏地区基层法治水平也因此得以不断提升,办事依法、遇事找法的社会氛围越来越浓,一些落后、不文明的民族习惯逐渐被社会淘汰,国家制定法与民族习惯法之间从混合变成了融合,逐渐形成并存模式。[1] 习近平总书记指出:“法治社会是构筑法治国家的基础。要善于运用制度和法律治理国家,提高党科学执政、民主执政、依法执政水平”。[2] 社区矫正制度实施是基层法治建设的重要组成部分。社区矫正工作坚持党的绝对领导,实行党委政府统一领导、司法行政机关组织实施、相关部门密切配合、社会力量广泛参与、检察机关法律监督的领导体制和工作机制。其中,根据社区矫正机构委托,承担社区矫正日常工作的司法所是厉行法治之基,是推进基层法治建设的重要力量。因此,加强司法所规范化建设,优化司法所

---

〔1〕 彭振:《民族地区基层法治的蜕变与振兴》,载《河北法学》2020 年第 10 期。

〔2〕 习近平:《加强党对全面依法治国的领导》,载《求是》2019 年第 4 期。

资源配置,依法开展社区矫正,最大限度地预防和减少重新违法犯罪是基层法治建设的重要内容,是推进青藏地区平安建设、保障经济社会稳定发展的重要途径。

2. 实行社区矫正有助于提升基层社会服务能力

党的十九届四中全会提出推动社会治理和服务重心向基层下移,基层社会的服务内容因此受到社会的广泛关注,其中就包括社区矫正与基层社会服务的深入融合。一方面,社区矫正工作的开展需要基层社会服务予以支持。如果基层社会具有完善的服务体系、丰富的服务资源和较强的服务能力,能够动员发挥社会力量等资源的积极参与社区矫正过程,就会产生积极的效应,不仅有助于解决社区矫正过程中存在的人力资源少、专业性不足、工作效率低、协调难等问题,而且有助于精准开展社区矫正活动,完善社区矫正监督管理体系,对社区矫正对象形成社会化教育帮扶机制,帮助其顺利融入社会,从而为促进社会稳定发挥积极保障作用。另一方面,正是由于社区矫正过程对专业性社会服务有需求,从而促使青藏地区注重完善基层社会服务体系,包括加强社区建设、大力培育司法社会工作和社区矫正志愿服务组织等,整合资源力量,着力建设具有综合性、专业性、稳定性的社区矫正服务人才队伍,并通过开展服务规范化建设,提高社会服务的专业化能力,提升服务质量。此外,还要注重畅通和规范社会力量等参与社区矫正的途径,优化社会服务工作者与社区矫正机构之间的联动机制,激发其参与社区矫正的积极性,使其能够在教育帮扶社区矫正对象的过程中发挥重要作用。

3. 社区矫正是贯彻落实国家宽严相济刑事政策的重要举措

宽严相济刑事政策是我国的基本刑事政策,要求根据犯罪的具体情况,实行区别对待,做到该宽则宽,当严则严,宽严相济,罚当其罪,打击和孤立极少数,教育、感化和挽救大多数,最大限度地减少社会对立面。[1] 宽严相济刑事政策的提出,其目的不仅在于要通过贯彻这一政策来维持社会治安,还在于通过贯彻这一政策要保持社会的稳定与良性运行,为社会发展进步提供保障。[2] 它对于最大限度地预防和减少犯罪、化解社会矛盾、维护社会和谐稳定,具有特

[1] 参见《最高人民法院印发〈关于贯彻宽严相济刑事政策的若干意见〉的通知》。

[2] 黄京平:《宽严相济刑事政策的时代含义及实现方式》,载《法学杂志》2006年第4期。

别重要的意义。[1] 根据政策精神,社区矫正制度具有鲜明的宽严相济特征。首先,适用条件体现从“宽”政策要求。司法实务对社会危害性小、人身危险性不大且符合法定条件、可不监禁的罪犯,依法适用缓刑或者判处管制;对于那些已经执行一定刑期,确有悔改或者立功表现的罪犯,依法适用假释;对于符合法定情形,不适宜被监禁执行刑罚的罪犯,依法决定暂时采取不予关押的监外执行。被判处管制、宣告缓刑、假释和暂予监外执行的罪犯,均依法实行社区矫正,以感化、挽救罪犯。其次,在社区矫正的实施过程中,根据社区矫正对象的具体情况,实行区别对待。一般情况下,对社区矫正对象,按照《社区矫正法》的规定,在监督管理的同时,更要注重教育帮扶工作的开展,帮助社区矫正对象顺利融入社会,确保实现社区矫正的法律效果与社会效果的有机统一。而对违反监督管理规定的社区矫正对象要从严处理,对再次实施犯罪行为的社区矫正对象要依法严惩,这是对宽严相济刑事政策依法从“严”要求的贯彻落实。因此,社区矫正是贯彻落实宽严相济刑事政策的重要举措,其制度设计与青藏地区保障社会稳定的理性要求相一致。

(二)社区矫正为青藏地区巩固社会稳定提供基础性保障

众所周知,青藏地区民族因素丰富多元,多民族聚居、多宗教并存、民族关系比较复杂,社会稳定往往与国家统一、民族团结密切相关,因此,全力维护社会稳定、增强群众安全感是青藏地区社会发展中的重要任务。涉及犯罪现象,根据青海省高级人民法院2018年、2019年、2020年、2021年的工作报告,青海省2018年审结一审刑事案件4845件,同比上升5.4%;[2]2019年审结一审刑事案件5114件,判处罪犯7108人,同比分别上升6.5%和13.36%;[3]2020年审结一审刑事案件4811件,判处罪犯6640人;[4]2021年审结一审刑事案件

〔1〕参见《最高人民法院印发〈关于贯彻宽严相济刑事政策的若干意见〉的通知》。

〔2〕《青海省高级人民法院工作报告——2018年1月28日在青海省第十三届人民代表大会第一次会议上》,载《青海日报》2018年2月13日。

〔3〕《青海省高级人民法院工作报告——2020年1月15日在青海省第十三届人民代表大会第四次会议上》,载《青海日报》2020年2月9日。

〔4〕《青海省高级人民法院工作报告——2021年1月30日在青海省第十三届人民代表大会第六次会议上》,载《青海日报》2021年2月23日。

5250件,判处罪犯6285人。[1] 根据西藏自治区人民检察院2018年、2019年、2020年、2021年的工作报告,西藏自治区2018年共批捕各类刑事犯罪案件1414人,起诉1752人,[2]2019年共批准(决定)逮捕各类涉嫌刑事犯罪案件1150件1635人,提起公诉1818件2616人,同比分别上升40.8%和52.2%,[3]2020年批准逮捕各类刑事犯罪820件1119人,同比下降28.7%和31.6%,提起公诉1932件2524人;[4]2021年,批准(决定)逮捕1536人,同比增长37.3%,提起公诉3424人,同比增长35.7%。[5] 根据甘孜州人民检察院2017年工作报告与工作回顾,甘孜州2012—2016年五年依法批捕涉嫌各类刑事犯罪案件1753件2405人,提起公诉1761件2700人,同比分别上升10.1%和19.2%,[6]2017年依法批捕涉嫌各类刑事犯罪案件390件561人,提起公诉420件628人。[7] 根据阿坝州人民检察院2017年、2018年、2019年工作报告,阿坝州2017年批捕各类刑事犯罪案件245件385人,起诉455件670人;[8]2018年批捕各类刑事犯罪案件302件456人,起诉528件773人;[9]2019年批捕其他各类刑事犯罪案件310件470人,起诉486件759人[10]。可见,依法惩治刑事犯罪在推进平安建设中发挥了重要作用。按照"矫正罪犯—减少犯罪—预防犯

[1] 《青海省高级人民法院工作报告——2022年1月23日在青海省第十三届人民代表大会第七次会议上》,载《青海日报》2022年2月11日。

[2] 《自治区人民检察院朱雅频:去年批捕各类刑事犯罪1414人》,载https://www.al.gov.cn/index.htm,最后访问日期:2022年2月11日。

[3] 《聚焦:朱雅频检察长人大工作报告"十大关键词"》,载http://www.xz.jcy.gov.cn/jcyw/202001/jcyw/,最后访问日期:2022年2月11日。

[4] 《2020年西藏检察机关批准逮捕各类刑事犯罪820件1119人》,载http://www.xizang.gov.cn/,最后访问日期:2022年2月11日。

[5] 《解读2021年自治区人民检察院工作报告里的"十二个关键词句"》,载《西藏日报》2022年1月6日。

[6] 《甘孜藏族自治州人民检察院工作报告——2017年1月7日在州十二届人大一次会议上》,载《甘孜日报》2017年2月14日。

[7] 《铁肩担道义　奋进写华章——2017年甘孜检察工作精彩回放》,载《甘孜日报》2018年3月27日。

[8] 《阿坝藏族羌族自治州人民检察院工作报告——2017年12月27日在阿坝藏族羌族自治州第十二届人民代表大会第二次会议上》,载《阿坝日报》2018年3月4日。

[9] 《2018年阿坝州人民检察院工作报告》,载http://www.abjcy.gov.cn/abzjcy/index.shtml,最后访问日期:2022年1月12日。

[10] 《2019年阿坝州人民检察院工作报告》,载http://www.abjcy.gov.cn/abzjcy/index.shtml,最后访问日期:2022年1月12日。

罪”的逻辑,当前,传统的监狱矫正模式和新型的社区矫正模式共同发挥着矫正罪犯的作用,但是社区矫正相对于监狱矫正所显现的优势在青藏地区更为明显。

1. 社区矫正有助于减轻青藏地区矫正罪犯的经济负担

监狱矫正罪犯成本高,这是青藏地区与其他地区共同存在的困难。根据《监狱法》第 8 条的规定,监狱矫正投入的成本,包括监狱的人民警察经费、罪犯改造经费、罪犯生活经费、狱政设施经费及其他专项经费,还包括国家提供的罪犯劳动必需的生产设施和生产经费。例如,有关资料显示,早在 2002 年,全国监狱执法经费由 1992 年的 14 亿元增加到 144 亿元。2009 年,每监禁一名罪犯的年平均费用就可能要超过 18000 元人民币。[1] 至于费用的支出是否合理,是一个比较复杂的问题。但就青藏地区而言,由于青藏地区经济发展水平相对滞后,地方财力有限,自然条件差,生态环境恶劣,高寒地区建设同样质量要求的监狱基础设施工程,其造价成本就需要加大,加之监狱建设的投入在不断地增加,入监罪犯数量并无明显减少等综合因素,使青藏地区监狱矫正罪犯的成本明显高于其他地区。而社区矫正制度自从在我国确立之后,就逐渐展现出积极的现实意义。根据财政部、司法部《关于进一步加强社区矫正经费保障工作的意见》(财行〔2010〕402 号)的规定,社区矫正经费开支范围包括:司法行政机关社区矫正工作指导管理费、社区矫正工作经费和社区矫正设备费。其他地区对社区矫正经费也有相关规定,例如,四川省在《进一步加强社区矫正经费保障工作的意见》(川财行〔2015〕238 号)中明确要求,社区矫正经费(不含设备经费),按社区服刑人员人数每人每年不低于 1400 元的标准保障;河南省在《关于提高社区矫正工作保障水平的通知》(豫财政法〔2015〕53 号)中要求,各地社区矫正经费财政预算按社区矫正对象每人每年 2000 元保障;等等。虽然这些费用不能覆盖一名社区矫正对象一年的所有矫正成本,但是显然社区矫正的投入低于监狱矫正的投入,让犯罪情节轻微的罪犯在社区接受矫正,可以有效地降低矫正成本,有利于青藏地区节约矫正经费。而且,根据《社区矫正法》的规定,社区矫正工作坚持专门机关与社会力量相结合的方式,一般情况下,参与社区

---

〔1〕 安徽九成监狱管理分局课题组:《对监狱行刑成本和行刑效益的分析及思考》,载《犯罪与改造研究》2009 年第 3 期。

矫正的社会力量,包括非营利性的企业事业单位、社会组织、志愿者等社会公益力量,他们的无偿参与也在实际上节约了社区矫正经费,有助于减轻青藏地区矫正罪犯的经济负担。

2. 有助于提升青藏地区矫正罪犯效益

监狱刑满释放人员回归社会后重新犯罪或者违纪违规的问题一直困扰着社会。2004 年,司法部曾对 1997—2001 年监狱释放罪犯的重新犯罪率开展调研,结果显示,每年从监狱释放回归社会的罪犯重新犯罪率呈现增加趋势,重新犯罪罪犯占在押犯总数的比重也呈上升趋势。就青藏地区而言,调研显示,监狱刑满释放人员一年内重新犯罪率,青海为 4.30%,西藏为 1.70%;二年内重新犯罪率,青海为 7.22%,西藏为 2.94%;三年内重新犯罪率,青海为 8.88%,西藏为 3.83%;五年内重新犯罪率,青海为 10.08%,西藏为 5.90%。当年重新犯罪罪犯占在押犯总数的比重,青海为 10.63%,西藏为 5.44%。[1] 2014 年,青海省西川监狱对在押服刑的藏族罪犯开展调研,结果显示,“在监狱服刑改造的罪犯中,少数民族占比 47.54%,其中藏族罪犯 583 人,占少数民族罪犯的 61.62%。在被调研的 583 名藏族罪犯中,属于重新犯罪的共 76 名,占在押藏犯的 13.03%。重新犯罪中入狱次数最多的已经是三进宫。重新犯罪的原因是多方面的,但他们犯罪行为的多次性和改造心理的顽固性却十分相似。其中有一部分重新犯罪的罪犯是已经多次入狱改造并具有丰富的抗改经验,他们公开拉帮结伙,以公开顶撞干警来树立个人威信,常常霸吃霸喝,性情暴躁,出言不逊,头脑简单,目无法纪,在狱中极具煽动性,属于狱中的牢头狱霸”。[2] 其实,有学者回顾中国监狱改革发展 40 周年(1978—2018 年),“认为,从监狱工作看,刑事犯罪高发态势没有从根本上发生转变,押犯数量高居不下、构成日益复杂,判刑两次以上罪犯、涉及有组织犯罪的罪犯、女犯数量不断增多,狱内改造与反改造斗争日益尖锐”[3]。因此,“监狱矫正效益不高”已经成为青藏地区与其他地区共同面临的窘境。相比而言,社区矫正的效益明显高于监狱矫正。例如,司

[1] 司法部预防犯罪研究所课题组:《关于监狱释放罪犯重新犯罪问题的调查报告——对全国 1997 年—2001 年监狱释放罪犯重新犯罪的考察》,载《犯罪与改造研究》2019 年第 5 期。

[2] 青海省西川监狱课题组:《青海藏族罪犯循证矫正实证研究》,载《犯罪与改造研究》2015 年第 2 期。

[3] 李豫黔:《中国监狱改革发展 40 周年回顾与思考》(下),载《犯罪与改造研究》2019 年第 3 期。

法部曾在全国首次司法所工作会议上指出,2018 年 1 月至 7 月底,全国司法所累计接收社区矫正对象 402 万人,解除矫正 332 万人,矫正期间再犯罪率约为 0.2%。另据相关资料,有研究者通过对东部某省 H 市 2007—2011 年相关数据进行统计分析发现,"相比监狱刑满释放人员,社区矫正解矫人员的重新犯罪率最低,社区矫正确实能够有效预防与减少重新犯罪"。[1] 需要说明的是,这里的矫正效益,是矫正工作者通过对矫正成本的运用所要达到的矫正效果。对矫正效益的评估指标,除了重新犯罪、违纪违规情况外,还包括罪犯的再社会化程度。就监狱矫正而言,罪犯与社会隔离,被困于封闭的空间,在监狱集体生活中难免交叉感染,学习犯罪技巧、交流抗改经验,形成监狱人格,不利于再社会化,以致其在刑满释放之后重新犯罪。尤其是初犯、刑期较短的罪犯,经历监狱矫正很容易导致再社会化失败。司法部有研究结论指出:年龄小和刑期短的罪犯重新犯罪的可能性较大,重新犯罪率均较高。[2] 而且,刑期在 3 年以下的罪犯,一般占整个在押犯人数的 25%左右,但刑满释放后其在重新犯罪人员中却占 70%以上。[3] 根据青海省有关调研资料,2002 年青海省某监狱在押罪犯中判处 3 年以下有期徒刑的罪犯有 400 余人。在这 400 余人当中,藏族罪犯占多数。[4] 虽无跟踪统计,但按照司法部的研究结论,这 400 余名罪犯均有可能重新犯罪,那么对地区的社会稳定都是威胁。当然,重新犯罪的原因是多方面的,不能完全归因于监狱矫正工作,但它也的确反映出监狱矫正的严重弊端,"除了增加犯罪感染的概率外,几乎无法得到其他东西"。[5] 因此,对社会危害不大、主观恶性不深、刑期短的罪犯和初犯、偶犯、未成年犯以及因民事矛盾激化引发的犯罪情节较轻的罪犯等不是必须收监执行的罪犯实行社区矫正,既能节省监狱矫正成本的投入,减轻监狱的负担,又能使罪犯顺利再社会化。因为社区矫

[1] 吴卫军、徐如红、任永芳:《社区矫正能否有效预防与减少重新犯罪——以东部某省 H 市 2007—2011 年数据为对象的个案分析》,载《中国刑事法杂志》2013 年第 10 期。

[2] 司法部预防犯罪研究所课题组:《关于监狱释放罪犯重新犯罪问题的调查报告——对全国 1997 年—2001 年监狱释放罪犯重新犯罪的考察》,载《犯罪与改造研究》2019 年第 5 期。

[3] 孙辉:《罪犯的监狱矫正与社区矫正模式比较——以上海市为例》,载《南京师大学报(社会科学版)》2007 年第 4 期。

[4] 雷扬兰:《关于我省监管改造藏族罪犯存在的问题及对策》,载《青海民族学院学报(社会科学版)》2002 年第 3 期。

[5] 孙辉:《罪犯的监狱矫正与社区矫正模式比较——以上海市为例》,载《南京师大学报(社会科学版)》2007 年第 4 期。

正中的罪犯不与社会隔离,他们生活在社区,与家人生活在一起,就业、就学和享受社会保障等方面不受影响,矫正机构对其实行监督管理的同时采取个别化矫正,最大限度地帮助他自觉接受矫正并促使其顺利融入社会,最终在一定程度上降低社会犯罪的总量。而且对青藏地区的少数民族罪犯实施社区矫正,使其继续生活在熟悉的环境中,保持正常的生活工作状态,运用他适应的民族生活习惯方式开展矫正工作,符合其民族心理需求,可以减少其对矫正的抵触对立情绪,发挥事半功倍的作用。从这个角度而言,社区矫正的投入与最终收获的效益之间符合小成本大收益的良性投入规则,而监狱矫正效益不高与投入的监狱矫正成本大之间存在较大的反差,属于非良性投入。在价值层面,社区矫正有助于青藏地区提升矫正罪犯的效益。

3. 有助于缓解青藏地区矫正罪犯人力资源不足的现状

在监狱体制改革的发展过程中,我国监狱警察资源的问题较为突出,一是监狱矫正罪犯的基层警力不足,面临监管安全方面的巨大压力,人少事多、精力不济;[1]二是监狱改造水平有待提高,队伍能力素质还不能完全适应新时代监狱工作需要。[2] 此外,青藏地区的监狱基层警察还面临着需要矫正的少数民族罪犯区域观念较强、存在语言交流障碍、对非本民族的监狱警察认可程度低以及通晓民族语言的少数民族干警严重缺乏[3]等问题。相较而言,社区矫正工作的人力资源较为丰富。由于社区矫正实行专门机关与社会力量相结合的工作方式,所以,社区矫正区别于监狱矫正,表现出来的最突出的优势就在于社会力量参与的广泛性和多样性。就参与的社会力量而言,具有法律、教育、心理、社会工作等专业知识或者实践经验的社会工作者、居民委员会、村民委员会、家庭、学校、企业事业单位、社会组织、志愿者等都是参与社区矫正工作的重要资源。社区矫正机构借助这些重要的社会资源,合理配置,有针对性地对罪犯通过社区进行社会化教育,弥补了社区矫正工作人员人数少、专业性欠缺、专

---

〔1〕 安徽九成监狱管理分局课题组:《对监狱行刑成本和行刑效益的分析及思考》,载《犯罪与改造研究》2009 年第 3 期。

〔2〕 李豫黔:《中国监狱改革发展 40 周年回顾与思考》(下),载《犯罪与改造研究》2019 年第 3 期。

〔3〕 青海省西川监狱课题组:《青海藏族罪犯循证矫正实证研究》,载《犯罪与改造研究》2015 年第 2 期;黄斌:《宗教对青海藏族罪犯矫正与权利保护的影响——以宗教对青海藏族罪犯矫正与权利保护的影响为视角》,载《甘肃社会科学》2011 年第 4 期。

业素养低的问题。在青藏地区,对少数民族罪犯实行社区矫正,社区矫正机构可以鼓励、引导、组织掌握民族理论知识和民族风俗习惯,了解民族特点、民族性格,会用民族语言交流沟通的社会力量参与社区矫正工作,发挥他们在教育帮扶方面的优势作用,对提高矫正罪犯质量、应对矫正罪犯人力资源不足、促进社会稳定具有重要的基础性作用。

二、推进青藏地区社会治理现代化

社区矫正关涉社会治理中的犯罪控制、犯罪预防问题,而且,社区矫正的开放运作机制与社会治理需求的国家与民间合作模式具有耦合共通之处,因此,社区矫正的成效是社会治理成效的重要组成部分。在社会治理现代化背景下研究青藏地区社区矫正的机制运行问题,无疑对促进青藏地区社区矫正现代化、形成社区矫正青藏地区经验、进一步推进青藏地区社会治理现代化具有重要的现实意义。

在国家顶层设计中,社区矫正现代化是推进国家治理体系和治理能力现代化的重要内容。“国家治理体系现代化”,就是通过系列的制度安排,使国家的治理体系日趋完备、不断科学规范、愈加运行有效的过程。“治理能力现代化”,就是将制度优势转化为治理效能的能力不断强化的过程。其中,国家治理体系现代化体现国家的制度设计能力,治理能力现代化体现贯彻治理体系的执行能力。[1] 社区矫正是最大限度地化解消极因素为积极因素的重要制度,社区矫正工作的实际成效有利于推进国家治理体系和治理能力现代化,促进国家长治久安。社区矫正体系和社区矫正能力建设是国家治理体系和治理能力现代化的重要组成部分。

2013 年,党的十八届三中全会明确了全面深化改革的总目标是完善和发展中国特色社会主义制度,推进国家治理体系和治理能力现代化,提出了“创新社会治理体制”“提高社会治理水平”“健全社区矫正制度”的要求,将社区矫正制度纳入全面深化改革的总体布局。我国社区矫正制度的建立,是在国家推进法治建设的大背景下,为完善刑事人权保障机制所安排的一项重要制度,也是推进国家司法文明的一项重要举措。社区矫正制度的确立是创新社会治理的客

---

〔1〕 徐奉臻:《从两个图谱看国家治理体系和治理能力现代化》,载《人民论坛》2020 年第 1 期。

观需要，推动了我国犯罪预防机制的创新。我国在社会预防、心理预防、治安预防、刑罚预防的基础上，通过实行社区矫正制度，进一步加强了社会预防机制，强化了社区预防、社会力量预防，包括家庭预防、学校预防、单位预防等，创新了犯罪的共同预防机制。

2014 年，党的十八届四中全会通过《中共中央关于全面推进依法治国若干重大问题的决定》，提出“促进国家治理体系和治理能力现代化”；2015 年，党的十八届五中全会首次提出“构建全民共建共享的社会治理格局”决策论断，要求增强社区服务功能，实现政府治理和社会调节、居民自治良性互动。国家对社会治理布局的设计是社区矫正制度实施的客观基础。社区矫正机构运用开放的社区平台，创新对罪犯的监督管理方式，提高了监督管理工作的便捷性和实效性。而且，多元化的主体参与和对社会资源的充分利用创新了对罪犯的教育帮扶方式，增强了教育矫正的针对性和实效性，成为帮助实行社区矫正的社区矫正对象顺利融入社会的重要措施。注重提高教育帮扶效果，已成为社区矫正工作的重要内容。

2017 年，习近平总书记在党的十九大报告中指出：“打造共建共治共享的社会治理格局。”共建，即共同参与社会建设；共治，即共同参与社会治理；共享，即共同享有治理成果。“共建、共治、共享的社会治理格局”标志着社会治理方式从自上而下的单向管理转向政府和多元主体的良性互动。社区矫正制度具有适应现代社会治理格局客观需要的显著特征，就是有社会力量广泛参与社区矫正。社会力量的参与将矫正罪犯模式由“国家本位”模式转向“国家与社会合作”模式，缓解了矫正罪犯领域专业人才短缺的困境，提高了为社区矫正对象提供专业帮扶的能力，有利于培养社会公众对社区矫正的认同，增强对矫正罪犯的社会责任感。

2019 年，中国共产党第十九届中央委员会第四次全体会议通过《中共中央关于坚持和完善中国特色社会主义制度　推进国家治理体系和治理能力现代化若干重大问题的决定》，提出“社会治理是国家治理的重要方面”“坚持和完善共建共治共享的社会治理制度”，明确“坚持和完善中国特色社会主义制度、推进国家治理体系和治理能力现代化，是全党的一项重大战略任务”。社会治理是一项复杂的系统工程，需要构筑机制综合体。社区矫正由于承载着依法矫正罪犯的责任，直接关系到社会的稳定，甚至国家的安全，在这个层面，社区矫正又实际上是社会治理的保障机制。另外,社区矫正的执行机构在基层,罪犯在社区实行矫正,参与社区矫正的社会力量大多来自基层群众,因此,社区矫正是基层社会治理格局中的重要组成部分。按照党中央完善社会治理提出的要求与安排,社区矫正需要通过健全公众参与、法治保障、科技支撑以及科学合理的权责配置机制,确保社区矫正对象顺利融入社会,使社会安定有序,为建设更高水平的平安中国发挥重要作用。

综上所述,在推进国家治理体系和治理能力现代化的重点工作背景下,社区矫正的现代化是青藏地区社会治理现代化水平的重要内容。社区矫正现代化要求树立现代化的社区矫正观念,实现社区矫正队伍建设正规化、职业化,社区矫正监督管理规范化,社区矫正教育帮扶专业化,等等。目前,青藏地区社区矫正工作受地区自然地理环境、经济发展、人才困境、传统观念习俗等制约因素的影响,在提升社区矫正现代化水平过程中面临诸多问题,如青藏地区社区矫正的社会合力缺乏、教育帮扶专业能力有待加强、社区矫正观念模糊甚至混乱等。从问题应对策略角度,青藏地区需要以国家治理体系和治理能力现代化为导向,有针对性地采取有效措施提升社区矫正工作的能力和水平。就政府层面而言,要能够清晰地认识到社区矫正不同于监狱改造的价值转型,在社区矫正领域能够主动转变职能履行方式,明确社区矫正工作中政府与社会的共同作用力及其界限所在,能够充分发挥基层群众自治组织的基础作用和社会力量的积极作用,促进完善多元协同的社区矫正共同体。社区矫正的规范化建设和长效机制构建都离不开政府的指导支持,因此,政府具有现代化的意识是实现社区矫正现代化的基础和途径,也是推进青藏地区社会治理现代化的内在需求。就工作机制而言,社区矫正工作流程、程序都有明确的法定依据,属于规定动作,不能违反,但社区矫正机制的社会性与开放性特征,赋予了社区矫正工作机制有自选动作的空间,青藏地区可以针对面临的困境,结合社区矫正对象的需求,主动探索社区矫正工作创新的突破口,发挥社会资源优势,最大限度激发社会力量的积极性和工作智慧,在社区矫正工作方法等方面形成自己的特色,及时总结、提炼和推广行之有效的社区矫正成功做法,推动社区矫正工作将制度优势转化为治理效能,为打造青藏地区共建共治共享的社会治理现代化格局提供实践经验,并以此检验社区矫正工作的开展是否符合青藏地区社会治理现代化的要求。这个过程既是一个关乎青藏地区社区矫正事业发展的策略问题,也是推进青藏地区社会治理现代化的路径之一。

三、推动青藏地区民族民间优秀文化资源发挥积极作用

所谓"青藏地区民族民间优秀文化资源",在这里主要是指那些由青藏地区民众在生产生活中创造、共享、传承的地域文化资源,主要以风俗习惯、宗教活动、村规民约等为载体,含有历史、民俗、民族、宗教、艺术等文化内容。之所以提到文化资源的问题,主要基于以下两个方面的考虑:

一是文化是一种精神力量,对于凝聚人心具有特殊的感染力和感召力,因而文化对于制度具有重要的影响,制度的构建、实施与深入人心都需要依赖文化的引领和保障作用,正如马克斯·韦伯所提出的,"社会制度的构造与演进虽取决于历史赋予的技术、法律和行政管理制度等因素,但与特定时代的社会文化传统有着某种内在的渊源关系"[1]。因此,青藏地区实施社区矫正制度必须立足于青藏地区深厚的文化土壤,在社区矫正机制的构建上不能忽视青藏地区文化因素的影响力,需要进行文化调适,注重发挥文化的协同作用,与青藏地区文化相交相融。

二是在社区矫正过程中发挥软法的功效,在青藏地区有优秀文化资源的支持。软法是社会规范,硬法是法律规范。在任何领域,即使有了法,也还需要发挥相关社会规范的调整作用,苏力教授曾指出:"在当代中国,已经不存在一个单一的文化结构系统,社会中总是存在多元的法律规则体系。"[2]同样,在社区矫正过程中,软法与硬法都是不可或缺的。尤其在青藏地区社区,矫正工作涉及城市、农村、牧区三种模式,其中,农村的熟人社会特征鲜明,牧区存在发展相对落后、牧民居住分散的状况,如果单纯依赖强制性矫正规范,就会存在机械主义,甚至引发社会矛盾激化等问题。引进软法的矫正手段,实际是对《社区矫正法》坚持专门机关与社会力量相结合原则的具体实践,而且不依赖国家强制性的软法通常为社区矫正对象所熟悉与信赖。实践证明,软法的使用会使矫正工作更为尊重和体谅社区矫正对象的感受,互动、建议、协商式的工作方式更容易使社区矫正对象接受与认可,并积极配合矫正工作,从而产生良好的矫正效果。

---

[1] [德]马克斯·韦伯:《新教伦理与资本主义精神》,于晓、陈维纲等译,三联书店1987年版,第114页。

[2] 苏力:《送法下乡——中国基层司法制度研究》,北京大学出版社2011年版,第185页。

综上,在简要认识文化资源与社区矫正关系的前提下,青藏地区社区矫正所具有的推动地区民族民间优秀文化资源发挥积极作用的价值随之凸显,这也是考察青藏地区社区矫正工作的一个视角。青藏地区民族民间文化资源丰富多彩,其具体体现难以枚举。结合实际情况,笔者认为有必要强调以下三种文化资源的积极作用:

(一)发挥习惯法中的积极因素

青藏地区是一个多民族的地区,各民族在长期的历史发展过程中因为交往、融合,在生活、劳动中逐渐积淀形成了一些观念形态和约定俗成的彼此要遵守的规则,这种规则被法理学界称为习惯法。1988 年,青海省就有研究团队启动了对藏族习惯法的搜集和整理工作,实证藏族习惯法对藏区人民的生活仍然具有一定的惯性影响。[1] 青藏地区的藏族习惯法,典型如藏族"赔命价""赔血价",就经常被关注民族习惯法的学者作为研究样本。而在现实中,藏族习惯法在一些领域仍然发挥着"和解"当事人关系的作用,例如,西藏自治区 A 地区 E 县有一些"特殊的能手"被邀请参与刑事和解。他们熟悉藏族传统的习惯法,又了解国家法律的规定,还具备藏传佛教的素养。在刑事和解中,他们除了运用宗教知识外,还熟悉国家法律与藏族习惯法的边界所在和融合之处,从而容易把握化解矛盾的合力。[2]

习惯法与社区矫正之间的相同点在于"恢复",而且都有别于传统报应刑观念。例如,藏族习惯法一般通过支付"赔偿金"达成"和解契约",消除怨恨,恢复彼此之间的关系。而社区矫正具有教育、感化社区矫正对象的功能。社区矫正机构通过法治教育、劳动教育、文化教育、职业技能教育和心理健康知识教育,通过人道待遇和关心爱护,使社区矫正对象产生被感化的心理效应,促使其更深刻地认罪悔罪,调动其融入社会的积极性和自觉性,真诚向被害人悔罪并对被害人进行赔偿,使被害人通过社区矫正对象的道歉、悔罪,精神上得到一定抚慰,物质上得到一定赔偿,使犯罪行为破坏的社会关系得以恢复,使罪犯为自己的犯罪行为感到羞耻,从而有利于罪犯真正融入社会。虽然社区矫正的终极

---

[1] 张济民等主编:《渊源流近——藏族部落习惯法规及案例辑录》,青海人民出版社 2002 年版,第 17 页。

[2] 雷小政:《民生与民声——刑事法的返璞归真》,法律出版社 2012 年版,第 47 页。

目的是减少犯罪、预防犯罪,但在"恢复关系"方面,其与习惯法是相通的,只是由于习惯法已融入他们的生活方式而更容易获得当事人的认可。因此,社区矫正应当重视习惯法的客观存在,在社区矫正工作需要的时候,不妨对其进行借鉴,促使其发挥积极作用。

(二)发挥宗教文化中的积极资源

青藏地区少数民族人口众多,宗教信仰已成为青藏地区绝大多数少数民族群众日常生活的一部分。有些民族群众对宗教的信仰表现出坚定的信念,甚至全身心地皈依,形成了鲜明的民族心理素质,进而影响着他们的生活方式。

当前,宗教文化对青藏地区社会治理的影响,除了宗教教规对信教群众的生活具有指导作用外,主要集中在寺院以及宗教人士在信教群众精神生活中扮演着重要角色,他们能够满足信教群众的宗教需要,是宗教信教群众的核心,对信教群众的社会生活具有重要的影响力。因此,有寺院的宗教教职人员在民间社会生活中分担着政府组织的调解职能,参与社区矛盾纠纷协调活动等。比如,藏区部落之间、牧民之间的草场纠纷往往有着一定的历史根源,是民间纠纷最多、最繁杂的一种。这类草场纠纷的最后解决,往往需要宗教人士出面,而纠纷双方会因为宗教信仰的习俗,在共同敬仰的宗教人士面前做出一定的让步。

随着我国积极引导宗教与社会主义社会相适应,青藏地区的宗教文化与政治趋于和谐相依状态,寺院以及宗教人士与基层组织也表现出积极的合作关系。这与我国对待宗教文化持客观理性的态度有着密切联系,正如赵朴初先生所言:"在我国现今的条件下,在我国宗教的社会政治状况发生根本变化的情况下,宗教不再是旧的半封建半殖民地社会上层建筑的残余,而是社会主义上层建筑的组成部分。不仅宗教实体、宗教文化可以为社会主义经济基础服务,而且宗教思想信仰体系中的积极精神也可以为社会主义经济基础服务。"[1]在爱国爱教的前提下,宗教教职人员和信教群众既是社会主义事业的建设者,也是国家利益的捍卫者。[2]

---

〔1〕 赵朴初:《对宗教工作的几点认识和意见》。转引自格勒主编:《西部大开发与藏区现代化研究》,中国藏学出版社2014年版,第21页。

〔2〕 刘仲宇:《社会主义时期宗教功能的新定位——学习十七大报告一个论述的体会》,载《上海市社会主义学院学报》2008年第4期。

积极的宗教文化资源与社区矫正在"劝导行为人弃恶从善"方面有着相通之处。宗教是一种社会意识形态,宗教文化蕴含着丰富的宗教道德,这些道德不乏普世的价值,符合社会发展进步的要求,具有维护社会稳定、促进社会和谐的作用,能够帮助那些与社会疏远了的信教人士重新适应社会。对于信教群众而言,遵守宗教规则中的合理禁忌,有助于其远离犯罪。因此,宗教文化中具有符合社区矫正社会化需求的积极因素。在社区矫正过程中,借助积极向上的宗教教义与宗教精神对有宗教信仰的社区矫正对象开展矫正活动,发挥宗教文化的积极作用,十分必要。青藏地区社区矫正工作人员在需要的时候,应当与宗教人士进行积极的沟通与协调,了解与宗教相关的文化知识,挖掘教规教义中与社区矫正工作相适应的内涵,将宗教信仰中的积极因素与悔罪意识、遵守法律法规等有机结合,通过有针对性地引导,消除信教的社区矫正对象可能重新犯罪的因素,帮助其成为守法公民。

(三)发挥村规民约的积极作用

村规民约是基层群众自治的一种准则规范,是村民自己参与商议并决定成立的自我管理、自我服务、自我教育、自我监督的行为规范。由于具有"自己参与制定"的因素,突出了村民的主体地位,村民自觉遵守村规民约、居民公约的积极性较为突出,以至于"从规范性的角度看,在国家法律之外,村一级最具正式意味的规范无疑是所谓村规民约"[1]。十八大以来,我国在推行完善基层组织自治的同时对村规民约工作加强了指导。2018 年,民政部、中央政法委等七个部门联合发布《关于做好村规民约和居民公约工作的指导意见》,对村规民约的主要内容进行了规范指导,包括规范日常行为、维护公共秩序、保障权益、调解纠纷、引导民风民俗等,使村规民约的内容与制定程序的规范化加强。当前,村规民约对于弘扬公序良俗、促进乡风文明建设、助力乡村振兴具有重要意义。例如,青海省海南藏族自治州同德县的知后迈村是一个传统藏族村落。在县、乡镇政府的指导下,知后迈村围绕爱党爱国、遵纪守法、互助互爱、济贫帮困、保护生态、传承文化等主题,通过村民集体表决,制定通过了"顺口溜"式的汉藏双

---

〔1〕 王铭铭、王斯福:《乡土社会的秩序、公正与权威》,中国政法大学出版社 1997 年版,第 426 页。

语版“知后迈村村规民约”。[1] 他们把村庄传统优秀的历史风俗、道德文化和现代法治精神融入村规民约的具体内容。在村规民约的制定过程中,村民们对熟悉的内容高谈阔论、提出建议,对新鲜的内容仔细询问、认真思考。每一个村民经历了村规民约内容形成与表决通过的程序与仪式。之后,他们给村规民约配上曲,用唱歌的方式学习村规民约,自觉遵守村规民约。

村规民约是典型的“软法”。具体到社区矫正工作,《社区矫正法》是“硬法”,但其中明确要求社区矫正工作要坚持监督管理与教育帮扶相结合、专门机关与社会力量相结合,就是要坚持软硬并举,运用刚柔并济的矫正方法,包括发挥与社区矫正对象有关的村规民约的矫正作用。一方面,对社区矫正对象而言,村规民约等“软法”的规范、引导功能是村民自愿形成的,不是国家强制推行的,他们更容易自觉遵守,这也是政府与民间积极合作的形式在社区矫正过程中的体现,有助于社区矫正对象顺利融入社会;另一方面,也有助于发现村规民约存在的内容空泛、实施流于形式等问题,对其进行修改、完善,真正发挥村规民约的积极作用,提升其在社区矫正中的治理效能。

---

〔1〕 笔者参与了知后迈村村规民约的制定过程。

第四章 社区矫正的社会认知

社区矫正的社会认知,是指人们对社区矫正的了解与认识,包括对社区矫正的知晓、直觉判断、情感表示和价值评价。运用法理学理论,这里所说的“社会认知”是法理学研究的法律意识的第一个层次,即法律心理(感性认识),是人们对社区矫正的一种表面的、直观的、不系统的认识,是对社区矫正的一种自发的反应形式。因此,法律心理是不需要具备专业知识的,它是精神健康的人都会有的一种反应。社区矫正的推行,在某种程度上得益于人们相应的法律心理,即对社区矫正的认知。对社区矫正的认知在社区矫正的实行过程中具有重要的意义。一方面,社区矫正的有效实施需要人们对社区矫正有发自内心地理解和尊重,能够得到人们的拥护与支持。人们是否能够自觉地以积极的态度支持、参与社区矫正、接纳社区矫正对象,在很大程度上就取决于他们的认知水准。另一方面,社区矫正工作人员对社区矫正的认知水平,决定了他们对社区矫正工作的态度,直接关系到他们开展的社区矫正工作是否有成效、有什么样的成效,甚至会影响到人们对社区矫正工作合法性与权威性的评价,影响到公众对社区矫正的态度与认知。完善社区矫正机制的重要任务之一就是要通过有效的制度建设提高人们对社区矫正的认知水平,培养人们对社区矫正的准确认知,改变各种与社区矫正不相适应的观念,如认为犯罪人就应该被重刑,让其受到报应,对其应该监禁处罚等。改变不利于社区矫正推行的观念,既是实现社区矫正认同的基础条件,也是对社区矫正的发展所持有的内心信念。因此,对社区矫正的认知状况进行调查分析是解决社区矫正机制问题的重要环节,将为促进社区矫正制度的有效实施提供依据。

第一节 调研设计与调研指导纲要

一、调研设计

抽样问卷调查已成为研究问题最常用的一种资料收集方法,本章对青藏地区社区矫正社会认知的研究主要采用问卷调研方法,同时辅之以观察与访谈方法。本章开展的调研选择了8个调研点,包括4个民族自治地方。在确定调研对象时,根据《社区矫正法》第3条“社区矫正工作坚持专门机关与社会力量相结合”的规定,认为应当涉及社会力量、社区矫正对象和专门机关工作人员3类。

(一)社会力量

受地理环境与人文资源的影响,青藏地区的社会组织、社会工作、志愿队伍的建设均有一定的滞后性。分析掌握青藏地区的社会力量对社区矫正的认知状况,对完善青藏地区社区矫正参与机制,促进青藏地区司法社会工作、社会组织、志愿队伍建设等具有重要价值。

根据《社区矫正法》的规定,社会力量包括社会工作者、居民委员会、村民委员会、社区矫正对象的监护人、家庭成员,所在单位或者就读学校,以及企业事业单位、社会组织、志愿者等。由于考虑到社会力量的广泛性,确定本类调研对象如下:(1)社区、亲属,包括社区矫正对象的监护人、家庭成员,以及15个社区的居民和村(居)民委员会工作人员。(2)社会组织人员,包括心理矫治工作人员、社会工作人员(缺乏司法社会工作者)。(3)中学教师。考虑到未成年社区矫正对象的特殊性,选择中学教师为调研对象。确定的中学教师,包括正在担任或有担任初中班主任经历的教师。(4)高校教师与大学生。由于志愿者一般以大学生居多,故选择了高校教师与大学生为调研对象。确定的高校教师,包括担任辅导员、负责团工作的教师;大学生,包括2个班的社会工作专业学生、2个班的法学专业学生和4个班的其他专业学生。

总之,这类调研对象中,有的对社区矫正有着较为直接的感受,有的可能会参与社区矫正。一般情况下,如果没有认知,就不知道社区矫正制度,也就谈不上参与;如果不认同,就不屑于社区矫正制度,也就谈不上参与。所以,这类调研对象反馈的信息对社区矫正参与机制的完善具有重要价值。

（二）社区矫正对象

由于社区矫正对象对于社区矫正制度有着切身体验，所以，他们反馈的信息对社区矫正工作机制的完善具有重要意义。

调研以社区矫正对象的文化程度、年龄以及不同的地区为选择标准，尽可能地做到了解不同地区、不同文化程度、不同年龄的社区矫正对象对社区矫正制度的认知情况，按照城市、县、乡镇以及农业区、牧业区的情况发放问卷开展调研。其中，在城市的社区矫正对象的比例是70.5%，在县城的社区矫正对象的比例是24.5%，在乡镇的社区矫正对象的比例是5.0%；在农业区的社区矫正对象的比例是14.1%，在牧区的社区矫正对象的比例是7.4%；具有初中文化程度以下（包含初中）的社区矫正对象的比例是77.9%，高中文化程度及以上的社区矫正对象的比例是22.1%；未成年社区矫正对象的比例是14.1%。

（三）专门机关工作人员

根据《社区矫正法》规定，专门机关工作人员，包括司法行政机关、人民法院、人民检察院、公安机关、社区矫正机构、受委托的司法所的工作人员。根据《社区矫正法实施办法》的规定，司法行政机关主管本行政区域内社区矫正工作；社区矫正机构负责社区矫正工作的具体实施；司法所承担社区矫正的相关工作；人民法院、人民检察院、公安机关和其他有关部门依法履行与社区矫正工作相关的职责；人民检察院依法对社区矫正工作实行法律监督。本次调研将司法行政机关、社区矫正机构、受委托的司法所工作人员归为一类，合称为“司法行政社区矫正工作人员”。

确定专门机关工作人员为调研对象，主要考虑到三个方面的因素：一是他们应该对我国现阶段社区矫正工作取得的成绩和存在的问题有着最真切的经验与感受，对社区矫正的认知应该是客观、真实、全面的，而且这是其他人以及其他部门人员所不可能具有的体验。二是调研他们对社区矫正制度的认知状况，是检验青藏地区社区矫正工作专业化程度的重要标准。如果负责组织、指导、承担社区矫正的工作者将社区矫正理解为监禁矫正的特殊形式，就可能使社区矫正工作背离制度制定的初衷和意义；如果社区矫正工作者不具备社区矫正的规则意识,缺乏基本的法律素养,就无法保证社区矫正过程中的公正与权威。三是社区矫正是一项需要发挥合力的工作,人民法院、人民检察院和公安机关负责社区矫正的工作人员对社区矫正工作合作机制的认知状况,在一定程度上影响着社区矫正工作之间的衔接是否顺畅、权责是否明确,调研结论对完善社区矫正合作机制、保障社区矫正工作的顺利开展具有一定的参考价值。

本次调研共发放问卷2702份,其中,社区矫正对象200份,专门机关工作人员1000份,社会力量1502份。收回有效问卷2261份,总问卷有效回收率为83.7%,其中,社区矫正对象163份,问卷有效回收率为81.5%;专门机关工作人员853份,问卷有效回收率为85.3%;社会力量1245份,问卷有效回收率为82.9%。(见表4.1)

表4.1 问卷统计

<table>
<tr><th colspan="2">调研对象</th><th>问卷发放量(份)</th><th>有效问卷回收量(份)</th><th colspan="2">问卷有效回收率(%)</th></tr>
<tr><td colspan="2">社区矫正对象</td><td>200</td><td>163</td><td colspan="2">81.5</td></tr>
<tr><td rowspan="4">专门机关工作人员</td><td>司法行政社区矫正工作人员</td><td>300</td><td>267</td><td>89.0</td><td rowspan="4">85.3</td></tr>
<tr><td>人民法院</td><td>200</td><td>172</td><td>86.0</td></tr>
<tr><td>人民检察院</td><td>200</td><td>187</td><td>93.5</td></tr>
<tr><td>公安机关</td><td>300</td><td>227</td><td>75.7</td></tr>
<tr><td rowspan="5">社会力量</td><td>社区、亲属</td><td>750</td><td>588</td><td>78.4</td><td rowspan="5">82.9</td></tr>
<tr><td>社会组织人员</td><td>100</td><td>52</td><td>52.0</td></tr>
<tr><td>其他公职人员</td><td>150</td><td>113</td><td>75.3</td></tr>
<tr><td>教师</td><td>150</td><td>140</td><td>93.3</td></tr>
<tr><td>大学生</td><td>352</td><td>352</td><td>100.0</td></tr>
<tr><td colspan="2">合计</td><td>2702</td><td>2261</td><td colspan="2">83.7</td></tr>
</table>

二、调研指导纲要

(一)调研之前的理论假设

由于对社区矫正的认知状况反映了社区矫正对象、社区、民众以及社区矫正工作人员的认识与态度，所以在设计调研问题时，先结合理论资料反映的内容和初步掌握的实际情况以及具有的经验常识，对青藏地区的社区矫正社会认知状况进行了理论上的假设。

1. 关于社会力量的认知假设

(1)人们对社区矫正的认知程度低；

(2)大多数人对社区矫正持反对态度；

(3)大多数人没有参与过社区矫正；

(4)所受教育程度、工作环境、文化素养、法治观念、宗教信仰观念等影响社区矫正认知；

(5)自己的经历会影响对社区矫正的认知；

(6)社区矫正对象的亲属支持社区矫正制度；

(7)社区矫正对象的表现影响亲属对社区矫正的认知；

(8)村规民约、民俗习惯影响对社区矫正的认知。

2. 关于专门机关工作人员的认知假设

(1)工作人员清楚社区矫正工作的目标；

(2)有工作人员不认同社区矫正；

(3)多数工作人员不理解社区矫正的社会化意义；

(4)职责不同，会影响工作人员对社区矫正的认知；

(5)对社区矫正工作人员应当具备的素质看法不统一；

(6)对自己的职责履行在社区矫正工作中的重要性有认知；

(7)有社区矫正工作人员的工作理念不正确；

(8)有社区矫正工作人员对社区矫正工作内容的认知有偏差；

(9)工作人员明确知道社区矫正工作具体规则；

(10)有社区矫正工作人员对工作中存在的问题没有认知；

(11)工作人员知道社区矫正对象享有的权利。

3. 关于社区矫正对象的认知假设

(1)社区矫正对象赞同社区矫正；

(2)大部分社区矫正对象清楚社区矫正监督管理规则；

(3)社区矫正对象支持社区服务；

(4)有社区矫正对象对监督管理措施持抵制态度；

(5)大部分社区矫正对象认为教育学习有意义;

(6)大部分社区矫正对象认为心理咨询有意义;

(7)社区矫正对象知道他们享有的权利。

(二)调研理论框架

对本章问题的关注源于在调研过程中,有司法所工作人员感慨社区矫正工作的开展之所以得不到社会的支持,是因为对社区矫正的宣传力度不够,社区矫正的社会认知程度太低。另外,虽然在理论与实务中,对于社区矫正的认知问题已有关注,但尚未见到以青藏地区为样本对社区矫正问题进行的研究。而且,一般意义上,认知影响选择、引导行为,积极的认知有助于推动社区矫正的发展,而消极的认知会阻碍社区矫正的发展,社区矫正的社会认知状况是社区矫正机制构建与完善都不可忽视的关键点。

那么,如何掌握社区矫正的社会认知状况?关注社区矫正社会认知问题的目的是什么?无疑,调研是为了发现问题,关注社区矫正社会认知问题是为改变社会认知状况提供基础性根据。这里运用"改变"一词,包含三种情况:(1)对社区矫正没有认知的,促使其形成新的认知;(2)对社区矫正有不合理认知的,帮助其修正认知;(3)对社区矫正有合理认知的,鼓励其发挥积极的作用。根据认知结构学说,合理认知的形成需要有良好的认知结构。而良好的认知结构有三个因素:一是"是什么",即人们的原有观念——是什么;二是"为什么",即人们的观念需要更新——为什么;三是"怎么办",即改变人们的观念——怎么改变。显然,良好认知结构的三个因素符合社区矫正认知问题研究的目的。而且只有深入了解认知状况,才有可能清楚认知是否存在问题,才能寻找到认知问题的原因,以促使认知状况良好。因此,有必要以认知结构学说为指导,在社区矫正实践中考察人们的认知。

首先,有必要深入了解人们原有的认知结构状况。根据认知结构学说,了解人们对社区矫正的认知结构的方法之一是编制并开展诊断性的测验,根据一个完整认知结构应包含的成分,设立某单元的认知结构测验。通过测验,可以将人们的认知结构分成不同的层次,从而分出认知水平的高低。因此,调研从不同的角度、不同的层面,尽可能地做到较为全面地提出与社区矫正有关的问题,然后就各个具体问题来分别考察人们的认知。当然,在这一过程中不能忽视认知结构的整体性，按照“部分—整体”的原则，要将进行的个别的考察形成一个相对完整的认知体系，以全面、深入地呈现社区矫正的社会认知状况。

其次，认知是人们对社区矫正的了解与认识，包括对社区矫正的知晓、直觉判断、情感表示、价值评价四个层面的内容。同时，考虑到三类调研对象的特殊性，确定从两个角度编制认知结构的诊断性测验，即对社区矫正的基础性认知和对我国社区矫正的具体性认知。基础性认知，侧重于调研对象对社区矫正本身是否知晓、对其基本含义是否有认知以及如何获取认知、获取认知的渠道是什么等一般性的、与社区矫正相关的知识或事实性测验；具体性认知，注重对我国社区矫正机制及其适用的了解与认识。这两个角度都将以认知的四个层面为标准，由浅入深逐层地进行测验分析。其中，在知晓层面，主要测验调研对象是否知道社区矫正这个词语，是否了解社区矫正的基本含义，知道、了解社区矫正的途径是什么等；在直觉判断层面，主要测验调研对象不用思考便会对社区矫正的适用情形做出何种反应，能否下意识、直觉地认识到社区矫正的人性化特征等；在情感表示层面，主要测验调研对象对社区矫正制度本身有何评价，这对社区矫正机制的完善具有一定的意义；在价值评价层面，主要测验调研对象对社区矫正的价值和对社区矫正对象顺利融入社会的意义以及产生的效果有何评价。同时，在诊断性测验过程中，注重将三个方面的内容设置为问题：一是将影响调研对象认知的假设原因编制在问卷中，以探寻关于社区矫正认知不合理、有偏差的原因，为形成良好认知提出合理化建议。二是将法律规范中关于社区矫正对象的权利保护规定编制在问卷中，以分析调研对象在社区矫正问题上的权利意识。在实际生活中，人们是否了解并懂得适时地运用这些权利无疑也是判断社区矫正社会认知的一个重要方面。三是将《社区矫正法》《社区矫正法实施办法》中的一些具体规定编制在问卷中，分析调研对象对社区矫正规则的评价。无论社区矫正如何发展，规则都是基础。社区矫正的专门机关、社区矫正对象都要遵守规则，但规则是否合理、是否符合实际，显然也与社区矫正的认知有着密切关联，如果规则不合理，人们就会认为社区矫正有问题。随着《社区矫正法》的实施，很多人认为社区矫正有了统一的法律，社区矫正中的很多问题就会得以解决。

最后，需要补充说明以下三点情况：一是考虑到对社区矫正对象、专门机关工作人员和社会力量的调研需要分别进行，调研有针对性地设计了三份不同的问卷。当然,这三份问卷中有些问题和选项相似,甚至完全一样。二是问卷调研过程中,因为客观原因的限制,部分调研点只能委托相关人员发放与回收,此中也许存在问卷疏漏问题,但从问卷有效回收率的情况来看,不影响对问题的整体分析。三是调研过程中,不可避免地存在有些调研对象不愿意回答,或者不能够提供准确的信息,或者不知道该如何回答问题的现象,所以,根据问卷所获取的信息的真实性并不是绝对的,可能存在不准确的情况,对某类型问题的分析数据的有效性可能存在质疑。因此,本章使用的调查数据只是一种整体性反映,只是表明青藏地区社区矫正认知调研对象对测试问题的基本态度和倾向。

第二节 调研结果与分析

一、社会力量的社区矫正认知

这部分的调研既包括调研对象对社区矫正的基础性认知的考察,也包括调研对象对我国社区矫正的具体性认知的考察。主要涉及以下三个方面。

(一)社区矫正在青藏地区的“知名度”不高

首先,按照基础性认知的要求,调研社会力量对社区矫正的知晓度。调研此项时,出现的状况是很多调研对象不知道社区矫正是什么,要求给予解释。这一情形恰恰说明了这部分调研对象对社区矫正的确不知晓。还有一种情形引起了调研人员的注意,就是调研对象互相之间在解释社区矫正,其中有几人出现恍然大悟状,说:“原来那就是社区矫正”“知道怎么回事儿,不知道名字”,这种情形以“有认知”作了统计,但也反映出人们对社区矫正的认知度需要提高。

考虑到此类调研对象的广泛性,问卷就“是否知道社区矫正”设问,给出了“听说过”“大概知道”“明确知道”“完全不知道”四个选项。调研发现,虽然有一部分人知道社区矫正,但在知道的程度上存在差异性,大多数人只是“听说过”“大概知道”,二者之间的比例相近,但选择“明确知道”的比例明显低于前者,而且与调研对象的文化程度、学习专业、工作内容紧密相关,明显地呈现出社区矫正具有专业性的特征。虽然俗话说“内行看门道,外行看热闹”,但社区矫正需要行内人与行外人的共同参与,如何让社区矫正的专业性与社会性产生优势效果,是社区矫正机制完善的标准。另外,选择“明确知道”的调研对象中有社区矫正对象的亲属,这也符合心理学定律,就是经历决定思维和认知,经历会改变认知。

分析调查数据的结论显示,有 316 人听说过社区矫正,占总体比例的 25.4%,有 267 人大概知道社区矫正,占总体比例的 21.4%,有 10 人明确知道社区矫正,占总体比例的 0.8%,但有 652 人完全不知道社区矫正,占总体比例的 52.4%。(见表 4.2)即使将“听说过”“大概知道”“明确知道”三项加起来,占总体比例也只有 47.6%。显然,社区矫正在青藏地区的“知名度”不是很高。

表 4.2　您知道社区矫正吗?

选项	回答人次(人)	百分比(%)
听说过	316	25.4
大概知道	267	21.4
明确知道	10	0.8
完全不知道	652	52.4
总计	1245	100.0

其次,考察社会力量对我国社区矫正的具体性认知。(见表 4.3)因为这一问题紧接上一问题,如果调研对象对上一问选择“完全不知道”,那么对“我国有社区矫正”很有可能会选择“不知道”,当然这只是其中的一种情形。因此,在统计分析调研数据时,调研组格外注意两个问题的选择情况。

表 4.3　您知道我国有社区矫正吗?

选项	回答人次(人)	百分比(%)
知道	616	49.5
不知道	629	51.5
总计	1245	100.0

分析调研数据显示,有 616 人知道我国有社区矫正,占总体比例的 49.5%;有 629 人不知道我国有社区矫正,占总体比例的 51.5%。此项问题选择“知道”的人数比例较上一问题的人数比例增多,有可能存在一部分人不知道社区矫正

是干什么的，但知道我国有社区矫正的情况。这也是对社区矫正有认知的一种情形。

另外，有两种情况需要提出来思考：一是这两个问题的调研对象中有社区矫正对象的亲属、村(居)民委员会工作人员、社会组织工作人员、法学专业与社会工作专业的大学生。问卷显示他们大多数对社区矫正是有认知的，那么如果我们将调研对象换为其他没有这种特殊身份符号的居民，对社区矫正有认知的比例以及“知道”我国有社区矫正的认知比例是不是会更低？我们认为不能排除这种可能性，而且这种可能性非常大。二是调研数据显示，有社区矫正对象的亲属不知道社区矫正，也不知道我国有社区矫正，虽然比例较低，占社区矫正对象亲属的2.5%，但这种情况的存在不符合常理，值得关注。我国《社区矫正法》明确要求“社区矫正对象的监护人、家庭成员应当协助社区矫正机构做好社区矫正工作”，而且社区矫正对象的矫正效果某种程度上与他的监护人、家庭成员的态度密切相关。当然，也不排除本章在调研之前提出的理论假设情况的存在，即社区矫正对象的表现会影响亲属对社区矫正的认知。社区矫正对象与其监护人、家庭成员之间的互动的影响是社区矫正过程中需要注意的重要问题，一般情况下与矫正效果直接相关。关于这一问题，将是下一步需要进行分析探讨的。总体上，调研显示，社会力量对“我国有社区矫正”的认知仍然较低。而且这一结论在调研实践中也得到了证实，如果查阅省级、市级、区县级主管部门关于社区矫正工作的年度报告或季度报告，就会发现其中都将“社区矫正宣传力度不够，社会各界真正了解或参与到社区矫正工作实践中的少，群众对社区矫正工作认识知晓程度不高”列为存在的问题。

(二)人们对社区矫正认知的渠道较窄

了解社区矫正认知的渠道，对采取何种形式鼓励人们积极参与社区矫正有着重要的意义。换言之，社区矫正认知渠道与人们对社会管理参与形式的认识程度有直接的关系。将上一项调研中，选择“知道”我国有社区矫正的616人作为调研对象，以下结果(见表4.4)体现了青藏地区社会力量获得社区矫正认知的基本途径。

表 4.4　您是如何知晓社区矫正的?

选项	回答人次(人)	百分比(%)
工作	73	11.9
经历	159	25.8
学校	174	28.2
开会	51	8.3
媒体	133	21.6
听别人说	23	3.7
其他	3	0.5
总计	616	100.0

此调研问卷为多项选择。其中,选项中的“工作”,是指工作中接触到了社区矫正的信息。有 11.9%的调研对象选择了工作,查看问卷中填写的职业,主要为社会组织工作人员、政府部门工作人员和教师。

“经历”,是指自身或他人对社区矫正有体验。有 25.8%的人选择此项,主要是社区矫正对象的家人。

选择“学校”的调研对象占比为 28.2%,主要是高校法学专业、社会工作专业的学生。法学专业开设有刑法学、刑事诉讼法学、监狱学、犯罪学等课程,这些课程都涉及社区矫正的内容;社会工作专业的学生有司法社会工作课程,与社区矫正关系紧密。还有社会组织的人员选择“学校”,是因为在学校进行过学习与培训。

“开会”是政府与基层社会经常性的组织活动,也是社会大众了解国家、政府制度和政策信息的主要渠道。政府组织的会议形式有办公会议、代表会议、联席会议、座谈会、新闻发布会等,基层组织的会议也有多种形式,如居民代表会议、村民代表会议、村小组会议、党支部会议、村支部会议、团支部会议等。此外,节日集会也可算作一种形式,特别是在少数民族地区、牧区,通过节日组织的集会活动不仅具有其特定的内容,还具有宣传国家政策、普及法律知识、进行法治教育的多重功能。调研显示,通过“开会”渠道获知社区矫正的认知占比为 8.3%。

在信息技术高速发展的今天,几乎任何信息的宣传和推广,都离不开媒体技术的帮助。媒体是信息传播的重要载体,已成为向广大受众渗透信息的重要传播手段,对制度、文化的普及和推广具有深刻的影响。调研前原设想的“媒体”，是指包括通过网络、电视、报纸、广播等在内的获知社区矫正信息的渠道形式。但经访谈了解，人们主要通过手机微信，如“青海社区矫正微信公众号”获得认知，或者通过政府网站发布的信息获知。电视、报纸、广播都不在获得认知的“媒体”渠道中。在本次调研中，选择“媒体”的调研对象占比为21.6%，是除了“经历”与“学校”两种渠道外，所占比例最高的。虽然排在第三位，但“经历”与“学校”两种渠道的受众范围毕竟是有限的。媒体成为重要的认知渠道，符合社会发展的实际情况。

“听别人说”是一种非正式的信息传播渠道，这种传播形式具有直接、快速、广泛和不完整等特点。调研显示，“听别人说”也是青藏地区获得社区矫正认知的渠道之一，占比为3.7%。

值得一提的是，在调研中，有司法行政部门工作人员强调村（居）委会向社会公众宣传社区矫正的力度不够，认为专门进行宣传应该是一个让社会公众认知社区矫正的渠道。调研为此针对“是否专门宣传”问题，对居民委员会的工作人员进行了访谈。部分“不主张宣传”的理由摘录如下：

问：平时咱们居委会对社区矫正作宣传吗？

李主任答：宣传过，但有些居民总是打听罪犯是干什么的、是谁。考虑到我们作了宣传，会让居民们心理恐慌，后来就不宣传了。

沈委员答：我们不宣传。应该为他们保密，不能泄露信息。

问：但宣传和公开信息是两回事，咱们宣传讲解社区矫正，不需要透露社区矫正对象的信息的，对吧？

答：主要是他们（社区矫正对象）的家人专门请求我们要保密，怕影响他们的改造，我们干脆就不说了。

显然，当前社区矫正机制所依赖的社会心理基础仍然需要强化。其实，让民众熟悉一种不同于以往的矫正罪犯的方法，让他们坦然接受、心理认同并热心参与，关键还是在于如何让他们看待犯罪现象，如何对待犯了罪的人。但是，培养民众对犯罪现象有客观理性的认识本身就是一个艰难的、任重而道远的目标。

（三）人们对社区矫正有不同的态度

态度是认知的一种表现，人们通过表示接受、赞成、拒绝、反对的评价倾向来表明对社区矫正的认识。根据态度可以推测行为，因此关注态度的功能，以了解、改变社会大众的态度作为切入口，对动员社会力量积极参与社区矫正具有非常重要的现实意义。

传统观念是影响态度的主要因素之一。对我国来讲，社区矫正与其说是一种新的矫正罪犯的方式，毋宁说是一种新的观念。它的出现冲击了人们的传统观念。人们一直认为，犯了罪的人很危险，犯罪的人就应该关在监狱，就应该受到惩罚，就应该被社会隔离。但社区矫正却让犯罪的人还在社区生活，让人们要接受这一观念，显然人们的态度倾向性必然会受到传统观念的影响。其实早在 2003 年 6 月，搜狐网就“是否同意你所住的社区被列为社区矫正试点区”开展调查。调查结果显示：总票数达到 416 票，其中，有 38.94% 的人表示“不同意，犯人生活在我身边我害怕”；有 28.37% 的人表示“不太同意，犯人在矫正成功前还是应该隔离一段时间好”；有 32.69% 的人表示“同意，这是社会关心犯人，法律更具人情的体现”。选择“不同意”与“不太同意”的理由基本一致，占比达 67.31%。随后，北京大学法律信息网也就“是否同意较轻的罪犯在社区，而不是在监管场所服刑”展开网络调查，参加人数达到 598 人，结果显示：持反对改革意见人数居多，理由是“让罪犯留在社区，不利于社会稳定，反对这项改革”“实际效果难以预期，对改革的结果持悲观态度”[1]。而在十几年之后，通过调研发现，青藏地区社区矫正的推进过程依然要应对传统观念的质疑，但除此之外，十几年社区矫正机制的体验也成为影响人们认知的主要因素。

本次调研将社区矫正的基本要求作了简单描述(见表 4.5—表 4.7)。

表 4.5 法律规定，对有些犯罪情节较轻的罪犯，不需要关到监狱里，让他继续留在社会上，让他继续与他的家人一起生活，让他继续工作，或者继续学习。你赞同这种做法吗?

选项	回答人次	百分比(%)
赞同	495	39.76
不赞同	596	47.87

[1] 翟中东：《社区性刑罚的崛起与社区矫正的新模式——国际的视角》，中国政法大学出版社 2013 年版，第 330 页。

续表

选项	回答人次	百分比(%)
说不清楚	154	12.37
总计	1245	100.00

调研数据显示,针对社区矫正的基本要求,对罪犯采取非监禁形式,有495人表示赞同,占总体比例的39.76%;有596人表示不赞同,占总体比例的47.87%;有154人表示说不清楚,占总体比例的12.37%。其中,在表示"赞同"的495人中,有社区矫正对象的亲属159名,社会组织人员50名,大学生167名,村(居)委会工作人员5名,总数占比约76.97%,不可否认,这些调研对象多是因为工作要求,或者因为学习到的专业知识,或者因为经历了家庭成员因犯罪受刑罚的过程,因此促使他们对社区矫正的认识要比普通公众深刻得多,这一结论也验证了我们在调研之前,针对社区矫正认知的理论假设,即人们的受教育程度、工作环境、人生经历、法治观念都会影响对社区矫正的认知。但同时,也要指出一种情况,其中有2名村委会成员在解释赞同的理由时说"村里有规定不许做违背国家法律的事",表明村规民约对人们的认知与行为的影响力不容忽视。

在"不赞同"的596人中,社区居民的占比达到36.2%,其他政府部门工作人员的占比达到15.4%,教师的占比达到21.5%,大学生的占比达到18.8%,村(居)委会工作人员占比达到8.1%。他们为什么"不赞同"?调研组为此经获得了11位调研对象的许可后,分别对他们进行了访谈。理由以担忧大家的安全能否得到保障为多,现选择其中的7位受访者的理由(属于较为典型的、具有代表性的观点),按接受访谈顺序摘录如下:

A教师说:我的班上有一名学生因为犯罪被判处缓刑了,对他实行社区矫正。他来班上学习,但他的行为习惯特别不好,不仅自己不学,还带坏了班风。我们管理特别艰难,既怕他再次出事儿,又怕别的孩子跟他学坏。为什么不能把出现问题的这些孩子专门集中起来,由专门的学校管理他们,纠正他们的行为习惯呢?作为老师的我们真顾不上管他。我看他的家长也累得够呛,这个孩子真的不好管。所以,我不赞同。

B 教师说：我同意刚才 A 老师的说法。而且关键是你让犯了罪的人跟没有事儿一样继续回到学校学习，那就是给别的学生起了一个不好的示范作用，你看他犯了罪，根本没事儿。

C 工作人员说：我不赞同的原因是你们不知道管理这个工作有多难。我们张所长有一次差点就被管理的一个罪犯带来的一帮人打了。你们应该好好地调研。

D 工作人员说：我觉得居委会的事情特别杂，司法所的事情也特别多，就应该成立一个专门的机构去做这个工作。

E 居民说：我不赞成。犯罪了，就要接受惩罚。关到监狱里，让他们吃点苦，他们就老实了。

F 居民说：我因为被抢了一次，吓坏了，现在回想都害怕，所以我想，把犯了罪的人放在社会上，会不会给老百姓的安全带来隐患。

G 学生说：虽然这种做法很人性化，但我觉得我们的社会条件还不够成熟，还没有做好准备去接受罪犯在社会改造。

也许还会有别的“不赞同”的理由，7 位受访者的解释代表了当前社会存在不支持社区矫正推行的普遍观点。但是如果深思，为什么会有这种观点？除了传统观念、感性认识作祟外，让人们将“不安全”“危险”“隐患”等关键词与社区矫正联系起来产生担忧，应该关注社区矫正机制的运行问题。因为一项制度的创新，就是要改变不适应社会发展要求的体制机制，不断地构建、完善新的机制，使制度更加科学、更加完善。在相当多的情况下，制度因为机制本身的不健全，会引发“不安全”“危险”“有隐患”等方面的问题，人们就会对制度产生不利的认知。尤其是如果不能及时完善机制，“不安全”的情况没有得到改变，问题仍然存在，还要求人们对制度正确认知，要求人们积极地参与支持制度，这在制度的强力推行中，往往会让工作者、参与人，甚至负责人普遍感到无助。这种糟糕的状况会使他们缺乏了解制度动机的动力，甚至会让他们本能地拒绝接受“听起来很美”的制度理念，他们需要的是机制的合理，一定意义上，人们对制度是否支持奉行的是实践出真知的原理。因此，青藏地区社区矫正机制如何构建、如何完善，在当下是一项重要的课题。同样，思考这一问题的必要性，也出现在下面两个认知问题的调研中。（见表 4.6、表 4.7）

表 4.6 你参与过社区矫正吗?

选项	回答人次	百分比(%)
参与过	22	1.77
没参与过	1223	98.23
总计	1245	100.00

社区矫正的优势在于鼓励社会力量参与社区矫正。但调研显示,1245 人中,“参与过社区矫正的”只有 22 人,占比 1.77%。严格来讲,不符合社区矫正的要求,与我们调研之前的理论假设相一致。

表 4.7 对实行社区矫正的罪犯,我们应该帮助他们,让他们成为我们中的一员,如果他们有困难了,我们要想办法帮他们解决。你愿意这样做吗?

选项	回答人次	百分比(%)
愿意	480	38.6
不愿意	572	45.9
说不清楚	193	15.5
总计	1245	100.0

社区矫正体现尊重罪犯尊严的理念,对罪犯具有人道主义关怀的措施。调研数据显示,有 480 人表示“愿意”,占总体比例的 38.6%,有 572 人表示“不愿意”,占总体比例的 45.9%,有 193 人表示“说不清楚”,占总体比例的 15.5%。其中,表示“愿意”的 480 人中,有社区矫正对象的亲属 163 名,占比 34.0%。而在表示“不愿意”的 572 人中,有社区居民 208 名,占比 36.4%,有村(居)委会工作人员 32 名,占比 5.6%,有社会组织人员 30 名,占比 5.2%,有大学生 198 名,占比 34.6%,有其他政府部门的工作人员 62 名,占比 10.8%,有教师 42 名,占比 7.4%。调研结果与我们先前的理论假设基本一致。

在分析过程中,发现 163 名社区矫正对象的亲属在上一项对罪犯采取非监禁形式的调研中(见表 4.5),有 4 名调研对象持“不赞同”意见,而在此项调研中全部表示“愿意”。按照常规思维,对这两项调研选项,社区矫正对象的亲属都应该选择“赞同”和“愿意”,就上一项内容“让罪犯继续留在社会上,让他继续与家人一起生活,让他继续工作,或者继续学习”,对于亲属来讲一般应该都是全力支持、完全赞同的,可是为什么会有4个亲属投"不赞同"票呢?经与相关司法所联系,获得其中一名调研对象的许可后,对其进行了电话访谈。社区矫正对象是其丈夫。将其解释摘录如下:

H妻子:把他关起来比较好。因为他老打我。但他又毕竟是我的丈夫,我愿意大家都能帮他。[1]

这种状况涉及对社区矫正对象的监督管理与教育帮扶,对此问题将在后面的章节中作一分析。同时,这一问题也涉及社区矫正对象对社区矫正的认知,将在本节第三个问题中进行分析。社区矫正对象的妻子作出此种选择的情形也印证了本章关于"社区矫正对象的表现会影响亲属对社区矫正认知"的理论假设,是社区矫正过程中值得关注的问题。

另外,对于表示"愿意"与"不愿意"的调研对象,获经本人同意后,也做了相关访谈。现将有代表性的观点摘录如下:

(1)关于"不愿意"的解释:

K居民:我不愿意。自古犯罪的人就要接受惩罚,哪有犯了罪了,还要我们去帮他。

L居民:我有困难了,你们愿意想办法帮我解决吗?我没有犯罪。

M居民:罪犯养成的恶习,就应该去监狱让警察帮他。

Z居民:应该帮一下,我们的教义上提倡别人有困难了,能帮就帮。他现在犯罪了,国家也审判他了,我们有能力就应该帮他改恶从善。

N教师:帮助罪犯是对的,但怎么去帮他呢,社会上有困难的人多了,有困难的人都需要帮助,往往心有余而力不足。我觉得不现实,有点像空话。

Q学生:我个人觉得有些别扭。虽然老师在课堂上讲过(社区矫

[1] 因为受访者是少数民族,笔者对其原话进行了归纳。给受访者普及了反家庭暴力的法律知识,给她提供通信方式以便随时交流,并与司法所进行了沟通。目前H妻子状况良好。

正的)意义,但我总觉得犯了罪,应该先受到惩罚。

J社会组织人员:我们做社工的,是要帮助人的,但你们这个选择有问题。你看,“他有困难了,我们要想办法帮他解决”,帮人没问题,但什么是“要想办法帮他解决”,你要知道有些问题根本解决不了,所以,这道题本身就有问题,我就选择不愿意了,给人压力太大。

(2)关于“愿意”的解释:

R居民:有困难应该给予帮助。犯了罪,应该给他改过的机会。只要他愿意改,我们就应该帮助他。

S居民:他已经被判有罪、判刑了,那他也是人啊,他现在遇到困难了,不是他的罪遇到困难了,而是他这个人遇到困难了,罪是不能帮的,但人是应该帮的。这是两码事。这样才能成为和谐社会。

T教师:我个人愿意帮助他,我也希望同学们能去当志愿者。他已经是有罪之人了,如果社会歧视、排斥他,只能让他会走得更远。这就跟我们教学生一样的道理,要有关心与帮助。我认为这是正确的。

W学生:给罪犯帮助,这说明我们国家的刑罚越来越人道,我们要预防犯罪,不能只靠严厉打击。给犯罪较轻的人实行社区矫正,教给他一些职业技能,帮他重回社会。

社区矫正制度中的帮困扶助机制对于罪犯回归社会具有重要意义。对于受访者选择“愿意”或“不愿意”的解释,我们可以从以下四个方面来分析。

第一,受访者所持的观念是其认知的核心,影响其认知形成的观念有所不同。上述两项调研结论中,表明“不赞同”“不愿意”态度的受访者在对待罪犯的观念上是报应观念,即犯罪者应受到惩罚的报应。他们认为,只有把犯了罪的人关到监狱里服刑改造才是安全的,罪犯才真正受到了惩罚,认为犯罪人只有受到惩罚才是公正的。而表明“赞同”“愿意”态度的受访者在对待罪犯的观念上是预防观念,即预防犯罪人再犯罪。他们认为,应该帮助罪犯回归社会,只有不犯罪、不再犯罪了,社会才能安定,人们才能感受到安全。报应观念是在追求正义,预防观念是在追求秩序,因此,两种观念都有一定的合理性。无论是在社区矫正,还是在监狱矫正,都体现了这两种观念,对罪犯既要使其受到惩罚,又要帮助他回归社会,两种观念不可分割。具言之,受访者的两种态度实际上都是社区矫正需要的,正如博登海默先生所言:“法律旨在创设一种正义的社会秩序。”[1]只是社区矫正选择了一种开放的管理方式,对社区矫正对象实施不关押的严格监督管理,同时利用开放的平台,希望借助社会的力量一起开展矫正工作,帮助社区矫正对象,以此调动社区矫正对象矫正的主观能动性,使其能够主动积极地接受矫正,让自己成为一个守法公民顺利融入社会。因此,社区矫正制度包含监督管理机制与教育帮扶机制,两种机制是配合并行的,既不能将社区矫正的帮助功能无限放大,也不能将社区矫正的监督管理功能无限放大。

第二,社区矫正工作需要注重维护社区矫正对象的人格与尊严,保障宪法和法律赋予社区矫正对象的权利。社区矫正始终坚持罪犯具有法律地位,因为人民法院的有罪判决并没有剥夺罪犯做人的资格。所以,社区矫正对象固然是犯了罪的人,但同时也是需要社会给予特殊关爱的对象。对社区矫正对象开展帮扶,是为了帮助他们更好地融入社会、不再危害社会。因此,对社区矫正对象进行帮扶有着重要的意义。当然,上述调研对象J社会组织人员的观点具有一定的合理性,不能将社区矫正对象的所有问题都列为帮扶范围,不是有了问题就要去帮助解决,也不是什么问题都能帮助解决的。社区矫正中的“帮扶”只是对社区矫正对象进行监督管理、教育矫正基础上的社会适应性帮助。

第三,受访者对调研问题表达的态度和作出的解释其实是一个侧面,反映了青藏地区社会力量的社会心态整体良好。虽然所持观念不同,但解释的理由都较为理性,社会价值观具有务实性,并无歧视、排斥犯罪人的观念,例如,在上述调研表示“不愿意”的理由中,有社会组织人员说:“我们做社工的,是要帮助人的。”有居民说:“罪犯养成的恶习,就应该去监狱让警察帮他。”有教师说:“帮助罪犯是对的,但怎么去帮他呢?”……他们都提到了“帮助罪犯”的必要性,而且即使其他表示“不愿意”的理由,也都主要是在表达惩恶扬善的一种希望,都是符合社区矫正价值理念的。

第四,尽管上述公众支持与反对的态度都有一定的合理性,但“不赞同”“不愿意”“没有参与过社区矫正”的比例仍然居高,反映了社会民众对罪犯的报应观念较为普遍,认知预防观念偏低。由于受重刑主义的长期影响,仍然有很多

---

[1] [美]E.博登海默:《法理学:法律哲学与法律方法》,邓正来译,中国政法大学出版社1999年版,第318页。

人认为犯了罪、判了刑，就应该关进监狱实行监禁，这种心理使他们难以理解社区矫正工作的性质和意义，甚至有些人一旦确定有社区矫正对象在社区，就会表现出冷漠、防范，甚至歧视和排斥的反应。抱有不关心社区矫正对象能否顺利回归社会，只关心自己会不会受到伤害的心态的人不在少数，这种消极现象的存在既不符合社区矫正的要求，也不利于社区矫正制度的推行。很明显，虽然社区矫正实际实施了十几年，但社区矫正机制仍然面临着社会认同缺乏和社会支持力不足的困境。社会力量对社区矫正的认知仍然需要加强提升，同时也反映出社区矫正的社会参与机制不健全。在这个层面上，需要认真思考如下问题：社区矫正如何建设开放的矫正平台？如何提升社会力量对社区矫正的认知？如何在满足公众合理报应需求的基础上，引导社会力量通过有效途径，积极参与社区矫正工作，对社区矫正对象给予关心和帮助？

结合上述分析，笔者认为至少有两个方面是需要关注的。

一方面，制度的实施并不意味着预期的社会认知也随之形成。尽管青藏地区的社区矫正工作始于2009年（西藏自治区于2013年开始），至今已有十余年，但调研显示，人们对社区矫正制度的认知并不高。而正式确认社区矫正为法律制度的《社区矫正法》施行于2020年7月1日，至今只有一年多的时间。因此，实现专门机关与社会力量相结合的社区矫正工作模式，提高社区矫正的社会认知，仍然需要为人们提供心理与行为层面的适应过程。如果这个过程一直处于进行状态，很长时间没有结束，就意味着社区矫正工作机制存在问题。

另一方面，社会对社区矫正制度的认知取决于诸多因素。首先，普法因素。我国从1986年开始“一五普法”工作，[1]就树立了政府主导的学习宣传法律活动，旨在推动全社会尊法学法守法用法。但由于《社区矫正法》出台时间较短，未被列入重点普法内容，调研发现关于社区矫正制度的宣传普及活动，不仅数量少，而且宣传范围仅限于社区矫正工作人员。其实，社区矫正是适应更高水平的平安中国建设需要的制度，突出社会关系修复和帮助矫正对象顺利融入社会，体现了社会治理理念的进步。因此，开展与社区矫正相关的普法活动，对及时统一社会各界的认识和理解，增强社会参与性，促使社区矫正制度实施效果良好，推进依法惩治和预防犯罪具有重大意义。其次，理念因素。社区矫正认

---

[1] 我国从1986年开始了每5年为一个周期的法治宣传教育活动，至今已进入“八五普法”期。

知取决于社区矫正工作者与社会力量之间是否存在实际的互动以及互动状况是否良好。存在互动,意味着有认知,良好的互动可以强化认知。当前,社区矫正的社会认知度较低,需要引导提升,但当前社区矫正工作还存在不重视社会力量参与的状况,在依托社区并动员组织社会力量参与矫正方面,还没有充分发挥监狱改造不具有的资源优势。其实,社区矫正更重要的是一种理念和思路的转变。通过推行教育帮扶模式,需要将矫正工作重心从只重视监督管理转向利用开放的社区环境,充分发挥社会帮教力量的作用,使罪犯实现自我矫正。这种理念推动形成的是参与认知,是一种体验感受。实践证明,人们的参与经历对其认知的形成与发展具有重要作用。最后,平台因素。搭建专业化的平台,有助于提升社区矫正认知。发展专业社会组织,不仅为社会力量参与矫正提供平台,还能够帮助社会力量学习专业知识,为社区矫正工作提供专业性的帮助。结合青藏地区的社会组织建设水平,打造开放、互联的社会资源平台,形成动态、协同参与模式,是较好的选择。

综上,针对提升社会力量社区矫正认知,笔者提出如下四个建议:

第一,加强对社会力量参与社区矫正制度的宣传教育。以学习宣传《社区矫正法》为载体,建议重点宣传社区矫正理念,重点宣传社会力量参与社区矫正的重要性,正确解读参与社区矫正工作要求,明确参与动机,纠正“参与者代替社区矫正工作者”的不正确认识。宣传范围应当延伸至社区矫正机构、社区矫正工作人员、社区矫正对象、社区矫正对象亲属以及社会各界。注重创新宣传教育方法,营造理解、关心和支持社区矫正工作的良好氛围。

第二,强化本土司法社会组织的培育意识。对于青藏地区社区矫正而言,至今还没有司法社会组织。由于政府购买社会力量的形式有其局限性,立足地区社会建设需求,建议培育本土司法社会资源,为参与认知的形成提供条件或者以实际工作成效影响认知。一方面,建议采用与高校联合培养的模式。地区所属高校有社会工作专业的,建议地方司法行政机关与高校联合,或者采取订单式培养模式,或者对社区矫正工作者开展专门培训,让他们具备司法社工能力。另一方面,建议继续发扬本土优秀社会资源的参与作用。调研发现,青藏地区有社区矫正机构积极吸纳本土德高望重的民间人士,包括优秀宗教人士、乡贤达人或者民族干部、学者等参与社区矫正,也有社区矫正机构在社区矫正工作中充分发挥民风民俗、村规民约等优秀本土文化资源的积极作用,均产生了显著效果。只有积极培育本土司法社会资源,才能实质性地提升社会力量参与社区矫正工作的水平。

第三,建立完善社区矫正工作政社联动机制。建议社区矫正机构在开展社区矫正工作时,与基层群众自治组织、社会组织及其他社会资源之间积极开展合作模式,以激发多方主体活力,普遍提高认知,共同做好社区矫正工作。政社联动机制的运行在于以社区矫正机构为主导,借助各方力量,互相配合、通力协作,形成化解矫正中专业社会力量薄弱、资源稀缺的强大合力,对积极提升专业社会力量参与社区矫正工作率,保障社区矫正工作有序推进具有重要意义。建议根据所在地社会资源的实际情况,可采纳“司法所+”的组合模式[1],包括“司法所+基层群众自治组织+社会组织”“司法所+三社联动(社区、社会组织、社会工作者)”“司法所+四社联动(社区、社会组织、社会工作者、企业)”“司法所+五社联动(社区、社会组织、社会工作者、企业、其他社会资源)”等;如果社区矫正涉及宗教因素、丰富的民风民俗文化,建议形成“司法所+寺/宗教人士”或者“司法所+地方优秀人士”联动模式。

第四,强调政府的主导作用,提升社会力量参与社区矫正工作的积极性。司法行政机关按照《社区矫正法》的规定,应当主动发挥推动、引导和规范社会力量参与社区矫正的作用,可通过激励机制、奖励措施,积极组织、统筹协调,吸引社会力量关注社区矫正,形成并提高社区矫正认知,积极参与社区矫正工作。

二、专门机关工作人员的社区矫正认知

这部分的调研对象包括司法行政工作人员,包含司法行政机关、社区矫正机构、司法所工作人员以及人民法院、人民检察院、公安机关的工作人员。发放问卷1000份,有效回收853份,其中,司法行政工作人员267份、人民法院172份、人民检察院187份、公安机关227份。调研内容既涉及对我国社区矫正的基础性认知的考察,也包括对我国社区矫正的具体性认知的考察。主要涉及以下几个方面。

(一)对社区矫正含义的认知仍然存在偏差

社区矫正的基本内涵目前在法律文件中有着较为明确的规定,考虑到司法

[1] 当前青藏地区社区矫正工作仍然由司法所承担。

行政机关、人民法院、人民检察院、公安机关在社区矫正机制中的职责要求不同，根据法律规定，由司法行政工作人员直接负责实施社区矫正，因此，调研假设司法行政工作人员对社区矫正含义的理解较为深刻，专门就社区矫正的含义设置两道问题，分别为司法行政答题与非司法行政答题。司法行政答题，就是专门针对负责、实施社区矫正的工作人员提的问题（见表4.8）；非司法行政答题，就是针对人民法院、人民检察院、公安机关负责社区矫正工作的人员提的问题（见表4.9）。同时，本项调研设置了第三道题，作为共答题，考察专门机关工作人员对社区矫正与监狱矫正之间不同之处的认识（见表4.10）。

表4.8　社区矫正是依法对符合社区矫正条件的犯罪人实施的监督管理的总称。您赞同这种社区矫正的定义吗？（司法行政答题）

选项	回答人次	百分比（%）
赞同	186	69.7
不赞同	81	30.3
说不清楚	0	0
总计	267	100.0

关于社区矫正的定义，2003年我国发布的《关于开展社区矫正试点工作的通知》（已失效）中规定，社区矫正是与监禁矫正相对的行刑方式，是指将符合社区矫正条件的罪犯置于社区内，由专门的国家机关在相关社会团体和民间组织以及社会志愿者的协助下，在判决、裁定或决定确定的期限内，矫正其犯罪心理和行为恶习，并促进其顺利回归社会的非监禁刑罚执行活动。2005年《关于扩大社区矫正试点范围的通知》（已失效）、2009年《关于在全国试行社区矫正工作的意见》（已失效）等法律文件均严格遵循了这种定义表述。根据2020年施行的《社区矫正法》第3条规定，社区矫正的内容分为监督管理和教育帮扶两个部分。调研问卷只列出了监督管理要求，此测试题主要考核对社区矫正基本含义的认知是否完整。我国通过社区矫正的试点试行和全面实行，将原来对社区矫正对象的单纯监管发展到包括教育帮扶，这是对社区矫正对象管理的重大进步。只是调研数据显示，司法行政工作人员对社区矫正基本含义只包括监督管理的定义，竟然有69.7%的人赞同，这种结果不仅令人遗憾，也令人费解。因为，调研对象在社区矫正一线工作，对社区矫正的教育帮扶内容应该比较熟悉。

除了可能存在“工作人员知道有两个部分的内容,但出于其他原因,作出赞同选择”的情形外,在一定程度上反映出司法行政矫正工作人员对社区矫正的认知不准确,需要专业培训,提升专业素养。

表4.9　社区矫正是指将符合条件的罪犯置于社区内,由司法行政机关主管,在有关部门、社会组织和志愿者的协助下,在判决、裁定或决定确定的期限内,矫正其犯罪心理和行为恶习的非监禁刑事执行活动。对此,您是否知道?(非司法行政答题)

选项	回答人次	百分比(%)
知道	362	61.8
不知道	63	10.8
不太清楚	161	27.4
总计	586	100.0

表4.9是针对公检法的工作人员提的问题,基本照搬了法律文件确定的概念。对这项问题的调研,并非要求对社区矫正的概念一字不差地认知,主要是考察公检法的工作人员是否知晓社区矫正的工作内容。从选择结果来看,对这项定义选择“知道”的占比最高,为61.8%,这是正常的。选择“不知道”的占比为10.8%,选择“不太清楚”的占比为27.4%。后两项总和有38.2%。一定程度上印证了我们在调研中,有司法所所长反映的“公检法在忙于自己的主要工作,无暇顾及社区矫正工作”的问题,也印证了调研之前的理论假设“职责不同,会影响工作人员对社区矫正的认知”。

表4.10　监狱不利于罪犯改造,让罪犯在社会改造,取得的效果比在监狱好。您赞同这种观点吗?(共答题)

选项	回答人次	百分比(%)
赞同	609	71.4
不赞同	72	8.4
说不清楚	172	20.2
总计	853	100.0

我国实施社区矫正制度,正是意识到了监狱矫正的封闭性对罪犯改造的弊端,因此,在矫正具体方式上,社区矫正依托并充分利用社会力量对社区矫正对象实施监督管理、教育帮扶,包括提供服务和考核奖惩等活动。社会力量参与社区矫正的深度、广度及其表现形式没有统一的模式,呈现多元化,既包括专业的社会力量,诸如司法社会工作者,也包括矫正对象的家人、亲朋好友以及村(居)委会、单位、就读学校等,这是监狱矫正工作所无法比拟的。

表4.10调研数据显示,选择“赞同”社区矫正有利于罪犯改造的为71.4%,“不赞同”的占比8.4%,选择“说不清楚”的为20.2%。调研中,持“不赞同”观点的工作人员的意见基本上都是不反对社区矫正,但他们认为“监狱不利于罪犯改造”这句话太绝对,认为我国监狱组织罪犯从事生产劳动,对罪犯进行思想教育、文化教育、技术教育,实行惩罚和改造相结合、教育和劳动相结合,也与社会各方面的力量合作改造罪犯,而且社区矫正实施以前以及现在,监狱矫正都为成功改造数以百万计的罪犯发挥着重要的作用,监狱所具有的改造职能不能被忽视。他们认为,社区矫正与监狱矫正是两种改造罪犯的方式,适用对象不同,各有优势。持“说不清楚”观点的工作人员考虑的问题主要集中在三个方面:一是他们认为罪犯矫正是一个复杂问题,能不能矫正成功,根本上取决于罪犯自己;二是社区矫正中的罪犯也有矫正不成功,被撤销缓刑收监执行的;三是就矫正环境而言,基于“近朱者赤,近墨者黑”以及最终还是要回归社会的原理,社区矫正让罪犯不脱离社会,与自己的家人、同事、同学在一起,要比监狱有优势。

(二)对社区矫正工作人员的素质认知存在差异性

社区矫正工作的开展是一项复杂的系统工程,兼具专业性与社会性,因此对从事社区矫正工作的人员提出了基本的素质要求。根据《社区矫正法》第10条规定,社区矫正机构应当配备具有法律等专业知识的专门国家工作人员。理论意义上,社区矫正工作人员应当具备如下素质:(1)基本素养:诚恳的工作态度,热情的工作信念,具有服务观念和浓厚的工作兴趣;(2)知识素养:具有法律基本知识、心理学基本知识等;(3)工作素养:针对社区矫正对象的具体情况,应当提供改善环境、增强社区矫正对象的社会适应能力等方面的服务,应帮助社区矫正对象与其家庭实现和解或建立良好关系,应当努力增进社区矫正对象与社区的融合;(4)责任素养:对社区矫正对象应当履行监督管理与教育帮扶职责,同时具有对社区矫正对象信息及案件资料的保密责任,与社会力量沟通协调、共同实施矫正工作之责,以及对国家政策的贯彻责任等。

青藏地区的社区矫正工作人员主要是司法行政工作者,包括社区矫正机构工作人员、接受委托的司法所工作人员,他们不仅要负责宏观的、微观的社区矫正工作职责与事务,而且在身份上,他们既是社区矫正对象行为的主导者,又是社会服务的提供者、社会资源的培育者与协调者。本项有关"哪种素质对社区矫正工作人员最重要"的调研对象仅限于司法行政社区矫正工作人员。(见表4.11)

表4.11　您认为以下哪种素质对社区矫正工作人员最重要?(单选)

选项	回答人次	百分比(%)
服务意识	22	8.2
社会工作知识	61	22.9
法律法规	83	31.1
丰富的工作经验	94	35.2
其他	7	2.6
总计	267	100.0

社区矫正工作者表现出来的工作素质是对社区矫正专业认知的一个表现。调研数据显示,调研对象认为最重要的素质是"服务意识"的总体占比为8.2%,"社会工作知识"的总体占比为22.9%,"法律法规"的总体占比为31.1%,"丰富的工作经验"的总体占比为35.2%,"其他"的总体占比为2.6%。

理论上,作为一名社区矫正工作人员,都应当具备上述选项所表达的工作素质,调研之所以设计为单选,目的在于通过考察调研对象的选择,透视社区矫正工作者的工作观。其中,服务意识,既是社区矫正工作者的基本素养,也是一种责任素养。要求工作者具有依法消除社区矫正对象可能重新犯罪的因素、帮助其成为守法公民的主观能动性,树立主动作为的意识,要求认识到社区矫正对象给社会管理带来的压力,在监督管理他们的同时,需要帮助他们,使他们转化为一支健康力量。而社会工作知识、法律法规和丰富的工作经验涉及社区矫正工作者的知识素养和工作素养。要完成一个职位所赋予的相应的工作任务,就应当掌握工作涉及的相关知识,包括好的经验、方式、方法和思路等。知识是工作者素质能力的基础。

另外,"行家一伸手,就知有没有",强调丰富的工作经验有助于提高工作能力。经验越丰富,工作水平和工作成效就有可能越好。青藏地区的社区矫正工作开展最长的是12年,有些地方正式开展不足10年,对于社区矫正工作者来说,能指导工作的经验非常宝贵,因此选择"丰富的工作经验"占比最高,具有一定的合理性。具体选项中的"社会工作知识"专业性较强,由于青藏地区尚无社会工作者进入社区矫正领域提供专业服务,调研对象实际不了解社会工作知识,对社会工作的认知薄弱,只是听说非常重要,22.9%的人选择了"社会工作知识"。值得注意的是,"服务意识"的占比仅为8.2%,在具体选项中最低,从一定意义上反映出对社区矫正工作中的帮扶要求认识不高。对于"其他"的解释,调研对象认为,对工作的态度以及对工作的热情、具有奉献精神应该是一个最重要的基本素质,他们认为如果社区矫正工作人员工作态度不端正、对工作没有热情,即使经验丰富、知识渊博,社区矫正工作仍然干不好,因为这项工作需要奉献精神。表4.12为被调研对象在社区矫正工作中的角色的调研问卷。

表4.12 您在社区矫正工作中的角色是?(多选)

选项	回答人次	百分比(%)
教育者	267	100.0
监督管理者	267	100.0
冲突调停者	252	94.4
权益争取者	233	87.3
政策倡导者	267	100.0
社会资源链接者	234	87.6
提供服务者	124	46.4
其他	56	21.0

此项调研问卷为多项选择。选题给出的选项都是社区矫正工作者的身份属性,每一种身份都是一份责任。司法行政社区矫正工作人员对自己工作身份的认知实际影响着社区矫正工作的开展。应当提倡司法行政社区矫正工作人员要有身份责任感,明确自己在矫正工作中扮演的角色和承担的责任,应当树立担当意识。

调研数据显示,选择“教育者”“监督管理者”“政策倡导者”的总体占比均为100.0%,说明教育、监督管理、政策倡导是司法行政工作人员在社区矫正中承担的常规工作。选择“提供服务者”的占比为46.4%,“社会资源链接者”的占比为87.6%,“权益争取者”的占比为87.3%,“冲突调停者”的占比为94.4%。这四项都属于服务范畴,从一个侧面反映了司法行政社区矫正工作人员社区矫正工作观的正确性,很明确“何为工作,如何工作”。尤其后三项比例都不低。另外,选择“其他”的占比为21.0%,调研对象解释他们还应该是“组织者”“协调者”“联络员”“报告者”,这在一定程度上也说明了司法行政社区矫正工作人员承担的社区矫正日常工作任务较为繁重。表4.13为被调研对象对社区矫正工作理念认同的阅卷。

表4.13　您认同以下哪些工作理念?(多选)

选项	回答人次	百分比(%)
尊重保护	245	91.8
严格管理	267	100.0
强制改造	106	39.7
其他	87	32.6

调研数据显示,选择“严格管理”的总体占比为100.0%,表明社区矫正工作的主导观念仍然是严管。这与日常防范矫正对象重新犯罪、维护社会秩序安定的工作要求有密切关系。但选择“强制改造”的占比竟达39.7%,也是令人不解的。

我们设计此项问题的初衷,除了调查对社区矫正工作的主观认知外,还想考察一下,在全面推进依法治国的时代背景下,社区矫正工作人员对我国选择实行社区矫正的认识与理解。因为,社区矫正的实施,在我国树立了一种意识,就是帮助罪犯健全社会生活、修复社会关系和实现社会公正。社区矫正的优势在于开放性与社会性,更有利于罪犯回归社会。在矫正过程中,社区矫正工作人员根据社区矫正对象的人身危险性与风险等级,可以采用严格管理方式。通过严格管理,促使社区矫正对象自觉改造。但是,“强制改造”不是社区矫正的工作手段,没有规范依据,而且不符合我国社区矫正的理念。有39.7%的司法行政工作人员选择“强制改造”,表明了在实践工作中,对社区矫正仍然存在一些错误的认识和做法。在访谈相关司法所工作人员时发现,他们也有自己的一些认识:

Y 工作人员：对未成年人的矫正服刑太宽容，这部分人相当多，他们盗窃、偷盗、打架，家长大多数在外务工，以为这样可以对他们有效果，可是，本质上还是没有任何改变，只有签到、象征性的劳动。反正，看他们敷衍了事我都无话可说了，你管他，他还说你服务态度不好，我又气又觉得可笑，什么叫服务态度，反正没有实权的监管，在社会也没有认知，监管很难。

Z 工作人员：没有办法做到全方位监管，矫正对象都感觉自己是没事人，社区作用太小，而且对他们太宽容了，明明是罪犯，即便你有一千万个理由，还是犯罪了。

另外，我们也可以看到，91.8%的工作者选择了“尊重保护”，说明大部分的工作人员对社区矫正对象在社区矫正中的法律地位有着正确的理解。社区矫正中的罪犯仍然具有人的尊严和权利，他们的合法权利和人格尊严，受宪法、法律的保护和尊重。如何认识与确定罪犯的法律地位，直接关系到社区矫正机构以及社区矫正工作人员能否以科学的态度、人道主义精神对待罪犯，能否以制度化、规范化的方法矫正罪犯。

（三）对社区矫正工作内容的认知不全面

社区矫正是一项内容十分丰富但又复杂的活动，专门机关工作人员应当对工作职能有清晰的认知，这是社区矫正工作有成效的前提。依法矫正是社区矫正的工作原则，根据《社区矫正法》，社区矫正的工作内容是社区矫正制度的主体部分，具体包括对社区矫正对象的监督管理和教育帮扶。这部分调研主要针对司法行政社区矫正工作人员对社区矫正工作内容及相关规则的认知状况开展工作，就其他个别问题对人民法院、人民检察院、公安机关的工作人员同时进行了调研。

1. 对社区矫正工作职能的认知

根据《社区矫正法》的规定，我国社区矫正工作职能包括以下几个方面：

第一，监督管理职能。社区矫正工作具有以国家强制力为后盾，对社区矫正对象行使监督管理的职能。社区矫正工作人员在社会力量的协助下，依据《社区矫正法》《社区矫正法实施办法》等法律、法规的规定，对社区矫正对象进行监督管理，促使其认真遵守相关管理规则。在监督管理之下，社区矫正对象的人身自由是受限制的，其行为受到一定的控制，有利于防止其重新犯罪或者从事其他违法活动。对社区矫正对象进行监督管理是保证社区矫正顺利实施的基础，监督管理职能在社区矫正制度的整个体系中处于后盾和保障的地位。

第二，教育职能。我国社区矫正工作人员通过法治、道德教育、劳动教育、文化教育、心理健康知识等教育，提升社区矫正对象的道德水平和法治观念，提高其悔罪意识，增强其社会责任感，帮助社区矫正对象顺利融入社会。

第三，帮扶职能。我国社区矫正工作人员在社会力量的协助下，通过多种形式与方法对有困难的社区矫正对象进行必要的帮扶，诸如依法对就业困难的社区矫正对象开展职业技能培训、就业指导；帮助社区矫正对象中的在校学生完成学业；为社区矫正对象在教育、心理辅导、职业技能培训、社会关系改善等方面提供必要的帮扶。

上述三项职能，既具有规范性，又具有社会性，共同构成了我国社区矫正工作职能的有机整体。无论哪一种职能，只有充分地认识，科学地运用，才能高效地发挥作用。本次调研意在掌握青藏地区专门机关工作人员对社区矫正工作职能的认知状况。（见表 4.14）

表 4.14 社区矫正中最重要的职能在于使社区矫正对象服从矫正组织的监督管理，必须遵守各项矫正制度规定。您同意这种观点吗？

选项	回答人次	百分比（%）
同意	639	74.9
不同意	210	24.6
说不清楚	4	0.5
总计	853	100.0

调研数据显示，选择“同意”的总体占比为 74.9%，“不同意”的总体占比为 24.6%，“说不清楚”的总体占比为 0.5%。可见，专门机关工作人员对社区矫正中的监督管理职能非常熟悉，也极为重视。在选择“同意”的调研对象中，公安人员有 196 人，总体占比 23.0%，但在公安调研对象中占 86.0%；人民检察官有 181 人，总体占比 21.0%，在检察官调研对象中占比 97.0%；人民法官有 168 人，总体占比 19.7%，在法官调研对象中占比 98.0%。公检法调研对象绝大多数同意监督管理职能是最重要的矫正职能。另外，在司法行政社区矫正工作人员中

有 94 人选择“同意”，总体占比 11.0%，在司法行政社区矫正工作人员中占比为 35.2%。如果将这一选择情况与对“社区矫正的含义只有监督管理”的认知调研情况（见表 4.8）联系起来分析，司法行政社区矫正工作人员中既同意“监督管理职能是最重要的矫正职能”，又赞同关于“社区矫正只有监督管理的含义”的说法的人数占比就比较高，比例为 46.2%，而且两种选择情况近似，选择同意或赞同的人数较为稳定。本项调研显示的结论至少反映出了两个问题：一是表明在青藏地区社区矫正实务工作中，对罪犯当然要适用监督管理和对罪犯有可能再次犯罪的防范，实际已成为社区矫正工作的核心内容，至于教育帮扶以及如何将罪犯矫正成为守法公民尚未成为工作核心；换言之，只要社区矫正对象在矫正期间不要违法违规就好。帮扶只是被看作附属职能，因而在帮扶方面，随意敷衍、流于形式就成为较常见的现象。二是公检法都具有专政职能，因此不可避免地，调研对象习惯以专政思维，站在自己工作的立场上对选项作出选择，他们更加关注的是社会的安全与社区矫正对象是否有违规行为。其实，教育帮扶职能与监督管理职能并非截然对立的，在社区矫正机制中，监督管理职能是基础与保障，教育帮扶职能是手段，也是目标，而且社区矫正的优势就在于教育帮扶。因此，监督管理职能不能被夸大，否则就背离了我国设置社区矫正的初衷。当然，也不能将监督管理职能淡化，不能从一个极端走向另一个极端。

2. 对社区矫正教育矫正的认知

在社区矫正过程中，一般情况下，教育矫正具有一定的强制性。对于社区矫正对象来说，除非因身体疾病等客观原因无法参加外，其必须接受社区矫正机构、受委托司法所开展的多形式的教育矫正活动，认真接受教育。社区矫正的教育矫正工作应当因人施教，进行个别教育、分类教育等。

表 4.15 利用多种相对宽松的方式对社区矫正对象进行教育，您认为是社区矫正的工作方法吗？

选项	回答人次	百分比（%）
是	165	61.8
不是	86	32.2
说不清楚	16	6.0
总计	267	100.0

从表4.15调研结果来看,选择"是"的总体占比为61.8%,大多数社区矫正工作人员还是认可这一方法的,其实这也是工作技巧。社区矫正制度本身的吸引力,除了对罪犯非监禁之外,就在于它的矫正方法多元化。在社区矫正过程中,尤其是教育矫正的具体方法应当丰富多彩、形式多样。在实践中,对于社区矫正效果没有消极影响的教育形式,例如,讲座、培训、座谈会,甚至观看影视作品、参观、访问等形式,都可以被用来为社区矫正对象开展教育活动,以增强社区矫正教育矫正的实际效果,促进社区矫正对象提高悔罪意识。

但选择"不是"的总体占比为32.2%,"说不清楚"的总体占比为6.0%,总和为38.2%,说明社区矫正工作在教育矫正的方法上还存在保守、封闭性的观念,致使教育内容与教育方法单一,不能达到较好的教育效果。

表4.16　您认为社区矫正机构是否有必要主动与民政部门联系,积极开展社区矫正工作?

选项	回答人次	百分比(%)
有必要	206	77.2
没有必要	54	20.2
说不清楚	7	2.6
总计	267	100.0

表4.16调研结果显示,选择"有必要"的总体占比为77.2%,选择"没有必要"的总体占比为20.2%,选择"说不清楚"的总体占比为2.6%。大多数赞成积极主动地与民政部门联系,这是符合社区矫正发展要求的。为了促使社区矫正对象的再社会化顺利进行,本着社区矫正的社会化要求,作为矫正主导者,社区矫正工作人员要积极发挥主观能动性,需要多与政府及其有关部门积极沟通和联系,为教育帮扶社区矫正对象提供条件。

3. 对社区矫正工作具体规则的认知

表4.17　司法所为某一社区矫正对象制定的社区矫正方案,一经制定就再也不会调整。您赞同这种做法吗?

选项	回答人次	百分比(%)
赞同	86	32.2
不赞同	162	60.7

续表

选项	回答人次	百分比(%)
说不清楚	19	7.1
总计	267	100.0

当初制定社区矫正方案所依据的客观形势发生了变化,方案理应也跟着改变,这是毋庸置疑的。《社区矫正法实施办法》第22条第3款规定:“矫正方案应当根据分类管理的要求、实施效果以及社区矫正对象的表现等情况,相应调整。”但是表4.17调研数据显示,对这一明文规定的规则,仍然有32.2%的人主张方案一旦形成就不能调整,还有7.1%的人不知道能不能调整。这在一定程度上反映出实务中社区矫正工作人员的规则意识仍需强化。

表4.18　社区矫正对象沈某,在接受社区矫正期间,曾经和他一起混的狐朋狗友还是总来找他,称他们已经加入了某某团伙,还常说钱挣得如何如何多,日子过得如何如何好。请问沈某是否要将此情况报告司法所?

选项	回答人次	百分比(%)
应该	173	64.8
不需要	83	31.1
说不清楚	11	4.1
总计	267	100.0

社区矫正对象接触对其矫正产生不利影响的人员时,应该向其实施社区矫正的社区矫正机构或司法所进行报告。这是明文规定的具体规则。根据《社区矫正法实施办法》第24条第1款规定,社区矫正对象发生居所变化、工作变动、家庭重大变故以及接触对其矫正可能产生不利影响人员等情况时,应当及时报告。沈某以前的狐朋狗友常常来找他,并且跟其说的一些事情,足以对其产生不利影响。因此,沈某对于这件事情,应该向司法所进行汇报,以寻求相应的帮助。然而,表4.18调研数据显示,仍然有31.1%和4.1%的社区矫正工作人员表现出了“不需要”以及“说不清楚”的态度。这反映出青藏地区部分社区矫正工作人员的法律素养较低。

4. 对社区矫正工作状况的认知

表 4.19　您对我国社区矫正的社会工作现状有什么认识?

选项	回答人次	百分比(%)
社会工作者严重缺乏	107	40.1
社会工作者专业化程度低	43	16.1
不了解	117	43.8
总计	267	100.0

在国家倡导政府购买服务的大环境下,社会工作介入社会治理的形势日益繁荣。《社区矫正法》第 11 条规定:“社区矫正机构根据需要,组织具有法律、教育、心理、社会工作等专业知识或者实践经验的社会工作者开展社区矫正相关工作。”但是从表 4.19 的调研数据来看,社区矫正工作人员选择“不了解”的人数占比为 43.8%,认为“社会工作者严重缺乏”的人数占比为 40.1%,而选择“社会工作者专业化程度低”的占比为 16.1%。三个选项其实在一定程度上反映出,社会工作在青藏地区的社区矫正工作中介入率极低,如何找到合格的司法社会工作力量,是青藏地区社区矫正工作的困境,而且如何培养合格、专业的社会工作者是青藏地区社会建设的迫切需求。

表 4.20　社区矫正工作手段有限,缺乏足够有效的强制措施,工作中底气不足。您赞同这种说法吗?

选项	回答人次	百分比(%)
赞同	204	76.4
不赞同	63	23.6
总计	267	100.0

自我国社区矫正工作开展以来,理论界和实务界对社区矫正工作人员没有执法权问题讨论较多。人们普遍认为,社区矫正工作需要面对罪犯这一特殊群体,但社区矫正执法手段有限,缺乏足够有效的强制措施,管理难度较大,工作中底气不足。表 4.20 调研数据显示,赞同这种事实状况的人数占比为 76.4%,比例很高。但这一问题的解决取决于顶层设计。如果一味地抱怨,会影响社区

矫正工作的成效,按照心理学心理暗示的效应论分析,不仅会让自己对社区矫正工作没有热情,也会影响其他社区矫正工作人员,进而在进行社区矫正工作时思想上存在畏难情绪。因此,社区矫正工作人员对社区矫正的认识普遍有待提高。

(四)关于社区矫正的监督

社区矫正工作必须依法受到监督。对社区矫正工作中的各项活动实施有效的监督,是依法治国的内在要求。在我国,人民检察院是国家专门的法律监督机关,《社区矫正法》第8条第2款中明确规定:“人民检察院依法对社区矫正工作实行法律监督。”

专门机关工作人员在社区矫正工作中有一定的职权,从我国近几年职务犯罪情况来看,社区矫正工作人员滥用权力、触犯刑律的行为时有发生。因此,专门就司法行政社区矫正工作人员对检察机关法律监督的态度展开调研。(见表4.21)

表4.21　您对人民检察院制发的社区矫正违法活动纠正检察建议的态度是什么?

选项	回答人次	百分比(%)
没有必要,矫正工作难度很大,要求不能太高	36	13.48
应该制发,能有效监督社区矫正工作	147	55.06
从长远来看,应该制发,但现阶段不需要法律监督,否则会阻碍矫正工作	84	31.46
总计	267	100.00

从调研情况来看,选择支持检察机关法律监督的人数总体占比为55.06%,反映出社区矫正工作人员在整体上对专门的法律监督意识较强,但仍然有13.48%的人认为法律专门监督“没有必要”,理由是“矫正工作难度很大,要求不能太高”,还有31.46%的工作人员认为“现阶段不需要法律监督,否则会阻碍矫正工作”,两项占比之和达44.94%,比例较高,说明在青藏地区社区矫正工作中,仍然存在对检察机关法律监督社区矫正工作的重要性认识不深刻、自觉接受并积极履行配合法律监督的义务性意识不强的现象,有些工作人员将社区矫正工作混同于普通的工作行为,错误认为法律监督机关的要求过高、过于繁杂,对法律监督机关提出的问题有抵触情绪,态度消极,甚至不予配合,这已是违法

违规的行为。《社区矫正法》第62条明确规定:“人民检察院发现社区矫正工作违反法律规定的,应当依法提出纠正意见、检察建议。有关单位应当将采纳纠正意见、检察建议的情况书面回复人民检察院,没有采纳的应当说明理由。”因此,司法行政社区矫正工作人员应当充分认识检察机关法律监督的重要意义,主动接受检察机关依法开展法律监督工作,有利于依法推进社区矫正建设。当然,值得注意的是,也有人民检察院工作人员对宪法和法律赋予检察机关法律监督的职责缺乏深刻认识,以致履行法律监督职能不积极、不专业、不认真,这也是促使社区矫正工作人员思想上轻视检察机关法律监督的原因,需要予以关注。

(五)关于社区矫正对象的权利

考虑到社区矫正过程中,专门机关工作人员在很多方面拥有自主决定权,如果工作带有较大的主观性,就不可避免地会出现侵犯社区矫正对象权利的情况。因此,对专门机关工作人员进行了这项对社区矫正对象权利的认知调研。(见表4.22)

表4.22 我国明确规定了社区矫正对象的人身安全、合法财产和辩护、申诉、控告、检举以及其他未被依法剥夺或者限制的权利不受侵犯。您知道这个规定吗?

选项	回答人次	百分比(%)
知道	379	44.4
不知道	55	6.5
应该有规定,内容不太清楚	419	49.1
总计	853	100.0

调研数据显示,知道社区矫正对象权利规定的有379人,总体占比44.4%,选择“不知道的”有55人,总体占比6.5%,表示“应该有规定,内容不太清楚”的有419人,总体占比49.1%。对于第三个选项设置,是基于调研前的理论假设,因为我国正在全面推行依法治国,我们假设专门机关工作人员的法治意识较强,对社区矫正对象的权利保障意识很清晰,在这种情况下,即使不知道我国对社区矫正对象的权利有专门的规定以及规定的内容,但在法治意识中应该很自然地想到社区矫正对象有权利,而且需要保障实现,这就是法治思维下的法

治习惯意识，不需要提醒，但在意识中已形成自觉，这种状态反映到工作当中就是理性。其实，工作中的法律法规有很多，要全部记住不可能，关键是有没有形成法治思维、法治习惯意识，这也是国家倡导的培养法治思维工作中的重要内容。从调研情况来看，专门机关工作人员的法治意识整体上较强，知道社区矫正对象权利规定和应该有权利规定的占比之和达到93.5%，这也从一个侧面反映出我国扎实推动法治政府建设取得的成效。

（六）调研结论

对青藏地区社区矫正工作中专门机关工作人员的社区矫正认知状况，经调研后，笔者认为工作人员对社区矫正工作具体规则的认知与笔者先前的理论假设有很大出入。另外，对社区矫正意义的认知、对社区矫正对象享有的权利的认知、对自己在社区矫正工作中的重要性的认知等方面与先前的假设也存在一定的不一致，笔者认为有以下几个方面的问题需要关注。

1. 社区矫正工作地区的状况影响对社区矫正的认知

青藏地区自然条件恶劣，工作环境艰苦，而位于青藏地区偏远地方的基层社区矫正工作的开展更为艰难，社区矫正工作者的社区矫正任务更为繁重，工作条件更差，调研中反映出来的问题也最多。但在客观环境条件无法改变的情况下，如何通过提升认知来促使社区矫正工作规范化运行的问题应当引起足够的重视。

2. 对社区矫正制度科学性的认识仍然不足

社区矫正制度的推行不单单是要满足国家、社会对罪犯监督管理的需求，如果只是完成监督管理罪犯的需求，只要监狱存在就能完成，根本不需要社区矫正制度。国家之所以推行社区矫正制度，是因为认识到将罪犯矫正成为守法公民，更科学的做法是不要将罪犯与主流社会脱节。因为守法公民的含义，就是公民能与社会和谐相处，尊重社会规则，遵守社会规则。监狱制度对罪犯的惩罚就是让他失去自由，但同时也存在让罪犯与社会脱离的弊端。罪犯脱离社会意味着其社会人际关系的丧失，会出现对社会规则的不适应以及破坏社会规则的行为。监狱制度的目的与手段二者之间存在纠结。社区矫正制度的推行就在于解决这个问题，让罪犯在回归社会之前不脱离社会，帮助他产生悔罪意识，掌握职业技能，修复与社会的关系，成为对社会有用的人。因此，社区矫正制度的科学性、先进性不在于对罪犯的监督管理,而是教育帮扶,重在预防犯罪。但调研结论显示,青藏地区社区矫正工作中的很多司法行政社区矫正工作人员、公检法工作人员对社区矫正制度的认识仍然停留在监督管理层面。虽然因为各种主客观原因,这是制度推行中不可避免的现象,但其中反映出来的这种认知状况需要引起重视。

3. 青藏地区社会资源发育的薄弱对社区矫正社会性的认知有一定的影响

青藏地区实现社区矫正制度的社会性的客观条件仍然很落后。客观条件不属于认知范畴,本项调研并未涉及对社区矫正实施条件的考察,但社区矫正工作人员的认知状况反映出青藏地区在社会力量、社会资源的运用方面严重滞后,这在一定程度上会影响社区矫正工作者对社区矫正社会性的认知。

4. 司法所工作人员认为社区矫正工作手段有限,缺乏足够有效的强制措施,在社区矫正工作中的信心明显不足

司法行政社区矫正工作者,尤其是司法所工作人员,大多数身兼数职,平时就处在人少事多矛盾突出的工作状态中,因此,普遍反映对社区矫正对象社区矫正的日常监管压力较大,尤其在履行职责时,由于司法所工作人员不具备执法身份,如果遇到个别社区矫正对象出现违法违规的行为时,社区矫正工作就缺乏足够有效的强制措施,不利于维护社区矫正的权威性和严肃性。虽然大多数工作人员认可公安机关是后盾的意义,但认为其属于事后补救,仍然不利于社区矫正的及时纠正和有效监管的作用发挥,所以,他们工作的底气与信心不足。

三、社区矫正对象的社区矫正认知

虽然社区矫正制度的影响可以从多个角度进行考察,但从社区矫正对象的角度调研,往往最能直接、真实、客观地呈现社区矫正制度的成效。社区矫正对象对社区矫正制度的认知与态度,往往来自对社区矫正机制运行过程中的经历所产生的相对稳定和持续的真实感受,其实这也是考察社区矫正制度是否被社区矫正对象认同的重要视角。掌握社区矫正对象对社区矫正的认知,在一定程度上有利于推动社区矫正制度实现可持续发展。

这部分的调研对象是社区矫正对象,本次调研共发放问卷 200 份,收回有效问卷 163 份。调研内容既涉及对我国社区矫正的基础性认知的考察,也包括对我国社区矫正的具体性认知的考察。主要涉及以下三个方面。

(一)对社区矫正整体上给予认可

社区矫正对象是否肯定社区矫正,是实证揭示社区矫正价值有无之源,表4.23是关于社区矫正对象对社区矫正好处的认知态度调研。

表4.23　您认为社区矫正的好处是什么?(多选)

选项	回答人次	百分比(%)
自由	163	100.0
和家人在一起	124	76.0
上学、工作	113	69.3
信任、关心	163	100.0
公平、正义	138	84.7
其他	89	54.6

表4.23调研数据显示,所有的社区矫正对象都选择了"自由"与"信任、关心"项;有76.0%的社区矫正对象选择了"和家人在一起";有69.3%的社区矫正对象选择了"上学、工作";而有84.7%的社区矫正对象选择了"公平、正义";还有54.6%的社区矫正对象选择了"其他"。

自由,是社区矫正制度的出发点和归宿,虽然社区矫正对象的自由不是完全的自由,受到社区矫正规则的限制,有时要履行报告、申请义务,但是监狱中的罪犯是被完全剥夺人身自由的,监狱将罪犯与社会隔离,因此与监狱制度相比较,社区矫正赋予罪犯一种感受,就是"社区矫正制度是有温度的"[1]。本项考察中的"和家人在一起"以及"上学、工作"选项就是自由的一种具体表现。"没有自由,就不会和家人在一起,就不能够去上学、工作"[2]。现摘录调研访谈中的一位受访社区矫正对象的感受:

问:是不是现在觉得和家人在一起是最幸福的?

答:就是。以前这种感觉真没有,这次犯事之后,真的特别后悔,当时被抓后,特别想我妈、想媳妇、想孩子、想家,幸亏没进监狱。所以

[1] 这句话为接受调研的一名社区矫正对象在谈感受时所言。

[2] 调研访谈中的一位受访社区矫正对象所言。

我觉得社区矫正真的好，我也积极地配合改正。我每天接送孩子上幼儿园、推着我妈晒个太阳啊，都觉得是幸福。再也不做违法的事情了。

在社区矫正过程中，要依法保障社区矫正对象的自由。社区矫正对象依法享有自由时，仍然享受“法不禁止即自由”的保障原则，而社区矫正机构及其工作人员也要严格遵循“法无授权则无权”的管理要求。

“信任、关心”属于社区矫正对象的精神利益，是社区矫正对象的人格尊严权，让社区矫正对象感受到了尊重与平等。公平正义是制度的方向，在公平正义观念的指导下，社区矫正形成制度，因此，社区矫正的实施实际就是公平正义的实现。但也要注意到社区矫正并非孤立的，司法制度之间往往是一体化的互相影响。一位选择“公平正义”的社区矫正对象在接受访谈时说：“我这个案子法院判的还是公平的。当时为了争取缓刑，我给被害人积极赔偿了，但心里还是担心法院不判缓刑。因为听我妹说她们单位一个同事跟我一样，轻伤，钱也赔了，按照法院说的钱赔的，但还是被判了实刑，进了监狱。”在这个语境中，社区矫正是公正的。但另外一位受访者没有选择“公平正义”，她说：“让我社区矫正真的不公平，我一点儿责任都没有（哭泣）。”在这个语境中，社区矫正是不公正的。这里反映出一个问题，就是社区矫正与法院裁判之间的关系值得社区矫正工作者关注。一方面，如果社区矫正工作有不公正之举，法院裁判确定的公平正义就会大打折扣；而另一方面，如果罪犯认为法院的裁判是不公正的，那么社区矫正的公正性就会被忽视，往往会给社区矫正工作带来麻烦。另外，选择“其他”的社区矫正对象，解释社区矫正给他（她）带来的好处是参加了技能培训。本项调研结论与先前的理论假设一致。

（二）大多数社区矫正对象具备社区矫正规则意识

表 4.24　正在接受社区矫正的牛某换了一份新工作，您认为他应不应该向司法所报告？

选项	回答人次	百分比（%）
应该	126	79.2
没有必要	21	13.2
不知道	12	7.6
总计	159	100.0

表4.24调研主要考察社区矫正对象对应当报告的社区矫正义务规则的认知。调研数据显示，选择“应该”的总体占比为79.2%，整体上，社区矫正对象的规则意识良好；但仍然有社区矫正对象对此项规则不认可或不知道，调研中，选择“没有必要”的总体占比为13.2%，对规则不认可的现象是社区矫正中需要关注的重点，社区矫正对象的脱管、漏管问题，往往与对规则的不尊重有直接的关系；另外“不知道”的总体占比为7.6%，与“没必要”的总体占比之和为20.8%，表明社区矫正对象的规则意识仍需加强。

《社区矫正法实施办法》第24条明确规定：社区矫正对象在发生工作变动情况时，应当及时报告。工作变动属于报告项。就是当社区矫正对象的工作有变动时，必须要向所属司法行政社区矫正工作人员进行报告。之所以这样规定，主要是考虑到社区矫正对象的工作对于社区矫正对象本身的改造来说，无论是工作性质、工作环境，还是工作中的人际关系，这些因素实际都关乎社区矫正对象的矫正。具言之，相关的影响因素主要有工作性质、工作环境以及人际关系。首先，对于某些社区矫正对象来说，也许自己的性格并不适合做某些工作，或者社区矫正对象认为自己的性格不能与所在工作岗位的工作属性契合，甚至可能与岗位需要相悖，就像刚安装在机器上的新齿轮，需要长久的磨合才能与整个运行机构更好地协同工作。如果社区矫正对象的工作是自己感兴趣的，或者认为自己很适合某种工作，工作能让自己积极向上，或很有成就感，或很稳定，社区矫正对象就能安心、愉快地工作，感受到生活的积极性；反之，如果工作不顺利，社区矫正对象就会对工作产生抵触、排斥情绪，甚至厌恶生活。其次，一般而言，一个健康、良好的工作环境，不仅有利于培养人们正确的价值观和积极的生活态度，也更有利于个人的长期发展，这一点对于社区矫正对象来说，尤其重要。如果工作单位是一个阳光和谐、积极向上的集体，对一个正在接受社区矫正的人来说，能够让他感受到工作的积极性，非常有利于社区矫正对象的矫正。而且，工作中的人际关系也是影响社区矫正对象的重要因素。人是社会性动物，人和人的沟通和交流是必需的，由此而形成的人际关系对每个人的工作、生活及心理健康都会产生一定的影响。换言之，人际关系是影响个人发展的主要因素。建立良好的人际关系对人格特质、自我评价、情绪健康、学习适应、生活工作等方面具有广泛的影响。但在现实社会中，每个人的性格、禀赋、生活背景都有差异性，因此，社区矫正对象在工作中形成的人际关系有良好的、也有不良的，如果沟通不良，不仅会影响社区矫正对象的工作效率，也会影响他们的心理状态，甚至身体健康。而且更多的时候，社区矫正对象尤其重视别人对自己的反馈，并从中建立自我认同，因此周边的人对社区矫正对象的回应，会影响他们的生活和工作。总之，无论是工作性质、工作环境，还是工作中形成的人际关系，司法行政社区矫正工作人员都需要密切关注对社区矫正对象的矫正效果可能产生的影响。因此，变动工作，一定要向司法所报告，以便矫正工作人员能够及时掌握社区矫正对象的动向，把社区矫正对象的矫正工作调整到最好的角度。但这需要社区矫正对象的配合，需要社区矫正对象认真遵守规则，履行报告义务。

表 4.25　您知道参加社区服务是为了培养社会责任感吗？

选项	回答人次	百分比(%)
知道	73	46.8
不知道	83	53.2
总计	156	100.0

表 4.25 主要考察社区矫正对象是否知道参加社区服务是为了培养社会责任感。调研数据显示，社区矫正对象知道参加社区服务是为了培养社会责任感的总体占比为 46.8%，选择“不知道”的总体占比为 53.2%。在对其中选择“不知道”的 5 名社区矫正对象的访谈中，3 名矫正对象都认为，社区服务是对他们的一种惩罚，因为监狱里的人也在劳动，但同时也认为让他们劳动有道理。另外 2 名直言不喜欢打扫卫生、不喜欢劳动。由于社区矫正对象文化程度普遍较低，有的社区矫正对象不明白社会责任感的意思。这些情形一定程度上反映了社区矫正工作方式的教条与单一，而且社区矫正对象普遍具有被强制参与社区服务的犯罪人标签感。只是外力强制一般很难起到内化形成社会责任感的作用。

一般意义上来说，社区矫正的过程，就是要帮助社区矫正对象树立正确的人生观和价值观，努力做一个有社会责任感的人。社会责任感是社会发展对人的基本要求。犯罪危害社会，在一定意义上说犯罪人普遍缺乏社会责任感。社区矫正实务中，有些社区矫正对象热衷追求个人利益，过于计较个人得失，唯利是图;有些社区矫正对象信奉拜金主义,往往为了自身利益不择手段地损人利己,甚至弄虚作假;有些社区矫正对象信奉享乐主义,抱着过一天、算一天的态度,无视社区矫正规则的威严;有些社区矫正对象过于关注自我,事不关己,高高挂起;有些社区矫正对象具有好吃懒做的坏习惯,缺乏劳动意识等。绝大多数社区矫正对象的行为折射出社会责任感的缺失。因此,社区矫正工作必须注重培养社区矫正对象的社会责任感。培养形式主要体现在让社区矫正对象参加公益活动,提供社区服务,诸如以改善社区环境、卫生为主要内容的公益活动,为社区内的老人、残疾人提供日常帮扶、生活照顾等公益活动,以及为社区提供文艺宣传服务活动等。社区矫正公益活动的开展方式应该具体化、多元化,分析每一个社区矫正对象的长处与短板,掌握其兴趣点的信息,组织提供相应的公益服务活动,使其愿意参与,从中感受帮助他人、为他人提供快乐的意义。为此,《社区矫正法》第42条明确规定:“社区矫正机构可以根据社区矫正对象的个人特长,组织其参加公益活动,修复社会关系,培养社会责任感。”

监督管理措施是防范社区矫正对象重新违法犯罪的基础。在对社区矫正对象的监管过程中,社区矫正对象不配合监督管理的行为表现多种多样,如不配合办理社区矫正入矫手续、逃避定位监管、未经社区矫正机构批准擅自离开居住区域、抵触矫正机构开展的日常工作、言语上不尊重或无端谩骂甚至殴打社区矫正工作人员等。社区矫正对象对待监督管理的态度直接影响社区矫正工作的正常进行,因此,有必要展开相关的调研活动。

表4.26　对社区矫正工作中的监督管理措施,您的态度是什么?

选项	回答人次	百分比(%)
完全能够接受	13	8
比较能够接受	44	27
基本能够接受	78	48
不能接受	28	17
总计	163	100

从表4.26调研情况来看,对社区矫正工作中的监督管理措施,选择“完全能够接受”的总体占比只有8%,“比较能够接受”的总体占比为27%,而“基本

能够接受”的总体占比为48%,“不能接受”的总体占比为17%,社区矫正对象对待监督管理的态度整体状况不容乐观,形成原因是多方面的,既有社区矫正对象自身的问题,也有矫正机构及其工作人员的工作方法、工作态度等方面的原因。这也是社区矫正工作值得关注的问题。对于这一问题,将在后文当中专节进行分析。

如果说监督管理是防范社区矫正对象重新违法犯罪的基础,那么教育学习就是让社区矫正对象的思想再社会化的重要基础,在引导社区矫正对象遵守管理规定、发现潜在风险等方面都有不可替代的积极作用。《社区矫正法》对社区矫正对象的教育学习活动有明确规定。

表4.27 社区矫正中的教育学习对您有帮助吗?

选项	回答人次	百分比(%)
很大帮助	20	12.3
有一些帮助	111	68.1
没有帮助	32	19.6
总计	163	100.0

从表4.27调研情况来看,对社区矫正工作中的教育学习,社区矫正对象认为对自己有“很大帮助”的总体占比为12.3%,“有一些帮助”的总体占比为68.1%,而“没有帮助”的总体占比为19.6%,可见,教育学习活动的积极效用还有待提高,同时也反映出,教育学习活动过程中仍然存在一些问题,如社区矫正对象方面,受教育学习的主动性普遍缺乏;而社区矫正工作人员方面,很多人缺乏一定的教育技能,往往自主安排教育学习内容,忽略社区矫正对象的需求与兴趣;活动形式较为单一、枯燥,忽略社区矫正对象的优势作用,总是以“灌输式”或者“教训式”为主,缺少真实情境下的互动演练,致使社区矫正对象往往处于被动应付状态,久而久之,教育学习的效果大打折扣。为此,很多社区矫正对象感觉帮助不大,参加教育学习也只是在走形式,这也是社区矫正工作需要关注的。

心理学有研究结论认为,社区矫正对象心理健康的整体状况不容乐观,认为“社区矫正对象这一特殊群体心理不健康者高于一般人群,心理健康状况问题较为普遍,心理和精神处于消极状态,但核心症状是以情绪障碍为核心的神经症。究其原因,由于社区矫正对象普遍认罪状况良好,但对自己在正常社会环境下服刑的状态感到苦闷、抑郁及适应不良”[1],并认为形成心理状况的原因与其社会支持系统密切相关。因此,开展社区矫正工作,应当积极关注社区矫正对象的心理健康,提高他们的社会支持水平。《社区矫正法实施办法》第43条第3款中明确要求:“根据社区矫正对象的心理健康状况,对其开展心理健康教育、实施心理辅导。”

表4.28　您是否接受过有关机构提供的心理咨询服务?

选项	回答人次	百分比(%)
有	34	21.8
没有	122	78.2
总计	156	100.0

从4.28调研数据来看,社区矫正工作中开展心理矫正的是少数,只有21.8%的人接受过心理咨询活动。而且从实务调研来看,青藏地区极度欠缺规范的、专业的社区矫正心理矫治人才。

根据犯罪心理学理论,心理矫治是指促使罪犯的心理和行为发生积极变化的心理咨询、心理治疗、行为矫正等活动的总称,是有效矫治途径的重要组成部分。[2] 一般意义上,只有对社区矫正对象的心理状况进行评估,在了解他们的心理特征和心理健康状况的基础上,才能进一步开展包括心理矫治在内的其他工作。心理咨询就是运用心理学的方法,对心理适应方面出现问题的求询者提供心理援助的过程。通过提供心理咨询服务,倾听社区矫正对象心声,有助于了解社区矫正对象心理健康状态,以便能够及时地提供帮助;同时,提供心理咨询服务还有助于向社区矫正对象普及心理健康常识,让社区矫正对象对心理健康的认识从无到有、由少聚多,使心理健康教育工作得以顺利进行,有利于社区矫正对象的社会适应性处于良好状态;而且还能在矫正工作者与社区矫正对象之间建立相互信任的关系,有助于提高社区矫正质量,帮助社区矫正对象顺利

[1] 许晓峰等:《江苏省扬州市社区矫正人员心理健康状况调查》,载《实用临床医药杂志》2012年第13期。

[2] 吴宗宪编著:《国外罪犯心理矫治》,中国轻工业出版社2004年版,第3页。

回归社会。

（三）社区矫正对象的权利意识仍然需要加强

社区矫正对象享有公民所享有的权利，包括生命健康权、劳动权、休息权、获得物质帮助权、受教育权、人格尊严权、身体自由权、知情权、辩护权、申诉权、检举控告权等，但是社区矫正对象毕竟触犯了刑法，是受到刑法追究与制裁的罪犯，所以，其权利具有不完整性，会受到法律的剥夺或者限制；而且由于罪犯的身份，有时他们会遭受社会的歧视与排斥，从而影响其享有的权利。另外，受我国刑罚传统观念的影响，社区矫正工作明显侧重于对社区矫正对象的监管，而轻视对社区矫正对象合法权益的保护。但《社区矫正法》的实施，为社区矫正工作保障社区矫正对象权益提供了法律根据。相对于监狱矫正而言，社区矫正的人权保障功能更为突出。社区矫正对象的权利能否实现，应该是社区矫正工作的成效之一，关系到社区矫正的功能是否实现。为此，必须加强社区矫正对象对自己权利的认知。

表 4.29　您知道您在社区矫正过程中享有什么权利吗？

选项	回答人次	百分比（%）
知道	22	13.5
不知道	62	38.0
知道一点儿	79	48.5
总计	163	100.0

表4.29调研数据显示，选择“知道”的总体占比为13.5%，“知道一点儿”的总体占比为48.5%，两项合计占比为62.0%，关于权利认知的整体状况不是很糟糕。但选择“不知道”的总体占比为38.0%，这与先前的调研理论假设不一致，表明社区矫正对象的权利认知仍然需要加强提升。当然，如何提升社区矫正对象的权利认知，与矫正工作开展的方式方法密切相关，需要考虑社区矫正对象的文化程度、所处地区以及矫正工作者自身认知水平的提高等多种因素。另外，“无救济则无权利”，专门机关工作人员应当认真听取和妥善处理社区矫正对象反映的问题，依法维护其合法权益。

第五章　社区矫正机制的构成要件

社区矫正运行机制的构成要件包括专门机关及工作人员、社会力量、社区矫正对象和开展的具体工作。本章围绕构成要件，分别以社区矫正工作队伍、社区矫正对象、社区矫正工作与社区矫正保障为分析指标（见本书第二章第二节），调研了青藏地区的20个司法所，另外收集了青藏地区122个司法所和2582名社区矫正对象的具体情况和资料，对青藏地区社区矫正机制运行的基本状况开展考察，分析青藏地区社区矫正工作的基本情况。

第一节　社区矫正工作队伍

一、社区矫正工作队伍的范围

社区矫正工作队伍，是国家旨在实现预防犯罪的目的，依法建立起来的决定实行社区矫正、对社区矫正对象实施监督管理和教育帮扶的有团体协作的全部人员。

我国社区矫正实行专门机关与社会力量相结合的工作形式。根据《社区矫正法》《社区矫正法实施办法》的规定，社区矫正工作坚持党的绝对领导，实行党委政府统一领导、司法行政机关组织实施、相关部门密切配合、社会力量广泛参与、检察机关法律监督的领导体制和工作机制。

在工作机制中，社区矫正委员会负责统筹协调和指导本行政区域内的社区矫正工作；司法行政机关主管本行政区域内社区矫正工作；社区矫正机构负责社区矫正工作的具体实施；司法所根据社区矫正机构的委托，承担社区矫正相关工作。（见图5.1）

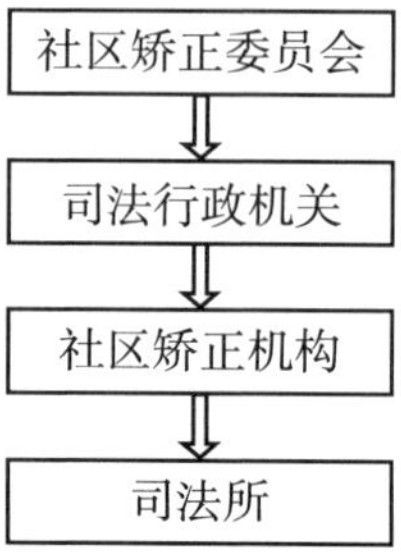

图 5.1　社区矫正工作机制

另根据《社区矫正法》的规定，社区矫正机构应当配备具有法律等专业知识的专门国家工作人员，履行监督管理、教育帮扶等执法职责。根据需要，社区矫正机构组织具有法律、教育、心理、社会工作等专业知识或者实践经验的社会工作者开展社区矫正相关工作。居民委员会、村民委员会要依法协助社区矫正机构做好社区矫正工作。社区矫正对象的监护人、家庭成员、所在单位或者就读学校应当协助社区矫正机构做好社区矫正工作。国家鼓励、支持企业事业单位、社会组织、志愿者等社会力量依法参与社区矫正工作。因此，青藏地区社区矫正机制中的"社区矫正工作队伍"的范围，应当包括专门机关和社会力量两类。（见图 5.2）

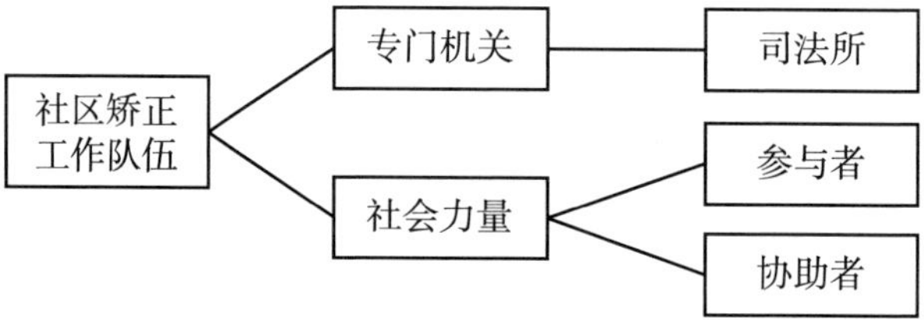

图 5.2　社区矫正工作队伍

由于在社区矫正实践中，司法所承担着社区矫正具体工作，因此，本项调研选择司法所作为调研对象。关于社会力量，区分为参与者和协助者。参与者，由社会工作者和企业事业单位、社会组织、志愿者组成。协助者由三类人员组成：(1)所居住社区基层组织成员。在我国，社区基层组织包括村民委员会和居民委员会。(2)社区矫正对象的家庭成员、监护人。家庭成员是指相互负有扶养关系的，共同生活在一起的直系亲属或者旁系亲属。一般包括与社区矫正对象之间具有血缘、婚姻或者收养关系的人。监护人是指对无责任能力和限制责任能力社区矫正对象(如未成年人或精神病人)的人身、财产和其他一切合法权益负有监督和保护责任的人。监护人应当具有监护能力,符合法定资格,并恪尽监护职责,否则要承担相应的法律责任。(3)社区矫正对象所在单位或就读学校的人员。具体包括社区矫正对象就业单位的管理人员、在读学校的教师或者行政管理人员等。

二、社区矫正司法所工作队伍

(一)司法所工作人员紧缺,任务繁重

从接受调研的20个司法所的情况来看,在册社区矫正对象共435人,但从事社区矫正工作正式在编的公职人员为22人(见表5.1),有公益性岗位人员[1] 11人,临时聘用人员4人,因此,20个司法所从事社区矫正工作的人员总共37人。社区矫正对象与社区矫正工作人员比例如表5.2所示。

表5.1　社区矫正对象与在编公职工作人员比例

社区矫正对象(人)	在编公职工作人员(人)	比例
435	22	19.8∶1

表5.2　社区矫正对象与社区矫正工作人员比例

社区矫正对象(人)	社区矫正工作人员(人)	比例
435	37	11.8∶1

在20个司法所中,有13个司法所属于“一人所”,其中,有10个“一人所”均位于偏远地区,均属于民族地区。

经调研,每个司法所核定政法专项编制[2] 2名,暂且不论编制存在不合理配置、编制管理不规范等问题,司法所面临着两重困境。

---

〔1〕 公益性岗位是指由政府开发、以满足社区及居民公共利益为目的的管理和服务岗位。对符合条件在公益性岗位安置就业的就业困难人员,按规定给予社会保险补贴和岗位补贴。符合公益性岗位安置条件的就业困难高校毕业生,可按规定享受公益性岗位就业援助政策。

〔2〕 公安、检察、法院、司法行政、国家安全系统的编制作为专项编制单独管理。

一是管理体制不合理。司法所与人民法庭、公安派出所一样是我国基层政权和政法部门的重要组成部分，青藏地区基层司法所尚未按照司法部要求，全部实行乡镇(街道)政府与司法局双重管理，以司法局为主的管理体制。调研的司法所中，7个司法所实行的是由乡镇(街道)党委政府直接管理的体制。但即使实行以司法局为主的双重管理体制的司法所，仍然承担着大量地方党委政府交付的任务，其日常工作受制于当地政府的安排，抓综治、抓信访、抓宣传，不能全身心投入和全面履行社区矫正职能。例如，调研司法所时，K司法所的所长正忙于乡政府被告一案，作为乡政府的代理人准备出庭工作。

K司法所所长：很多司法所和我们一样，要接受乡镇政府分配的任务，或者就是兼任。人少活多，来个新人，也经常调到政府帮忙去。有时候缓刑调查需要两人，但人都凑不齐，再别提走访了，所以关键是加大对社区矫正工作人力、财力等各方面的支持，形成专门力量。

W司法所所长：我觉得除了没有招商的工作外，几乎每一个领导都有要求参与其分管工作的情况，司法所的工作太杂、太乱，不仅司法、综治、武装部、防邪、禁毒、扫黑除恶等所有综治维稳的活我们要参与，还有征地拆迁、扶贫、环境整治、创建园区建设、绿化等我们也要参与，真的是很累。

R司法所所长：虽说是司法主管，但经费还是要靠乡镇，我们还是要完成乡镇安排的任务。

二是司法所任务繁重。对于社区矫正工作，司法所工作人员普遍存在长期“在编”却“不在岗”的现象，承担着大量的其他工作。即使司法所实现了编制安排，但是与司法所承担的职责明显不相适应。司法所工作庞杂、任务繁重，不仅承担着10项司法行政工作职能，包括人民调解、负责实施社区矫正、基层法律服务、对刑满释放人员的安置帮教、法制宣传教育、协助基层政府开展依法治理工作、行政执法检查、监督工作、民间纠纷处理、社会治安综合治理，还需完成上级司法行政机关和乡镇人民政府交办的其他工作。在青藏地区，司法所还承担着基层维稳这一重大任务。在社区矫正工作方面，《社区矫正法》第9条第2款规定：“司法所根据社区矫正机构的委托，承担社区矫正相关工作。”根据《社区矫正法实施办法》的规定,接受委托的司法所对社区矫正对象进行日常管理,包括建立档案、确定矫正小组、落实矫正方案、组织入矫宣告、人员定位、通信联络、信息化核查、实地查访、外出批准、信息报告、电话联系、实时视频、变更执行地签署意见、定期考核、开展教育矫正活动、组织公益活动、为社区矫正对象提供帮扶、系统报表上报、组织解矫宣告、重点人员走访等,如此多的工作,几乎每天都是如此,至少是每周都要做一遍,而这只是司法所工作中的一项职责。而且,社区矫正对象的数量远比司法所工作人员的数量多,在接受调研的20个司法所中,包括临聘人员、公益性岗位人员在内的社区矫正工作人员与社区矫正对象的比例为1∶11.8,正式编制的社区矫正工作人员与社区矫正对象的比例为1∶19.8。根据社区矫正发展状况,社区矫正对象的数量将会呈现越来越多的趋势。即使《社区矫正法》实施后,司法所只有在接受委托后才承担社区矫正工作,但从实务来看,司法所仍然是负责社区矫正工作的主力军。

(二)司法所社区矫正工作人员的专业化程度整体不高

青海省曾于2019年10月统计过社区矫正工作人员学历结构,当时全省共有专职和兼职社区矫正工作者520人,学历构成为:法学290人,教育学9人,心理学2人,其他专业220人。[1] 从接受调研的20个司法所的情况来看,从事社区矫正工作的37名工作人员的学历背景均在大专以上。(见表5.3)

表5.3　社区矫正工作人员的学历背景

单位:人

高中及以下	大专	本科	研究生
0	16	20	1

工作人员的专业背景为法学、社会学、社会工作、心理学、教育学以及其他专业。(见表5.4)经访谈询问工作人员的专业背景,这里的“其他专业”包括化学、计算机、电子商务、文学、工商管理等。

---

[1] 青海司法行政网:http://sft.qinghai.gov.cn/pub/qhsfxzw/xxgk/rdjy/202001/t20200109_22326.html。

表 5.4 社区矫正工作人员的专业背景

单位：人

法学	社会学	社会工作	心理学	教育学	其他
5	3	0	0	5	24

青藏地区司法所社区矫正工作人员的专业化程度整体上较低，公职人员编制的社区矫正工作者基本上都是半路出家，大都只经过较短时间的培训，对心理学、教育学甚至法学，其实并没有较为专业的认知。这在调研地的社区矫正机构的工作总结中也得到印证，几乎所有的工作总结中都有这种描述：有的自身对开展社区矫正工作的认识还不到位；矫正工作的方法简单、粗糙；与社区矫正对象接触和个别谈话时，缺乏感召力和亲和力；不能整合各种社会资源开展工作和解决问题；缺乏主动性；法律知识、专业水平和工作能力与社区矫正工作的要求尚有较大的差距。

（三）司法所社区矫正工作人员的安全保障问题应该得到重视

之所以调研社区矫正工作人员的性别，是因为考虑到社区矫正工作人员的自身安全风险问题。工作人员的“自身风险”有两个方面：一个是法律风险，另一个是人身安全风险。这里指的是第二个风险。虽然从理论上说，社区矫正工作者是男性或女性都没有人身安全风险问题，但在调研当中，有个案显示，在监督管理社区矫正对象过程中，有社区矫正对象轻视社区矫正工作者，尤其轻视女性工作者，对社区矫正工作者有暴力威胁的情况发生。社区矫正工作者的人身安全保障是一个不应该被忽视的问题。《社区矫正法实施办法》第56条也明确规定，社区矫正工作人员的人身安全和职业尊严受法律保护。对于侵犯社区矫正工作人员权利的行为，社区矫正工作人员有权提出控告。

在接受调研的20个司法所的社区矫正工作人员中，男性多于女性。（见表5.5）

表 5.5 社区矫正工作人员的性别

单位：人

男性	女性
21	16

在册的社区矫正对象中，男性也多于女性。(见表5.6)

表5.6 社区矫正对象的性别

单位：人

男性	女性
393	42

而且在这20个司法所的16名女性工作人员中，有刚毕业不久的女大学生9名。对于她们来说，除了培养工作能力、学习工作专业知识外，更重要的应该是安全保障的培训问题。但调研显示，实务当中的安全培训无论是内容方面，还是形式方面，都做得远远不够，甚至根本没有相关的培训。实际上，这9名从业不久的女性社区矫正工作人员对自己的安全也是非常担心的，但又无奈。调研访谈摘录如下：

问：如果你遇到态度不好的社区矫正对象威胁你，你会怎么办？
答：我不知道。我还没有遇到过。但愿别遇到。
问：你有提醒过对你态度不好的社区矫正对象，注意遵守规则吗？
答：我不敢。
问：那你就任其耍横吗？
答：他只要按时学习签到，我的任务就完成了。
问：但你的忍让会让他更加嚣张的，你怎么办？
答：我告诉所长。所长说遇到类似的事一定要告诉他。实在不行，我就不干了。

在收集到的司法所资料信息中，司法所工作人员女性多于男性的实际不在少数。例如，L地区下辖5个司法所，每个司法所实有工作人员3人，各含所长1人，正式在编工作人员1人，临聘人员1人。15人司法所工作人员中，女性12人，男性3人，该地区在册社区矫正对象171人，男性社区矫正对象149人，女性社区矫正对象22人。(见表5.7)

表 5.7 L 地区 5 个司法所人员与在册社区矫正对象状况

单位:人

司法所工作人员		在册社区矫正对象	
男性	女性	男性	女性
3	12	149	22

(四)司法所非正式编制社区矫正工作人员收入较低,难以吸引人才

与司法所承担繁重的工作任务不相适应的是,司法所工作人员非正式编制的收入与正式编制人员的收入差距较大,尤其是临时聘用的社区矫正工作者的待遇更低。在接受调研的 20 个司法所中,收入 1500 元以下(包括 1500 元)的工作人员有 6 人。而且对于人员招聘,大多数是由乡镇(街道)政府领导说了算,上级司法行政部门无权决定;而且存在岗位津贴等待遇享受标准不一的情况,人为造成等级制的问题,影响社区矫正工作人员的积极性。

(五)司法所工作人员流动性较大,缺乏相对稳定性

司法所在正式编制人员数量偏少的情况下,通常会招募临时聘用人员或者公益性岗位人员,但他们身份的临时性,也增加了他们的过渡性和高流动性,加之较低的工作待遇,在基层开展工作难、负担过重,在一定程度上影响了他们工作的积极性,这些都是促使他们离开社区矫正岗位的主要原因。因此,很多工作人员都是刚熟悉业务就离开了,工作缺少连续性,也造成了社区矫正工作始终在低水平徘徊,基层司法所也始终处在“缺人—招人—培养人—人走—再招人”的困境中。

(六)司法所工作人员年龄结构整体偏大

调研中发现,青藏地区很多司法所社区矫正工作人员整体年龄结构偏大,呈老化趋势,他们的文化素质和专业知识欠缺,电脑平台实操技能较差,导致工作进行缓慢,甚至影响他人工作,普遍觉得力不从心。青海省在 2019 年 10 月统计社区矫正工作人员年龄结构时,当时全省共有专职和兼职社区矫正工作者 520 人,统计结论也认为从社区矫正专职和兼职工作者年龄构成情况看:34 周

岁及以下有 146 人,35—44 周岁有 165 人,45—54 周岁有 178 人,55 周岁及以上有 32 人,工作人员年龄明显偏大。[1]

(七)边远地区司法所工作环境恶劣

青藏地区处于高海拔、自然环境较为恶劣的地方,有些边远地区的交通和生活十分不便,致使很多人不愿意到这些地方去开展社区矫正工作,存在留不住人的问题,多数“一人所”就属于这种情况。

三、社区矫正社会力量工作队伍

社会化是社区矫正的第一要务,之所以运用这种表达,是因为意在强调社区矫正社会化与社会力量对于社区矫正的重要性。社区矫正社会化是相对于罪犯矫正监狱化的一个动态过程,是在社区矫正对象尚未完成再社会化的情况下所要经历的一个特定阶段,这个阶段相比罪犯被封闭关押在监狱更具显著的人道性,这个阶段最重要的特征就是社会力量成为社区矫正工作队伍中的重要组成部分。

(一)司法社会工作者严重缺乏

与传统的矫正工作不同,社会工作强调助人自助。社会工作强调既要关心个人的生理健康、心理健康,还要关心个人生活的环境以及人际关系是否健康。作为一种专业服务模式,社会工作的目的在于提升个人社会功能,预防和解决社会问题。就个体而言,社会工作侧重通过协助个人社会功能的发挥,来促使其有良好的社会适应能力。因此,从社会工作的观点来看,社会工作者作为专业助人工作者,参与社区矫正工作具有一定的优势,其专业使命和专业素养是社区矫正工作顺利开展的基本保障。具体体现在以下三个方面:一是社区矫正工作的目标就在于提高社区矫正对象的社会适应能力。社会工作的理念与社区矫正的理念相一致。二是司法所社区矫正工作人员数量偏少,且专业化程度薄弱,使社区矫正工作往往无法实现“授人以鱼不如授人以渔”的工作目标。三

---

[1] 载青海司法行政网,http://sft.qinghai.gov.cn/pub/qhsfxzw/xxgk/rdjy/202001/t20200109_22326.html,最后访问日期:2020 年 9 月 20 日。

是社区矫正工作具有社会性的特征，要求多元化社会主体共同参与社区矫正工作，且我国《社区矫正法》对此也有明确的规定。因此，在一定意义上，社会工作者的参与，对于社区矫正工作来说既是客观的迫切需求，也具有一定的必要性。但从青藏地区社区矫正的实际工作状况来看，社会工作者严重缺乏。

调研 20 个司法所的社会力量工作队伍发现，社区矫正对象的监护人和家庭成员支持力度较高，但没有一个社会工作者。（见表 5.8）

表 5.8　20 个司法所社区矫正对象、社区矫正工作人员及社会工作者情况

单位：人

社区矫正对象	社区矫正工作人员	社会工作者
435	37	0

在收集到的 S 地区的社区矫正信息中，社区矫正对象有 630 人，司法所社区矫正工作人员有 233 人，无社会工作者参与。（见表 5.9）

表 5.9　S 地区司法所社区矫正对象、社区矫正工作人员及社会工作者情况

单位：人

社区矫正对象	社区矫正工作人员	社会工作者
630	233	0

N 地区的社区矫正信息中，社区矫正对象有 309 人，司法所社区矫正工作人员有 255 人，也无社会工作者参与。（见表 5.10）

表 5.10　N 地区司法所社区矫正对象、社区矫正工作人员及社会工作者情况

单位：人

社区矫正对象	社区矫正工作人员	社会工作者
309	255	0

在调研青海省一例通过政府购买服务，为 A 区司法所社区矫正工作提供服务的 L 社会工作组织时，发现该组织并非真正意义上的社会工作组织。因为根据《社区矫正法》的规定，开展社区矫正相关工作的社会工作者应该具有法律、教育、心理、社会工作等专业知识或者实践经验。但是 L 社会工作组织完全不

符合法律要求,其工作人员构成为1个领导和7个毕业1—2年的大学生。领导的学历、专业背景为本科、文学专业,大学生专业背景均与法律、教育、心理、社会工作等专业知识无关,也无任何实践经验。L社会工作组织的工作内容却是司法所承担的社区矫正日常管理工作,实际上就是社区矫正工作全承包。这种模式虽然在一定程度上解决了司法所人手不足的问题,但实际上就是一种有偿的代为"劳务"。如此评价,是因为L社会工作组织其实根本不具备社区矫正工作的能力,原本就是无法从事社区矫正工作的,反而接受委托成为社区矫正对象的监督管理者,违背了社区矫正执行主体的强制性与唯一性,突破了行政权力的界限。这种参与合作模式值得警惕。而且,即使L社会工作组织有矫正工作能力,也不能将参与社区矫正等同于一般意义上的社会活动。在社区矫正工作中有必要强调:社区矫正是一项严肃的刑事执行活动,具有严格的程序性与规范性要求,社会力量的参与是有限的。因此,必须坚持适度、适当引入社会力量参与社区矫正,真正体现社区矫正的严肃性和执法主体的排他性。

(二)社会志愿者参与社区矫正工作的机制需要完善与创新

根据国务院颁布的《志愿服务条例》,社会志愿者是自愿、无偿向社会或者他人提供公益服务的活动者。与社会工作者不同,社会志愿者没有受过专业方面的教育和专门训练,志愿服务一般都是"业余活动",所从事的多是对公众和困难群体的一般性服务。志愿者在不为任何物质报酬的情况下,贡献个人的时间和精力,参与社区矫正,为社区矫正对象顺利融入社会提供服务,减轻了社区矫正工作的负担,创新了社区矫正工作模式,对促进社会稳定具有积极的意义。但从调研的情况来看,青藏地区社会志愿者参与社区矫正的状况不容乐观。

调研20个司法所社区矫正工作,均没有社会志愿者参加。(见表5.11)

表5.11　20个司法所社区矫正对象、社区矫正工作人员及社会志愿者情况

单位:人

社区矫正对象	社区矫正工作人员	社会志愿者
435	37	0

收集的S地区的社区矫正信息显示,社区矫正对象有630人,司法所社区矫正工作人员有233人,参与社区矫正的社会志愿者有50人。(见表5.12)

表 5.12　S 地区社区矫正对象、社区矫正工作人员及社会志愿者情况

单位:人

社区矫正对象	社区矫正工作人员	社会志愿者
630	233	50

N 地区的社区矫正信息中,社区矫正对象有 309 人,司法所社区矫正工作人员有 255 人,无社会志愿者参与社区矫正。(见表 5.13)

表 5.13　N 地区社区矫正对象、社区矫正工作人员及社会志愿者情况

单位:人

社区矫正对象	社区矫正工作人员	社会志愿者
309	255	0

对青藏地区社会志愿者参加社区矫正活动开展针对性的调研,发现存在的突出问题是青藏地区鼓励社会志愿者参与社区矫正工作的条件还需要加强建设。具体体现在以下六个方面。

1. 青藏地区社会志愿者发展规模小、数量少;欠缺富有活力的社会志愿者组织;熟悉民族地区的双语志愿者缺乏。青藏地区社会志愿者的建设机制和服务机制不健全。

2. 社会志愿者组织参加社区矫正的意识尚未形成环境氛围,有社会志愿者只熟悉环境保护、民政福利方面的工作,很多志愿者并不知道社区矫正,也不知道社区矫正需要人们的参与,更不知道如何参与。这表明,既需要提高社区矫正的社会认知度,也需要完善社会志愿者参与社区矫正机制。

3. 鼓励社会志愿者参加社区矫正工作的理念薄弱。绝大多数的社区矫正工作在引导、组织、利用社会志愿者方面的动力明显不够充分。除社会志愿者缺乏外,社区矫正机构对社会志愿者的态度普遍是“需要”,但又持有“来了做不了什么”“我们需要长期参与的志愿者”“时间上不能持续”“来了就是添乱”等较为消极的观点。但普遍对居委会、村委会的参加持有“比较欢迎”的态度。有很多司法行政机关在统计社会志愿者情况时,都将村委会干部列为社会志愿者,认为有村委会的人员参与就是社会志愿者的活动。其实根据《社区矫正法》的规定,村(居)委会应当依法协助社区矫正工作。协助社区矫正是村委会的法定职责。当然,如果是业余时间,村(居)委会人员为社区矫正工作无偿提供志愿服务的除外。

4. 社会志愿者的素养情况不一致,有的法律意识、职务风险意识较弱,专业意识不强,对社区矫正只有好奇心等,导致服务工作意义不大,很多志愿者只是做一些简单的辅助性工作,尤其是大学生志愿者,人生阅历浅,未经过专业培训,志愿服务活动单一。

接受访谈的司法所所长较为典型的观点摘录如下:

> **H 司法所所长:**其实不需要他们,他们来了也干不了什么,我反而还要操心他们做的工作有没有问题,给他们培训规程,还要考虑他们的安全,结果他们干不了多长时间就走了。莫名地给我们增加了麻烦。
>
> **Y 司法所所长:**其实我们的工作人员不够,我们希望有合格的志愿者能参与社区矫正。如果真有热心、不计报酬的志愿者,我们举双手欢迎。他来了最起码能够缓解我们所人员紧张的问题。每个假期有放假回来的我们当地的大学生,到所里进行假期实践,他们来了主要就是在开展公益活动或者培训活动时跑跑腿,也有少数同学陪同工作人员走访社区矫正对象。但志愿者不稳定,有的大学生来了,待个三四天就走了;有的来了,能力不行,对他们也不放心。

5. 社会志愿者队伍的稳定性相对较差,工作的专业性、积极性和责任感难以保证,能长期坚持提供帮助的志愿者很少,加之志愿者提供服务的责任风险、人身安全保障性问题不明确,这些也是影响司法所不吸纳社会志愿者的主要因素。

6. 从考察社区矫正对象的角度来看,需要增强服务对象的服务获得感。调研中,因为有社会志愿者参与社区矫正工作的司法所较少,所以多数社区矫正对象"不知道志愿者";对有志愿者参与的司法所,接受访谈的社区矫正对象的反应也是"不知道"或者"没有印象"。对此,我们认为有必要思考社会志愿者参与社区矫正应该提供什么样的服务?是帮助社区矫正工作机构,还是帮助社区矫正对象,还是都帮助?从调研的情况来看,社会志愿者似乎都是为司法所提供服务,但评价一般。实际上社会志愿者的服务效果整体上不理想。而且,访谈中提问社区矫正对象是否愿意接受志愿者参与对你的社区矫正,回答集中在"不接受"和"无所谓"两种。"不接受"的主要情形是"不愿意让外人知道自己犯过罪"和认为"自己能管好自己,不需要帮助";"无所谓"的主要情形是"没有意见,谁管都行""有没有无所谓"。一定意义上,社区矫正对象的态度其实反映了有必要加强青藏地区对社会志愿者参与社区矫正的意义与价值的认识,而且随着社会治理水平的提高,青藏地区应当重视社会志愿者的发展与建设问题。

另外,调研也发现,青藏地区有些地方的社区矫正工作在社会志愿服务方面予以了重视,努力创造条件,为发挥社会志愿者的积极作用提供平台。具体有三种情形:

一是有些司法所专门从公检法、乡镇、学校退居二线的工作人员、干部、教师中通过动员、组织、聘用,将其中的一部分人吸纳为社会志愿者。

二是积极吸纳公益性岗位的大学生和西部计划志愿者,积极为在校大学生的假期实践活动提供平台。

三是民族地区的司法所创新采用司法和村寺并联的模式共同开展治理工作。社区矫正工作方面,对社区矫正对象的说服教育主要由村寺负责,监督管理由司法所工作人员负责。例如,2017 年,甘南藏族自治州全州设立矫正小组 314 个,以乡镇领导、包村干部、村委会成员、社区矫正对象家属为主,以宗教教职人员、社会知名人士、部落中有威望的老者为补充的社会志愿者队伍,矫正小组成员共计 1800 余人。[1] 这种模式既符合民族地区的实际情况,又满足了社区矫正对象的内在需求,社区矫正对象对司法所的监督管理很容易接纳,极大地提高了积极配合的程度。而且,这种模式在发挥当地民族资源方面,为多元化的社会主体参与社区矫正提供了一种样本,值得青藏地区社区矫正理论开展深入研究。

(三)青藏地区司法服务类社会组织稀缺

在"多元共治"基层社会治理的主要策略下,社会组织已成为基层社会治理的重要力量。但是社会组织参与青藏地区社区矫正工作的特征不是很鲜明,这与青藏地区社会组织的发展进程缓慢密切相关,因此,笔者专门针对青海省和

---

[1] 载中央政法委中国长安网,http://www.chinapeace.gov.cn/chinapeace/c53712/2017-07/25/content_11654377.shtml,最后访问日期:2020 年 8 月 27 日。

西藏自治区的社会组织发展情况开展了了解。资料显示,截至 2017 年年底,青海省共登记社会组织 5684 家,其中社会团体 4036 家、社会服务机构(民办非企业单位)1616 家、基金会 32 家。青海省的社会组织登记数量呈增加趋势,“十三五”期间,青海省年均增加 100 个左右的社会组织。社会组织涉及领域也呈现多种化趋势,为促进青海省的经济社会发展发挥了较强的作用。[1] 截至 2019 年年底,青海省共有 735 人取得社会工作职业资格证书,其中社会工作师 142 人,助理社会工作师 593 人。而近年来,西藏自治区社会组织管理工作也取得明显成效,社会组织规模进一步扩大,社会组织涉及的领域进一步多样化。截至 2019 年 4 月,全区共有在册登记的各类社会组织 594 家,其中社会团体 537 家、基金会 22 家、民办非企业单位 35 家,社会组织涉及经济、文化、旅游、体育、科技、法律、社会服务等多个领域。[2] 但是,青藏地区的社会组织发育程度仍然比较薄弱,不仅组织规模层次较低,而且在组织结构上,大多属于行业协会、商会等,社会服务类的社会组织非常少。至今,青海省和西藏自治区没有一家能够为社区矫正工作提供专业服务的社会组织。其实,整个青藏地区都面临着这样的状况,尤其对于青藏地区而言,司法服务类的社会组织完全是稀缺资源。[3]

(四)居民委员会、村民委员会依法协助、配合社区矫正工作

作为重要的基层社会自治组织,村民委员会与居民委员会对于帮助社区矫正对象顺利融入社会,拥有资源丰富、贴近居民群众的独特优势,因此,《社区矫正法》规定,居民委员会、村民委员会依法协助社区矫正机构做好社区矫正工作。居民委员会、村民委员会可以引导志愿者和社区群众,利用社区资源,采取多种形式,对有特殊困难的社区矫正对象进行必要的教育帮扶。从调研情况来看,青藏地区社区矫正工作的开展成效与居委会、村委会的依法协助工作有着很大的关系。例如,根据 2017 年工作成果统计,甘南州 82.6%的社区矫正对象生活在半农半牧业县,以养殖、放牧为生,甘南州合作市司法局有效利用村(居)

---

〔1〕 廖鸿、吕增辉:《青海省社会组织调研与启示》,载《中国社会组织》2019 年第 5 期。

〔2〕 唐启胜:《我区社会组织规模扩大》,载《西藏日报》2019 年 5 月 3 日,第 2 版。

〔3〕 为培育发展社会组织,青海省和西藏自治区出台了相关规范性文件,例如,《青海省关于大力培育发展社区社会组织的实施意见》《西藏自治区异地商会登记管理暂行办法》(参见唐启胜:《我区社会组织规模扩大》,载《西藏日报》2019 年 5 月 3 日,第 2 版)等,期盼状况能够有所改变。

委会、妇委会、调委会等组织贴近社区矫正对象生活的优势，协助司法所了解社区矫正对象工作、生活、社会交往等情况，督促监护人、保证人履行职责，发现脱管、漏管、违法违纪等现象及时报告，确保社区矫正对象遵守社区矫正相关规定，帮助社区矫正对象尽快融入和回归社会。[1] 笔者在调研中了解到，居委会与村委会在社区矫正工作中主要是协助、配合社区矫正机构和司法所开展工作，例如，协助、配合了解和掌握社区矫正对象的活动情况；协助督促社区矫正对象到司法所报到；协助、配合社区矫正机构或司法所查找社区矫正对象；协助开展教育帮扶、提供必要的便利和帮助；调解社区矫正对象与他人之间的矛盾纠纷；等等。但是，居委会、村委会协助配合社区矫正工作也存在一些问题，例如，居委会、村委会的工作庞杂，环境卫生、就业、医保、民政、综治、维稳等工作都需要积极参加，还有上级部门交办的其他任务，工作人员少、工作繁杂，加之人员素质能力参差不齐，有时出现自顾不暇的状况，有的就难以保证以认真的态度协助配合社区矫正工作。

综上所述，青藏地区社区矫正工作队伍存在人少、力量薄弱、专业结构不够合理、缺乏相关专业知识、工作专注力不够、难以适应繁杂矫正工作等方面的问题。虽然《社区矫正法》规定，由社区矫正机构负责具体实施社区矫正工作，但据了解，青藏地区基层社区矫正机构普遍存在着与司法所相同的人少、专业化程度低的问题，要完成《社区矫正法实施办法》第 9 条第 1 款规定的 10 项职责也是存在非常大的困难，如果委托司法所承担日常管理工作，司法所不改变现状，问题将一直会存在。

第二节 社区矫正对象

一、社区矫正对象的基本情况

（一）被宣告缓刑实行社区矫正的对象比重最大

接受调研的 20 个司法所在册社区矫正对象 435 人，宣告缓刑的 416 人，占

---

〔1〕 载中央政法委中国长安网，http://www.chinapeace.gov.cn/chinapeace/c53712/2017-07/25/content_11654377.shtml，最后访问日期：2020 年 8 月 27 日。

总数的95.6%;裁定假释的3人,占总数的0.7%;暂予监外执行的16人,占总数的3.7%。

根据收集到的调研对象资料信息,L地区在册社区矫正对象171人,宣告缓刑的162人,占总数的94.7%;暂予监外执行的9人,占总数的5.3%。

J地区在册社区矫正对象共1472人,其中,宣告缓刑的1404人,占总数的95.4%;判决管制的8人,占总数的0.5%;裁定假释的13人,占总数的0.9%;暂予监外执行的47人,占总数的3.2%。

Z地区在册社区矫正对象共324人,其中,宣告缓刑的302人,占总数的93.2%;判决管制的6人,占总数的1.9%;裁定假释的10人,占总数的3.0%;暂予监外执行的6人,占总数的1.9%。(见表5.14)

表5.14 社区矫正对象的情况

单位:人

调研对象	社区矫正对象	缓刑	管制	假释	暂予监外执行
20个司法所	435	416	0	3	16
L地区	171	162	0	0	9
J地区	1472	1404	8	13	47
Z地区	324	302	6	10	6

(二)社区矫正对象的年龄结构主要集中于中青年年龄段

接受调研的20个司法所在册社区矫正对象435人,无未成年社区矫正对象。18—45周岁的321人,占总数的73.8%;46—60周岁的107人,占总数的24.6%;61周岁以上的7人,占总数的1.6%。

L地区在册社区矫正对象171人,其中未成年社区矫正对象1人,占总数的0.6%;18—45周岁的126人,占总数的73.7%;46—60周岁的38人,占总数的22.2%;61周岁以上的6人,占总数的3.5%;

J地区在册社区矫正对象共1472人,其中,未成年社区矫正对象29人,占总数的2.0%,18—45周岁的1047人,占总数的71.1%;46—60周岁的364人,占总数的24.7%;61周岁以上的32人,占总数的2.2%。(见表5.15)

表 5.15　社区矫正对象的年龄结构情况

单位:人

调研对象	社区矫正对象	不满 18 周岁	18—45 周岁	46—60 周岁	61 周岁以上
20 个司法所	435	0	321	107	7
L 地区	171	1	126	38	6
J 地区	1472	29	1047	364	32

(三)社区矫正对象文化程度普遍较低

接受调研的 20 个司法所在册社区矫正对象 435 人,初中及以下文化程度的 291 人,占总数的 66.9%;高中及以上文化程度的 144 人,占总数的 33.1%。

J 地区在册社区矫正对象共 1472 人,初中及以下文化程度的 989 人,占总数的 67.2%;高中及以上文化程度的 483 人,占总数的 32.8%。

G 地区在册社区矫正对象共 309 人,初中及以下文化程度的 251 人,占总数的 81.2%;高中及以上文化程度的 58 人,占总数的 18.8%。

B 地区在册社区矫正对象共 630 人,初中及以下文化程度的 576 人,占总数的 91.4%;高中及以上文化程度的 54 人,占总数的 8.6%。(见表 5.16)

表 5.16　社区矫正对象的文化程度情况

单位:人

调研对象	社区矫正对象	文化程度	
		初中以下	高中及以上
20 个司法所	435	291	144
J 地区	1472	989	483
G 地区	309	251	58
B 地区	630	576	54

(四)社区矫正对象无业人数比例较大

接受调研的 20 个司法所在册社区矫正对象 435 人,340 人无业,占总数的 78.2%;G 地区在册社区矫正对象共 309 人,274 人无业,占总数的 88.6%;J 地区在册社区矫正对象共1472人,389人无业,占总数的26.4%;B地区在册社区矫正对象共630人,573人无业,占总数的90.9%。(见表5.17)

表5.17 社区矫正对象的无业人数情况

调研对象	社区矫正对象(人)	无业[①](人)	百分比(%)
20个司法所	435	340	78.2
G地区	309	274	88.6
J地区	1472	389	26.4
B地区	630	573	90.9

①无业人员以农村户籍的人员为多。

(五)社区矫正对象的犯罪类型多,涉及领域较广

调研信息显示,青藏地区社区矫正对象犯罪类型涉及领域较广,以侵犯财产罪、侵犯人身权利罪占比较多。接受调研的20个司法所,在册社区矫正对象435人,其中侵犯公民人身权利罪的人数为212人,占总数的48.7%,侵犯财产罪的人数为160人,占总数的36.8%。L地区在册社区矫正对象171人,犯罪类型以侵犯公民人身权利罪的占比最高,为34.5%;其次为危害国家安全罪,占总数的19.3%。J地区在册社区矫正对象共1472人,其中,侵犯公民人身权利罪的人数为495人,占总数的33.6%,占比最大;危害公共安全罪的人数为355人,占总数的24.1%;侵犯财产罪的人数为218人,占总数的14.8%(见表5.18)。

表5.18 社区矫正对象的犯罪类型情况

单位:人

调研对象	社区矫正对象	犯罪类型								
		危害国家安全罪	危害公共安全罪	破坏社会主义市场经济秩序罪	侵犯公民人身权利罪	侵犯财产罪	妨害社会管理秩序罪	危害国防利益罪	贪污贿赂罪	渎职罪
20个司法所	435	0	12	8	212	160	41	0	2	0

续表

调研对象	社区矫正对象	犯罪类型								
		危害国家安全罪	危害公共安全罪	破坏社会主义市场经济秩序罪	侵犯公民人身权利罪	侵犯财产罪	妨害社会管理秩序罪	危害国防利益罪	贪污贿赂罪	渎职罪
L 地区	171	1	33	32	59	19	24	0	3	0
J 地区	1472	0	355	163	495	218	182	0	58	1

(六)社区矫正对象农村户籍较多

G 地区在册社区矫正对象共 309 人,农村户籍的 262 人,占总数的 84.8%;城镇户籍的 47 人,占总数的 15.2%。B 地区在册社区矫正对象共 630 人,农村户籍的 545 人,占总数的 86.5%;城镇户籍的 85 人,占总数的 13.5%。

(七)民族地区的社区矫正对象,少数民族占比大

G 地区在册社区矫正对象共 309 人,少数民族 271 人,占总数的 87.7%;B 地区在册社区矫正对象共 630 人,少数民族 521 人,占总数的 82.7%。

另外,青藏地区社区矫正对象以男性为主,女性社区矫正对象人数总体上占比不超过 12%。总体上,从调研的情况来看,一是社区矫正对象在同一区域司法所之间呈现分布不平衡状况,主要表现在有的"一人所"只需要管理矫正几个甚至 1 个社区矫正对象,有的"一人所"却要管理矫正几十个甚至上百个社区矫正对象,致使工作成效参差不齐;有的司法所的日常监管和预防重新犯罪的压力极大,在承担 10 项基本职能的情况下,要完成繁重的社区矫正任务,难免有顾此失彼的情况。二是青藏地区各地方社区矫正对象的数量呈动态趋势。调研期间,有的地方呈增长趋势,有的地方社区矫正对象的数量呈小幅下降趋势,当地司法行政部门从适用社区矫正的角度解释说明,原因是解矫人数不断增加,新接收人数略有下降。三是在具体的分类管理工作中,社区矫正对象大多数属于普管类,但严管类的也不在少数。尤其是节假日之后外出务工,或者青藏地区的虫草采挖期等时间点,社区矫正对象严重违反请假制度的较多,被

警告人数就会增加，警告是管理过程中使用频率最高的措施。同时，对不服从监管、违反社区矫正监管规定的社区矫正对象，社区矫正工作人员会及时通过各项惩戒手段予以惩处，表现为撤销缓刑、撤销暂予监外执行，依法收监，充分彰显社区矫正的严肃性和威慑力。

二、社区矫正对象不配合社区矫正因素考察

调研期间，Y 地区相关司法所发生了一个月内 6 名社区矫正对象重新违法犯罪的问题。经分析原因，既有司法所日常监督管理措施不到位、管理不严格、工作不规范等原因，也有社区矫正工作人员力量薄弱、工作力量有限等客观原因。调研认为，社区矫正对象不遵守矫正规则，甚至破坏法律规则现象的存在，其原因并非只是这么简单，从社区矫正的社会性分析，社区矫正对象处于非监禁状态，而且促使其作出行为选择的因素应该是多方面、综合性的。鉴于社区矫正对象的重新违法犯罪对司法所的工作有着深刻影响，调研组就社区矫正对象为什么会有不配合社区矫正工作的现象作为一项专门的问题展开了相关分析。同时，对调研过程中注意到的两个方面的问题，首先作一说明。

第一个方面，在社区矫正的全部活动和过程中，社区矫正对象始终处于本体地位。由于态度决定行为和表现，社区矫正对象的态度实际牵制着社区矫正的整个运行过程。

例如，调研访谈中接触到的司法所所长几乎都认为社区矫正工作最大的压力源于社区矫正对象的脱管与重新犯罪。其中有所长说："我每天都提心吊胆的，就怕他们（社区矫正对象）又犯罪。""（社区矫正对象）有的比较配合我们的工作，但有的脾气不好，有的有很多坏习惯，特别担心（社区矫正对象）出事（脱管或犯罪）。"

关于社区矫正对象的态度对社区矫正工作开展的重要性，我们也可以从我国设置的社区矫正的目标来认识。根据《社区矫正法》规定，实施社区矫正的目标在于促进社区矫正对象顺利融入社会，预防和减少犯罪。但仔细琢磨，这一过程实际是独木难支的。暂且不论社区矫正对象能否顺利融入社会本身具有一定的难以预测性，因为社区矫正对象不守法甚至又犯罪的因素是多层面、多元化的，假设矫正的投入与社区矫正对象成为守法公民之间有必然的因果关系，我们实际也面临着一个难题：如果只有司法所工作人员的努力与热情，没有

社区矫正对象的真诚配合(固然影响“真诚配合”的因素很复杂,本书将作出分析,此处不过表明社区矫正对象的态度),那么将社区矫正对象矫正成为守法公民的目标就很难实现,以致影响社区矫正的意义和价值在社会中的积极体现。例如,一社区矫正对象酒性不好,酒后非常固执,而且有暴力行为。司法所采取专门矫正方案,有针对性地经常和他交流沟通,听他倾诉,探索他的心理压力,耐心地告诉他醉酒的危害,劝说他不要喝太多酒,提醒他有酒后失态行为而且具有很大的危险性。同时与他的妻子沟通,建议家人用关心和爱去慢慢感动融化他、鼓励他并给予信任。然而在有朋友来访的一晚,因为妻子劝他少喝,他就将妻子打成重伤。周围的人,包括他的父母,都认为如果将他关进监狱,就不会发生这一切。司法所社区矫正工作者的积极性受到很大影响。虽然这是个案,但特殊性中必然带有普遍性。在访谈中,听到了很多有关社区矫正对象态度不良的表现。选择摘录如下:

> 通知他(社区矫正对象)来参加学习,通知了两次都没来,然后告知他扣分情形。他来了,带着一把菜刀“砰”地放到我的桌子上,指着我的鼻子一个劲儿地喊“你要干什么、你要干什么”,非常嚣张。
>
> 有一个社区矫正对象竟然威胁我们,他说:“我不来报到,你们就不要再打我电话。逼急了,我就消失。”
>
> 我们有定期家访,他(社区矫正对象)不愿意我们去,怕别人知道他犯罪的事儿。但他又不按规定及时报到,而且撒谎编理由请假,又不按时销假。
>
> 有个别社区矫正对象两面性很强,说一套做一套。谈话教育时信誓旦旦地保证会遵守纪律,可是行为却一再违规。

显然,将社区矫正对象矫正成为守法公民,社区矫正工作需要强调社区矫正对象对其自身矫正的参与和责任。社区矫正对象的态度实际是社区矫正过程中的核心问题。

在司法所的实际工作中,社区矫正对象的态度被道德化地评价为好与不好。通过访谈得知,“好”的标准就是守规则,“不好”的标准就是有不守规则的现象。而“守规则”的判断依据就是社区矫正对象配合社区矫正。对“配合社区矫正”的理解，按照司法所工作人员的解释，就是配合社区矫正工作的社区矫正对象一般具有自己矫正自己的意识和责任；反之，对社区矫正对象“不守规则”的评价依据就是具有不配合社区矫正的行为表现，一般认为他们缺乏自己矫正自己的意识和责任。诸如访谈时，多数司法所工作人员强调社区矫正对象自身因素的重要性。他们说：

> 配合与不配合的关键都在于社区矫正对象自己。
>
> 自己想配合，不管别人怎么影响，他都会配合；如果自己不想配合，不管怎么做，他都会抵制。
>
> 有的社区矫正对象骨子里就不配合。

第二个方面，从我国现有规则来看，社区矫正机构对社区矫正对象在接收时和接收后都有针对社区矫正对象态度的考量规定。在接收时，社区矫正对象是否按规定时间准时报到，是否按要求领取《社区矫正对象须知》并认真填写有关登记表，是否愿意签订《社区矫正监督协议书》和《社区矫正志愿者帮教协议书》，是否认真地积极接受司法所工作人员开展的初次谈话教育。接收后，社区矫正对象是否遵守法律、法规，服从监督管理，是否参加学习、教育和公益劳动，是否定期报告自己的思想、活动情况，是否遵守社区矫正监督管理规定，是否接受有针对性的监管、教育和帮助措施等。按照现有规定，社区矫正对象态度表现不良者，可视情节给予警告、治安管理处罚、撤销缓刑、撤销假释、收监执行。

调研初期，我们从理论上假设社区矫正对象违反规则的原因可能包括对社区矫正规则的不了解，但与随机抽取的有违规行为的社区矫正对象访谈时，问及是否了解规则？所有的回答都是“知道”；问对规则的内容是否明白？所有的回答都是“明白”，有的还补充告诉我们学习过。在针对社区矫正监督管理措施方面，绝大多数表示“能够接受”，只有少数部分选择“不能接受”。那么，能接受规则但又不去遵守规则是部分社区矫正对象不配合社区矫正的一个典型行为表现。而且在调研过程中，我们发现，有些配合社区矫正、遵守规则的社区矫正对象，其实并非出于对规则的敬畏与尊重，而有些不配合社区矫正工作、不遵守规则的社区矫正对象，也不是因为根本不把规则放在眼里、刻意破坏规则。因此，调研工作的关心点就集中在什么因素影响着社区矫正对象对待社区矫正的态度？为什么社区矫正对象会不配合社区矫正工作？当然，理论与实务也有观点对这一现象进行了分析解释，但更多的是停留在监管层面，认为制度不完善是造成社区矫正对象不配合社区矫正工作的根本原因。调研分析过程则试图从法律社会学的角度对这一问题作一考察。

法律社会学的一个基本点就在于法律制度设置的目标不一定能够实现，制度运行过程实际要比通常我们所想象的情况更为复杂。因此，我们应该认识到社区矫正机制并非只是简单地进行考核、奖励与惩罚，那种法律的机会主义与简单的法律工具主义都非常危险。我们有必要在矫正实务中去考察某些社区矫正对象为什么不遵守社区矫正的规则？从这个角度考察有着一定的实际意义。我们认识到，社区矫正对象自身存在的问题确实是影响他们社区矫正态度的一个重要的因素，但这个因素本身尚不足以解释有些社区矫正对象为什么不遵守法律规则的现象，我们不能忽略的问题是，司法所工作人员、社区矫正对象的亲属以及社区居民和其他社会相关者如果因为自身利益的纠缠，参与社区矫正过程表现消极，那么对于社区矫正对象的矫正态度，无疑会产生重大影响，调研组将此种影响称为“外界因素”，[1]对此应该予以足够的重视。所谓“自身利益的纠缠”，我们了解到在社区矫正过程中，不仅社区矫正对象有期待利益，比如获得自由、找到一份工作、让别人不要知道他犯的事儿、自己要变得踏实努力、希望获得帮助等；而且司法所工作人员、社区矫正对象的亲属以及社区居民和其他社会相关者其实也都有相关利益期待，比如司法所工作人员希望维护他们在矫正中的权威，有的亲属不想看见社区矫正对象，有些社区居民希望对社区矫正对象实行监管教育，有些用人单位希望员工是无前科身份的人等。为实现期待的利益，他们中有的人甚至不在乎规则制度的要求，或者对规则制度半信半疑，或者根本就没有规则意识，他们的表现会不同程度地影响到社区矫正对象的态度，以致影响社区矫正工作的有效开展。因此，如何提高这些人给予社区矫正对象帮助的积极性意识和这些人对自身行为的规范性意识，并使他们愿意付诸矫正实践是社区矫正有效开展的重要命题。我们有必要认真考察司法所工作人员、社区矫正对象的亲属、社区居民以及其他社会相关者在社区矫正过程中的行动意义。当然，考察社区矫正对象不配合社区矫正工作的因素，

---

[1] 其实这些因素，原本应该是关心、帮助和支持社区矫正对象顺利融入社会的“社会支持因素”。

会让我们深刻认识到形成社区矫正对象参与对自己的矫正机制与自己负有矫正自己的责任体系,的确是当下社区矫正工作开展的迫切要求(关于此问题,本课题提出了社区矫正对象的自治机制)。对此问题将从以下两个因素展开分析:社区矫正对象的自主因素与社区矫正中的外界因素。

(一)社区矫正对象不配合社区矫正的自主因素

在《现代汉语词典》中,“自主”一词意指“自己做主”[1],换言之,就是不受别人支配。

对接受访谈的社区矫正对象先后开展调研时,问及“你认为自己的身份是什么?”选择“在社区矫正的罪犯”的占92%,选择“普通社会人”的占8%;问及“你认为不遵守社区矫正规则的行为对吗?”选择“不对”的占84%,选择“要看情况”的占16%,没有人选择“对”。

对13名有违反社区矫正规则行为的成年社区矫正对象专门访谈时,问及“为什么会不遵守规则?”选择“不应该约束我”和“想遵守,但没控制住自己”的占62%,选择“不知道”的占15%,选择“愿意遵守,不遵守是有合理原因的”占15%;问及“你是否担心因为你的行为违法被收监?”选择“担心”的占85%,选择“不担心”的占15%。

可见,虽然大多数社区矫正对象能够遵守规则,对自己的身份有着清醒的认识,但社区矫正对象中仍然存在对规则不遵守、对自己的身份认知有偏差、爱冲动、自控力差的个性特征和行为习惯。而且,访谈中,有些社区矫正对象对于自己的违规行为总是寻找借口来证明是合理的,习惯把自己从违规者描述成为受害者,以此寻求同情与宽恕。当然,其中不乏真实客观理由的存在,笔者也无意于反对社区矫正对象对自己不配合社区矫正的行为作出合理解释,只是认为应该警惕并及时捕捉这种轻视社区矫正机构监管能力的心理活动的轨迹。因为按照罪错归因论,社区矫正对象一旦执着于“违规行为合理化”的信念,就会形成较为稳定的影响、支配其违规行为的心理结构,他在矫正过程中将很难真正地悔罪改过。显然,这些因素对社区矫正对象接受矫正的态度有着内在影响。

---

[1] 中国社会科学院语言研究所词典编辑室编:《现代汉语词典》(第7版),商务印书馆2018年版,第1670页。

另外，我们也需要注意到“人心不同，各如其面”，人和人在性格、气质、兴趣、意志、性别、年龄诸方面存在一定的客观差异性，这就在很大程度上影响甚至决定了每个人对现实的态度以及行为方式的选择，这也是为什么有的社区矫正对象选择违反社区矫正规范、不配合社区矫正工作的主体性原因。

而且，按照自我决定论，社区矫正对象进入社区，接受社区矫正时，应当实现两个基本的要求：一是激活自己自觉遵法守法的行为驱动力，将社区矫正的顺利与有效作为自己追求的目标。二是要有坚定乐观的情绪状态。因为社区矫正对象在矫正过程中，既会体验到顺利的喜悦，也会遭遇挫折的痛苦，但乐观坚强的情绪状态会坚定其遵法守法的信念，从而表现为自律、坚忍、自信、自强。在调研访谈中，我们注意到社区矫正对象对待定罪量刑的态度在一定程度上影响着他们对社区矫正的态度。例如，在问及“你的行为违法了，所以应该认识到尊重法遵守法的重要性了吧？”大多数接受访谈的社区矫正对象都认为已经认识到了，也非常后悔。但有个别者表达了不同意见：“这要看情况”“你说，如果你被判错了、判重了怎么办？”调研组在解释了国家相关法律程序后，他点头说“知道”，但又不停地抱怨与指责司法过程，认为自己不遵守规则是有原因的。另有社区矫正对象也认为：“我觉得我现在应该是自由的。”当问其是不是认为现在想做什么就能做什么，他回答：“不是，规则还是要遵守的，但如果法院判决有问题，我还需要遵守吗？”他认为他只是帮朋友一个忙，顺路将朋友送到偷窃地，他不仅无从获利，而且还有自首情节，不明白为什么要判罪，判得这么重。自己感到很委屈，总觉得自己是冤枉的，社会对自己不公平。司法所工作人员也证实：“有些社区矫正对象对自己的犯罪行为认识不够深刻，常常使接下来的矫正工作很难进行。你说什么，他都会认为你对他也不公平。”“他深陷在他认为的那个想法里。你听他的原因，都不是从法律的角度进行分析。”因此，社区矫正工作在制作矫正方案时，应当注意社区矫正对象对待定罪量刑的态度。

另外，了解社区矫正对象的法律意识，社区矫正对象普遍属于“法盲犯罪”。大多数社区矫正对象对相关法律确实不知晓，认为自己是“稀里糊涂地犯了法”。但有很多社区矫正对象却习惯以自我为中心，对自己的犯罪行为缺乏正确认识。有的社区矫正对象认为自己只是“点儿背”，不小心被抓住了；有的还对自己能不被关到监狱里沾沾自喜，认为犯罪了也没什么了不起；有的社区矫正对象对自己在矫正中的违规失范行为抱有严重的侥幸心理，自律意识非常薄弱。诸如，王某因犯诈骗罪被判处有期徒刑 3 年，缓刑 4 年，接受社区矫正。但在不到 1 年的时间内，王某因醉驾以危险驾驶罪被撤销缓刑，收监执行有期徒刑 3 年。刘某因犯敲诈勒索罪被判处有期徒刑 3 年，缓刑 5 年，接受社区矫正。但在社区矫正期间，他又犯了交通肇事罪。所以，尽管有的社区矫正对象在社区矫正期间能够按时参加月学习和社区公益劳动，能够做到每周电话汇报、每月思想汇报，能够遵守请销假制度，但如果他们的法律意识淡薄，自律意识差，存在侥幸心理，导致重新犯罪的可能性仍然较大。

也有的社区矫正对象愧疚心理鲜明，始终感觉对不起家人。访谈中有一位教师对自己的交通肇事犯罪行为一直彻夜不安，他说怎么也想不通自己为什么会这样，他觉得在学校、在家里他都抬不起头，情绪极为悲观，做任何行为都深存顾虑；也有社区矫正对象的人生观、价值观消极低落，觉得做什么都没有意义，活一天算一天，对社区矫正工作的要求也是能应付就应付，表现被动。

如果说自主因素的分析解释了社区矫正对象不配合社区矫正工作的原因之一在于社区矫正对象自身，那么结合上述，我们认为社区矫正工作需要注意社区矫正对象的以下三种情况：一是社区矫正对象的生理因素，包括年龄、性别、神经类型和有无异常的生物学因素，例如是否吸毒成瘾者、酒精中毒者、有无精神障碍等。二是社区矫正对象的心理因素，包括需要、动机、兴趣、理想、信念，世界观、人生观，以及人格意义上对社会现实的态度所反映出来的个性特征、意志特征、情绪特征、理智特征及其道德观与法治观等。例如，社区矫正对象是否对自己的犯罪行为有正确认识；法律意识、思想道德水平如何；是否有健康向上的情绪、情感状况等。帮助社区矫正对象树立正确的人生观、价值观以及健康的社会适应能力是社区矫正工作的重要目标。三是社区矫正对象的行为习惯因素。调研中，有违规社区矫正对象无奈地告诉我们，他不习惯于早起，每天起床时间在中午，所以不能按时报到，他改不了这个习惯。有社区矫正对象直言吃不了苦，对矫正工作者给他找的餐厅服务工作不习惯。俗话说：“行为培养习惯，习惯养成性格，性格决定命运。”良好的行为习惯有助于个人的发展，不良的行为习惯可导致行为偏差。针对特定社区矫正对象的不良行为习惯，通过专业方法制定并实施具体的矫正方案，是社区矫正工作中的重要内容。

(二)社区矫正对象不配合社区矫正的外界因素

基于刑罚学的视野,社区矫正制度的确立与实施是尊重人性的选择,人们已经意识到“将一个人置于监狱加以训练,以期能适应民主社会生活,此事犹如将人送上月球,以学习适应地球生活方式般之荒谬”[1]。违法犯罪是个人与环境相互作用的结果,因此“确信社会改良在预防犯罪浪潮方面比刑法典更有效”,“树立人们的自尊和培养兴趣比威慑和限制所取得的收效还要大”[2]。但在实际生活中,这种认识并不普遍。调研发现,对于社区矫正对象的违规行为,人们不是首先分析违规行为发生的环境、社会、制度等因素,相反,很多人的本能反应是指责违规的社区矫正对象,要求对其予以惩罚。严惩不贷的威慑成为对社区矫正对象违规行为的主要控制手段。然而,这种做法往往只能打消社区矫正对象逃避法律制裁的侥幸心理,却忽略了社区矫正对象在矫正期间很容易受到环境各类因素的不良影响,此处的“不良影响”,意指对社区矫正对象的违规行为产生刺激、诱发、推动、帮助作用的环境因素,调研分析将其称为“外界因素”。调研访谈也表明,社区矫正对象所处环境中确实存在对其社区矫正产生不良影响的因素,诸如社区矫正对象的监护人和家庭成员的反应、社区矫正工作人员的职务行为、社会工作状况、社区民众反应、社区矫正制度的不完善、社会生活传统习惯等均有可能成为推动、刺激社区矫正对象不配合社区矫正的因素之源,值得关注。

调研认为,只有最大限度地减少外界环境对社区矫正对象不配合社区矫正的诱发、推动因素,并通过对社区矫正对象自身不良因素的遏制与矫正,才能形成防治社区矫正对象违法犯罪的综合作用力,最终实现有效矫正。以下分析存在的外界因素:

1. 社区矫正对象的亲情因素

首先简要描述一下访谈调研中获得的两个简单的案例。案例的启示也许胜过一般性的论证。

---

[1] 张平吾编:《犯罪学与刑事政策》,台湾桃园警察大学 1999 年版,第 727 页。

[2] [意]菲利:《犯罪社会学》,郭建安译,中国人民公安大学出版社 1990 年版,第 93、80 页。

案例一：

社区矫正对象H某(男,16岁),年幼时父母离异,他跟着母亲生活,母亲一直在打零工。H某认为自打记事起,母亲就脾气暴躁,从未开心过。母亲平时对他动辄打骂,要么不管不问。到初中,他根本没有心思读书,认识了一些“朋友”。H某认为这些朋友对他特别好,所以就不去上学了,整日也不回家。因为没钱了,他们就一起在学校附近抢劫学生。开庭审理时,母亲来了哭得很厉害,他也哭了。可是,进入社区矫正后,母亲对他总是厉声呵斥,骂他不应该来到这个世界上,有时他忍不住顶嘴,母亲就会像疯了一样扑过来打他。于是,他又一次选择离家出走。司法所工作人员将其寻找回来。

案例一中,H某的成长过程让人心酸,没有父爱,也没有母亲对孩子的呵护与关爱,H某对爱的需求没有得到回应,致使不良的社会交往导致其行为失范。犯罪学的研究结论之一表明,未成年人犯罪绝大多数就是由这个未成年人身边的成年人造成的。大量的实务案例证明,在童年、少年的成长过程中缺乏家庭呵护、关爱、亲情、温暖,生活经历无助、坎坷的,很多都畸形成长为冷酷、狠毒、残忍的犯罪人。而且未成年人在生理、心理尚未成熟的情况下第一次犯罪(偶犯)后,很容易成为累犯、惯犯和成年犯。因此,对未成年社区矫正对象(尤其是第一次犯罪的)如何开展矫正工作,如何使未成年人能够改过自新、重新回归社会,避免犯罪的恶性循环,成为困扰社区矫正工作的一项课题。其中,不可否认的是认识、干预、解决未成年社区矫正对象家庭环境中存在的生而不养、养而不教、教而不当的问题,为未成年人创造和谐的家庭环境是一项重要的工作。

案例二：

社区矫正对象N某(女,38岁),利用职务之便私自侵吞单位公款,被法院以职务侵占罪判处拘役6个月,缓刑6个月。N某已结婚,孩子3岁,夫妻感情稳定。自案发之日到N某进入社区矫正阶段,N某的丈夫一直在默默地鼓励她,N某也诚恳地向主管司法所社区矫正工作人员表示一定要积极努力地重新回归社会,报答家人。可是,在无任何前兆的情况下,N某的丈夫提出了离婚,而且要求孩子的抚养权归自己。理由就是为了孩子好。突如其来的打击,让N某心灰意冷,她恨自己毁了自己的幸福,年迈的父母因她蒙羞,她对不起可爱的孩子,认为全世界的人都在耻笑她,所以N某将自己完全封闭起来,不与人沟通,不愿参加任何活动。主管司法所上报司法局后,司法局本着“利用社会力量解决问题”原则,召开了专门会议。会议认为,N某的现状会使其再社会化过程受挫,长此以往将会产生严重的心理问题。会议决定,运用亲情教育打开她的心扉,让N某深爱的父母合理、有效地参与到对N某的矫正过程中,并由法律职业者积极帮助N某处理离婚问题,以综合措施矫正N某不合理的思维方式和不良的行为模式,使其正视现实,开始新生活。

案例一和案例二都反映了亲情因素在社区矫正中的重要性。“亲情”,是人们(这里指社区矫正对象)与其直系亲属或配偶以及关系亲密、感情深厚的人之间的情义、感情。其中,家庭亲情与人们的生活关系最为密切与直接。绝大多数接受访谈的社区矫正对象认为亲情对自己来说是最重要的。未成年社区矫正对象在描述他们希望的家庭状况时,几乎所有的未成年社区矫正对象表达的都是诸如“当遇到问题时,我们能够互相依靠,共渡难关”“我的家非常温馨”“我的家是和睦的”这类美好的语句。

已有研究发现,家庭环境能够显著影响一个人的成长与发展,家庭环境的各个方面,如父母关系、亲子关系、父母的教养方式、支持态度、家庭的社会经济地位、家庭结构、家庭功能都对个人能否表现出积极的社会适应状况发挥了非常重要的作用。而结合中国传统的生活文化习惯,中国人更看重“家”的因素,深信“金窝银窝不如自己的草窝”,诚如梁漱溟先生概括所言,中国是伦理本位的社会,在中国式的家中,“外则相和答,内则相体念,心理共鸣,神形相依以为慰……由是而家庭与宗族在中国人生上占极重要位置”[1]。许烺光先生也论证:“对中国人来说,家庭和家庭最宽泛的直接扩大,即宗族,是他人生领域的起点和终点。在这个亲族集团中,他能够得到所有他与同伴的关系方面有价值的东西:社交、安全和地位。”[2]

---

〔1〕 高丙中:《民间文化与公民社会:中国现代历程的文化研究》,北京大学出版社2008年版,第28页。
〔2〕 [美]许烺光:《宗族·种姓·俱乐部》,薛刚译,华夏出版社1990年版,第243页。

对于社区矫正对象而言，他们进入社区矫正后都会面临很多的问题，内心通常有着很大的压力，愧疚、害怕、痛苦、灰心、失望等，来自家庭的物质上和精神上的关心与爱护、帮助与支持往往比法律规则的约束力更大，对增强社区矫正对象的归属感有着积极的意义。

但在调研访谈过程中，我们深刻体会到，中国传统文化中的家本位思想在我们的现代生活中依然有着很深的烙印，典型的表现就是权力高度集中，不允许有任何反抗意愿的传统家长观念，权威家庭教育方式，这就在某种程度上造成了社区矫正对象的反抗、冷漠、夜不归宿、仇视社会直到最后犯罪。所以，如果社区矫正对象的不良矫正效果与其家庭情感因素的不良影响有关，未成年社区矫正对象的不配合矫正问题与其父母监护职责的失职相关，那么，让家庭参与到社区矫正工作中来，更加具有针对性，更加符合情、理和法的统一，也更加有利于矫正效果的积极性。因此，社区矫正工作的开展应当构建家庭责任机制，一方面符合社区矫正本身具有的社会性意义。社区矫正工作并非社区矫正对象自作自受的报应，亲情间的相互关怀是社区矫正对象的内在需求之一，强调家庭在社区矫正过程中存在关心、爱护、教育、矫正、观护、预防等方面的功能，有利于保证社区矫正对象的再社会化成功。另一方面，这也是对社区矫正工作人员基本素质的要求。社区矫正工作人员具备对家庭因素的敏感性和知识性，能够主动关注社区矫正对象的家庭结构和家庭作用，能够较为专业地分析社区矫正对象的问题是否由其家庭导致，并能够及时采取矫正措施。如此，将会对社区矫正工作的开展产生重要的意义。

2. 社区矫正职能行为因素

这一因素主要是分析社区矫正工作人员的工作行为与社区矫正对象不配合矫正现象之间有无因果关系。调研之前，我们理论假设二者之间存在一定的关系。因为，当前我国专职社区矫正工作的司法所工作人员普遍存在人员不足、队伍不稳定、工作杂、责任大、待遇不高、矫正专业素养总体不高、矫正工作积极性不高的问题，而且随着社区矫正工作的开展，社区矫正领域逐渐成为我国职务犯罪案件的易发环节。

调研组采用访谈方式，将有违规行为的社区矫正对象作为受访者，考察他们对司法所工作人员的矫正工作行为有什么样的主观评价。一般意义上，司法行政机关对于司法所工作人员的社区矫正业务能力有专门的评价机制，但是由社区矫正对象对司法所工作人员的社区矫正业务水平进行评价，在调研地尚未开展,在青藏地区也未查阅到公开报道。我们认为,社区矫正对象对司法所工作人员的社区矫正能力是有切身体会的,他们对司法所工作人员的评价和理由,虽然不能保证客观真实性,但对司法行政机关组织开展社区矫正工作具有一定的参考价值。因为篇幅问题,就这项因素分析两个方面。

首先,17名受访社区矫正对象从整体上对司法所工作人员的社区矫正工作水平进行评价,从"较高""较低""一般"三个选项中进行选择。有64.7%的受访对象选择"一般",23.5%的受访对象选择"较高",11.8%的受访对象选择"较低"。在解释说明中,我们发现他们选择的根据主要集中在司法所工作人员的态度方面。选择"较低"的受访对象认为,司法所工作人员的态度不尊重人、爱骂脏话、举止不文明、不实事求是、没有人情味;选择"一般"的受访对象认为,司法所工作人员工作简单机械、敷衍了事、不上心、表现一般、法律文化素质一般;选择"较高"的受访对象认为,司法所工作人员的谈话能谈到心里去、跟自己家里人一样、有耐心、非常了解人、素质较高、懂得多、敬业尽职、能严格公正。需要指出的是,认为司法所工作人员工作水平"一般""较低"并不意味着社区矫正效果差,而且其中有社区矫正对象因为请假没有被批准,就认为工作人员没有人情味儿。所以,对此选择结果应该持客观辩证的态度,但也不能忽视可能存在个中反映出来的现象,对其产生的负面影响应该加以防范。诸如,司法所工作人员不尊重人、爱骂脏话、举止不文明严重损害了司法行政机关作为矫正工作者的形象,容易引发社区矫正对象的反感,在一定程度上甚至降低了社区矫正对象的负罪感和愧疚感,不利于对社区矫正对象的矫正教育,甚至直接导致社区矫正对象的违规行为。例如,有社区矫正对象说:"他们(社区矫正工作人员)说话的口气很硬,甚至都不正眼看你,还说要严管,每个星期起码报两次。我现在的想法就是反正事已经出了,心理已经承受了打击,我真的还不如进去坐牢呢。"因此,司法所工作人员必须注意自身的态度和言行,加强自身修养,为社区矫正对象做出良性示范。另外,有社区矫正对象解释之所以选择"较低",是因为司法所工作人员不实事求是、爱说大话、空许诺。"说要为我找一份合适的工作,我问了好几次,一直没有消息",认为自己被捉弄了,所以就不想配合工作。选择"一般"的一名社区矫正对象解释,司法所工作人员"对工作好像不熟悉,好像是刚来的,经验能力不足,咨询什么问题都说不清",一般意义上说,如果存在这种表现,就会使社区矫正对象轻视司法所工作人员,影响到司法所工作人员的权威性,降低社区矫正工作的严肃性和对社区矫正对象的威慑力,可能会使社区矫正对象增强违法违规的侥幸心理,从而对社区矫正效果产生不利影响。

其次,本项调研对象没有社区矫正职务犯罪情况。司法所工作人员对于司法部 2016 年发布的《加强社区矫正管理工作人员“六不准”》[1]的措施要求学习较为深刻,很多都能脱口而出。

结合我国职务犯罪实证,社区矫正过程也会出现权力“寻租”现象,发生一些暗箱操作、权钱交易的违法犯罪活动。从我国已经发生的社区矫正职务犯罪情况来看,有些司法所工作人员对自己是一名矫正工作者的身份缺乏认识,模糊社区矫正对象是罪犯的界线,在社区矫正中违反规则,以人情和私利为中心,不履行或不正确履行职责,有的使个别社区矫正对象享有一定的特权,违反规定给其提供便利条件,甚至纵容、姑息其胡作非为,致使发生社区矫正对象脱逃、伤害等危害行为,给社会安全造成了严重后果;有的司法所工作人员任意为难社区矫正对象,使其感受到监督管理工作的不公正,从而破坏矫正秩序,行为失范。社区矫正中的职务犯罪行为严重损害了司法行政机关的形象、权威和尊严,破坏了职务行使规则,是社区矫正对象不配合社区矫正的隐患之一。

3. 司法社会工作者因素

正如前文当中的调研分析,社区矫正工作的根本目标是帮助社区矫正对象顺利融入社会,成为守法公民,但是这项任务只靠司法行政部门的工作很难实现。虽然社会工作者参与社区矫正的必要性在设置社区矫正制度时已被《社区矫正法》肯定,然而青藏地区的司法所基本上没有专业的符合社区矫正要求的社会工作者(即司法社会工作者)参与。[2] 除此困境之外,需要补充说明的问题是,在注重司法社会工作者介入社区矫正工作的同时,应注意以下几点:(1)应当明确社区矫正领域中的社会工作者与司法所的社区矫正工作人员不是一回事,二者各有分工,不能互相替代,不能由司法社会工作者代替社区矫正工作人员履行职责。(2)不能将参与社区矫正的社会志愿者、大学生、事业编制的社会人员、心理咨询人员与专业的司法社会工作者混为一谈。在调研中获知,

---

[1] 社区矫正工作人员必须做到“六不准”,即不准违法违规办理社区服刑人员执行变更事项;不准违法违规实施监督管理、教育矫正和社会适应性帮扶措施;不准徇私枉法办理调查评估案件;不准收受社区服刑人员及其亲友的财物和宴请;不准泄露社区矫正工作秘密;不准隐瞒不报影响社区矫正安全稳定的重要情况、重要事件。

[2] 虽然青藏地区社区矫正机构统计社区矫正工作队伍有社会工作者参与,但笔者调研后认为,这些工作者不是符合社区矫正要求的专业社会工作者。

现在较为普遍地存在一些心理咨询人员充当司法社会工作者参与社区矫正的状况。显然,这种做法混淆、误导了社区矫正机构对司法社会工作者的正确认识,不利于司法社会工作者队伍的发展。(3)不能因为需要司法社会工作者的介入或者因为司法社会工作者的介入,就淡化或者忽视了社区矫正的惩罚性特征。社区矫正的对象是罪犯,犯了罪没有惩罚是不公平的。社区矫正实际具备对罪犯进行惩罚却不同于监禁惩罚的特征。司法社会工作者的参与只是社区矫正的一种辅助手段,“助人自助”的方式不能纵容社区矫正对象对自己罪犯的身份产生不准确的认识。总之,如何真正实现专业的司法社会工作者依法参与社区矫正工作的规范化是一个需要认真对待的问题。

4. 社区排斥因素

社区是罪犯的居住地,一定意义上,罪犯对社区有着距离最近的归属感与集体认同感,在社区实施矫正,有利于罪犯融入社会。但社区矫正工作又无法不受社区的影响,这也反映出社区矫正工作中存在一种深刻的矛盾,简言之,社区矫正工作需要社区的支持,社区矫正对象需要社区的理解与帮助,但社区与社区居民对犯了罪的人普遍持排斥的态度。这主要是由于传统观念的影响,普通民众习惯于将犯了罪的人道德化,简单地以“不是好人”的理由来对待罪犯进入社区矫正的问题。很多社区居民对“你愿意让罪犯在你所居住的社区矫正吗?”回答集中在“为什么?罪犯不是应该在监狱服刑吗?”“不愿意”“不安全”。对于“如果有罪犯在你所居住的社区矫正,你会反对吗?”这一问题,很多人回答的是“我要反对”。

实际上,很多社区矫正对象在寻找工作过程中、未成年社区矫正对象在学校学习过程中都会遭遇类似的排斥。例如,用人单位基本不会录用犯了罪的人,有工作的社区矫正对象在单位总是感觉“抬不起头”;学校老师总有一种担忧,害怕未成年社区矫正对象带坏学校风气,希望不要让未成年社区矫正对象到学校继续学习;等等。

排斥使很多社区矫正对象“破罐子破摔”“更加仇视社会”,社区矫正对象与社会之间产生隔阂、距离疏远,这与要帮助社区矫正对象顺利回归社会的社区矫正目标有着根本的冲突。有观点主张,应该对社区矫正进行普遍宣传,教育民众要理性对待罪犯,但问题并没有这么简单。要从根本上改变这种现象,不仅涉及青藏地区的社会建设问题,社会建设成效是现代矫正罪犯的制度能否得以科学构建和发展完善的前提条件,而且涉及青藏地区社会结构的转型、社会发展观念现代化的问题，这是一个任重道远的过程，而非搞搞思想教育、法治宣传就能解决的。从这个角度思考，当前加强基层社会治理现代化和注重创新社会治理方式应该是改变排斥现象需要依赖的路径。

5. 民俗习惯因素

虽然有制定法，但民俗习惯在社会生活中的作用不能忽视。正如苏力教授所言："无论人们承认与否，习惯都将存在，都在生成，都在发展，都在对法律发生某种影响。"[1]笔者在调研中获知一起较为典型的案例：有一社区矫正对象的犯罪行为涉及所信仰的宗教因素，但当地信仰宗教的群众认为宗教信仰是神圣的，凡是为维护宗教利益实施的行为，全村、全乡、全镇甚至所有的人都应该给行为人以尊重与保护。所以，该社区矫正对象被判决有罪，因符合社区矫正条件决定实行社区矫正后，他所在的村、乡，甚至县城的很多人集中起来到县司法局抗议，在司法局直接将该社区矫正对象前呼后拥地接走，并将其称呼为"英雄"。司法局如果强制性地要求他履行社区矫正义务，就会受到集体围攻，因此，对该社区矫正对象的矫正工作在当地宗教习惯的蛮横干预下实际上名存实亡。可以想象，如果司法局不能对其实行社区矫正，一定意义上，就会使该矫正对象以及相关人员对其行为不构成犯罪的认识更为坚定，甚至可能引发新的犯罪。如何解决此问题？据了解，该县司法局领导的智慧表现在两个方面：首先，他们认识到如果无视民俗习惯的存在，完全运用国家规定解决此问题是不现实的，会激化矛盾，引发社会的不稳定。其次，他们积极探索分析当地的习惯，请宗教人士出面，为组织解决此问题的工作方案提供帮助。同时，司法局工作人员邀请宗教人士经常到该社区矫正对象居住的村庄去聊聊天，解释其行为违法违规的理由，并观察他的表现。整个过程中没有激化矛盾，矫正工作循序渐进，成效逐渐显现。

对于民俗习惯，人们往往将其与制定法之间的关系如何平衡作为关注点。我们不能因为已经有了制定法，就忽视、否定民俗习惯，就认为习惯全是负面性的。任何事物都有两面性，民俗习惯也不例外。民俗习惯对于社区矫正有什么样的积极作用，是我们关注青藏地区社区矫正、基层民族地区社区矫正应该积

---

[1] 苏力：《送法下乡——中国基层司法制度研究》（修订版），北京大学出版社 2011 年版，第 191 页。

极探索的问题，对于构建青藏地区具有民族特色以及基层特色的个性化社区矫正机制具有重要的指导意义。

总之，在社区矫正制度发展过程中，出现社区矫正对象的违法违规行为，如果纯靠制度来约束、规范是远远不够的，由于违反规则的原因具有复杂综合性，对如何解决这一问题形成了挑战。很多人认为是社区矫正制度不完善造成的，但有些问题并不是完善了社区矫正制度就能解决的。因此，社区矫正工作人员学习如何专业分析社区矫正对象的违规行为非常必要。当然，形成社区矫正对象的自治机制，激发社区矫正对象自我矫正的动力是当下社区矫正工作顺利开展的迫切要求。

第三节 社区矫正日常工作

一、社区矫正工作概述

根据《社区矫正法》《社区矫正法实施办法》的规定，社区矫正的工作流程包括定—收—管—帮—解 5 个环节。

1. 定，就是决定，由依法判处管制、宣告缓刑、裁定假释、决定暂予监外执行的人民法院和依法批准暂予监外执行的监狱管理机关、公安机关决定社区矫正。社区矫正决定机关根据需要，可以委托社区矫正机构或者有关社会组织对被告人或者罪犯的社会危险性和对所居住社区的影响进行调查评估，提出意见，供决定社区矫正时参考。

2. 收，就是依法接收。社区矫正机构应当依法接收社区矫正对象，核对法律文书、核实身份、办理接收登记、建立档案，并宣告社区矫正对象的犯罪事实、执行社区矫正的期限以及社区矫正对象应当遵守的规定。

3. 管，就是依法监督管理社区矫正对象。社区矫正对象在社区矫正期间应当遵守法律、行政法规，履行判决、裁定、暂予监外执行决定等法律文书确定的义务，遵守国务院司法行政部门关于报告、会客、外出、迁居、保外就医等监督管理规定，服从社区矫正机构的管理。社区矫正机构根据社区矫正对象的表现，依照有关规定对其实施考核奖惩。

4. 帮，就是依法教育帮扶社区矫正对象。社区矫正机构根据需要，对社区矫正对象进行法治、道德等教育；开展职业技能培训、就业指导，帮助社区矫正对象中的在校学生完成学业；可以在教育、心理辅导、职业技能培训、社会关系改善等方面提供必要的帮扶；可以根据社区矫正对象的个人特长，组织其参加公益活动，修复社会关系，培养社会责任感。

5. 解，就是依法解除社区矫正。社区矫正对象矫正期满或者被赦免的，社区矫正机构应当向社区矫正对象发放解除社区矫正证明书，并通知社区矫正决定机关、所在地的人民检察院、公安机关。

在“定—收—管—帮—解”流程中，根据《社区矫正法实施办法》规定的社区矫正机构的法定职责，针对社区矫正对象的社区矫正日常工作主要有依法监督管理工作和依法教育帮扶工作。

我国社区矫正坚持监督管理和教育帮扶相结合的工作原则，其中，监督管理是前提与基础，教育帮扶是社区矫正的核心。

依法监督管理工作，包括督促社区矫正对象遵纪守法，遵守社区矫正规定；对社区矫正对象走访、谈话，了解其思想、工作和生活情况；社区矫正对象定期报告遵纪守法；发生居所变化、工作变动、家庭重大变故以及接触对其矫正可能产生不利影响人员等情况时，应当及时报告；被宣告禁止令的社区矫正对象应当定期报告遵守禁止令的情况；等等。

依法教育帮扶工作，包括集中教育、网上培训、实地参观；法治、道德教育；心理健康教育、心理辅导；参加公益活动、为社区服务；职业技能培训、就业指导、就学帮助、法律援助等。

二、社区矫正工作考察

（一）关于工作内容

青藏地区社区矫正工作实行社区矫正对象由司法局司法所管理为主的模式。调研设置了六个选项，即集中教育、个别谈话、心理辅导、组织社区服务、技能培训、指导就业就学，对社区矫正日常工作开展调研。（见表5.19）

表 5.19 青藏地区社区矫正工作的内容

单位:个

集中教育	个别谈话	心理辅导	组织社区服务	技能培训	指导就业就学
20	20	8	17	0	1

从接受调研的 20 个司法所的情况来看,司法所开展的社区矫正工作主要集中在个别谈话、集中教育与组织社区服务方面;关于心理辅导,只有 8 个司法所开展过;关于技能培训,20 个司法所均从未开展;关于指导就业就学,只有 1 个司法所开展过 8 次,其他 19 个司法所从未开展。

在 Q 司法所调研中,司法所所长总结了 2018 年开展的工作成绩:(见表 5.20)

表 5.20 Q 司法所 2018 年社区矫正的工作成绩

单位:次

思想汇报的总次数	集中学习的总次数	社区服务的总次数	入矫教育的总次数	解矫教育的总次数	心理辅导的总次数	个别谈话的总次数	走访的总次数
3567	714	1240	225	188	634	663	2545

从表中可以看出,2018 年 Q 司法所在册社区矫正对象共 83 人,开展的社区矫正工作以监督管理内容为重,思想汇报、走访次数分别排在前两位,谈话次数也不低。

调研认为,当前,青藏地区社区矫正工作的基本内容主要体现为依据规范,强化监管、严防脱漏管。从进行的社区矫正工作流程来看,首先,社区矫正机构接收社区矫正对象后,接受委托的司法所就为社区矫正对象确定矫正小组;组织严格的入矫宣告,包括宣告社区矫正对象应当遵守的规定、依法享有的权利、被禁止的事项以及违反规定的法律后果;及时开展入矫谈话,强化社区矫正对象的罪犯身份和矫正意识;建立社区矫正档案;制定社区矫正方案;根据社区矫正对象的个人生活、工作及所处社区的实际情况,有针对性地采取通信联络、信息化核查、实地查访等措施,了解掌握社区矫正对象的活动情况和行为表现。

其次，落实分类管理，根据社区矫正对象的不同裁判内容和犯罪类型、矫正阶段、再犯罪风险等情况，进行综合评估，划分不同类别，实施分类管理。例如，接受调研的司法所针对严管类人员要求做到每周提交1次思想动态报告和到所指纹+脸部报到验证，每月上交1次矫正小结，每月参加社区服务和集中教育学习，严格电子腕表和手机双重监控，严管期间不允许请假；针对普管类人员要求做到每半个月提交1次思想动态和到所指纹+脸部报到验证，每月上交1次矫正小结，每月参加社区服务和集中教育学习；针对宽管类人员要求做到每月提交1次思想动态和到所指纹+脸部报到验证，每月参加社区服务和集中教育学习。最后，严格落实日常监管制度，督促完成每月集中学习、公益劳动、定时提交思想汇报、按要求完成到所报到，并严格执行社区矫正对象请销假、迁居、会客、出入境管理等各项审批制度等。因此，个别谈话、集中教育、社区服务、思想汇报、走访是社区矫正工作通常开展的日常工作内容。

当然，按照《社区矫正法》《社区矫正法实施办法》的规定，社区矫正工作要将教育帮扶摆在与监督管理同样重要的位置，以便能够有针对性地消除社区矫正对象可能重新犯罪的因素。但现行机制中，多实行的是以管为主的“管教融合”，例如，“集中教育”是一种受教育形式，但同时又有监督管理的特征，如果不参加，就会影响考核成绩。青藏地区开展教育帮扶的条件大多困难、平台狭窄，要实现教育学习和帮扶活动的内容与形式多元化实际困难重重。很多地方的司法所对社区矫正对象进行基本的心理辅导、心理矫治等专业性强的工作时，因为缺乏专业人员无法开展；常见的是邀请专业人员进行心理健康教育，不仅时间短、次数少，而且多采用集中讲座的形式，缺乏针对性，如果照本宣科、理论脱离实际，对社区矫正对象就无任何意义。

调研期间，司法所普遍反映社区服务就是开展公益劳动，多为清扫、保洁、环保等辅助性劳动，服务项目单一，培养社会责任感的成效不明显，对社区矫正对象起不到实质性教育作用。而且，司法所由于工作任务重、压力大，难以集中精力开展丰富的社区矫正工作。在调研中，接受访谈的社区矫正对象也在“吐槽”抱怨：“不明白参加社区服务要干什么，根本不喜欢打扫卫生。”这里其实反映了一个在青藏地区社区矫正中普遍存在的问题，就是司法所在组织社区服务时，不知道谁需要服务，存在服务需求信息缺失问题。因此，在实践中，常常以清洁、打扫卫生为主，多流于形式；另外，有的社区矫正对象存在“面子”思想，心理负担重,履行社区服务义务不主动、不积极、有顾虑。调研时遇到有司法所要求社区矫正对象参加劳动的时候要佩戴胸卡的场景,看到不少社区矫正对象顾虑重重。他们认为:“学习的时候戴戴就算了,可是做社区服务还要戴着,感觉就像游街示众,不明白这么做的意义是什么?”但司法所所长说:“这就跟监狱的罪犯一样,要有点标识。戴个牌牌怎么了?上面写了罪犯吗?都是心理作用,既然矫正了,就要正视它,不然,怎么走以后的路?”

《社区矫正法》的颁布实施,在强调尊重和保障人权的同时,凸显教育帮扶在社区矫正工作中的重要地位。但是如何实现教育帮扶,如何发挥监督管理的保障作用,是青藏地区开展社区矫正工作过程中遇到的难题。

另外,我们在调研中发现,教育帮扶活动需要考虑与社区矫正对象的工作时间或其他时间是否存在冲突,是否与社区矫正对象的兴趣爱好特长一致,采取的形式是否影响到教育帮扶的效果等问题。例如,以集中组织形式开展学习教育,就有社区矫正对象消极应付,还有社区矫正对象将其视为一种痛苦。但如果分别组织、有针对性地开展,存在司法所人员的工作精力不足、人力资源不足、经费不足的问题。当然,《社区矫正法》规定,社区矫正机构可以根据社区矫正对象的个人特长,组织其参加公益活动,修复社会关系,培养社会责任感。有司法所组织擅长唱歌的社区矫正对象参加了单位的文艺演出,社区矫正对象非常积极。

(二)关于电子定位设备的使用

青藏地区社区矫正工作在监管手段方面也在逐渐发生变化。由于基层司法所对社区矫正对象的监督管理,主要通过定期汇报、实地调查、通信联系等传统手段和方式进行,这种传统方式耗费了司法所工作人员大量的时间和精力,工作效率也不高,随着矫正对象的不断增加,这种传统的工作方法难以适应发展的需要。因此,青藏地区社区矫正工作利用现代科技技术,要求社区矫正对象佩戴电子定位设备,包括手机、腕表等,通过网络追踪其轨迹,减轻了社区矫正工作人员的监管负担,也提高了社区矫正的工作效率。《社区矫正法》对电子定位装置,加强监督管理也作出了科学的规范。但是从使用情况来看,电子定位设备的质量问题给矫正对象也带来了一定的困扰,社区矫正工作者对电子定位设备具有一定的依赖性。电子定位设备只是发挥管束作用,并不能够代替其他矫正工作，因此，在运用电子定位设备时，需要与其他监督管理措施、教育帮扶活动积极对接，才能达成社区矫正的目标。

第四节　社区矫正保障要件

社区矫正工作的开展，牵涉到的因素很多，有内在系统方面的因素，也有外在联络系统方面的因素，每一个因素都与社区矫正工作的顺利开展有着密切联系。本节内容将以“保障作用”为考察点，分析社区矫正工作的衔接配合状况、经费保障状况和法律监督状况三个指标要素。其中，经费保障状况属于社区矫正工作内在系统方面的因素，衔接配合状况与法律监督状况属于社区矫正工作外在联络系统方面的因素。

一、社区矫正工作的衔接配合状况

社区矫正是一项系统工程，需要全社会的关心与帮助。从决定社区矫正到社区矫正的解除与终止，社区矫正工作需要在发挥司法行政作用的基础上，整合法院、检察院、公安机关等的职能资源，形成审判、矫正、帮教的一体化工作体系，使社区矫正工作产生实效。2016 年，为加强社区矫正工作衔接配合，“两高两部”曾联合发布《关于进一步加强社区矫正工作衔接配合管理的意见》，要求在社区矫正适用前交付接收社区矫正对象、监督管理社区矫正对象、收监执行社区矫正对象方面做好衔接配合管理工作。《社区矫正法》与《社区矫正法实施办法》对社区矫正坚持司法行政机关组织实施、相关部门密切配合的工作机制都作了明确规定。但是，当前青藏地区社区矫正工作中的衔接配合普遍不够密切。调研认为，具体问题集中在以下三个方面。

一是缺少信息共享平台。目前社区矫正工作没有信息共享平台，司法行政与公检法机关虽然各自都建有业务数据信息系统，但业务数据共享不足，信息交流不够畅通，致使获取社区矫正对象信息不能完全同步、一致，信息传递不够及时，容易出现接收、监管、处罚不到位的现象。社区矫正对象在矫正期间因违法或者再犯罪被公安机关拘留，公安机关不会向社区矫正工作机构通报，社区矫正机构或者司法所即使通过查找知道该社区矫正对象被刑事拘留，也无从得知后期处理结果。例如，H 区一名社区矫正对象因犯罪被公安机关刑事拘留，司法所发现社区矫正对象失去联系，立即组织查找，因查找不到，通知公安机关后，公安机关协助查找，才发现该社区矫正对象被拘留了，但直到起诉、判决、执行判决，相关职能部门都未向司法所通报。在矫正期限即将到期时，司法所找到区法院了解情况，才得知对该社区矫正对象已作出判决并执行完毕，但未撤销原判决书的缓刑部分。

二是工作会商机制尚未形成。公检法司等单位之间没有形成成熟完善的社区矫正工作联席会商机制，对一些法律法规无明确规定而实际工作中又遇到的需要多方研究解决的问题，不能及时协商研究解决。

三是工作合力尚未完全形成。社区矫正工作综合性强，涉及职能部门多，但实际工作中尚未形成有效的工作合力，相关职能部门之间在法律文书的传递、人员的交接以及监督管理、教育帮扶方面，衔接配合工作还存在配合不够、协调难的现象，一定程度上影响社区矫正工作开展的成效。例如，因为人民法院与司法行政机关沟通不畅，法院在宣告缓刑时将执行文书送至社区矫正对象户籍地，但社区矫正对象是人户分离状态，由此产生了如何对社区矫正对象进行监管的问题。后期，户籍地社区矫正机构与原判法院以及社区矫正对象居住地社区矫正机构进行沟通时，居住地社区矫正机构表示只能接收居住地变更，但不能接收原判法院的直接送达，谁来矫正社区矫正对象的问题没有得到解决。诸如此类的沟通不畅问题直接造成了社区矫正对象在报到初期无人监管或监管不力，并因此增加了社区矫正机构的工作量。需要说明的是，本次调研是在《社区矫正法》实施之前。2020 年 7 月 1 日实施的《社区矫正法》明确规定，社区矫正执行地为社区矫正对象的居住地。社区矫正对象有被依法决定拘留、强制隔离戒毒、采取刑事强制措施等限制人身自由情形的，有关机关应当及时通知社区矫正机构。《社区矫正法》实施后，调研当中发现的配合不够、协调难的现象有一定的改变。另外，社区矫正工作还应当加强与民政、劳动和社会保障、教育等部门的协调，帮助符合条件的社区矫正对象享有低保、职业培训等权利，通过各部门的通力协作，使社区矫正对象面临的困难真正得到解决。青藏地区社区矫正教育帮扶方面存在缺乏资源的问题，与社区矫正工作中尚未形成社会合力、不能发挥社会帮扶的综合优势有着密切关系。

二、社区矫正工作的经费保障状况

经费有保障是社区矫正工作开展的物质基础，经费的保障情况直接决定了社区矫正机制的运行质量和运行效率。只有社区矫正工作有完善的经费保障机制和稳定的经济保障来源，才能确保社区矫正工作正常开展，最大限度地保障监督管理与教育帮扶社区矫正对象工作的顺利进行，充分发挥社区矫正在维护社会和谐稳定中的重要作用。从当前的整体情况来看，由于地区的差异性，青藏地区的社区矫正工作存在经费不足的问题。

首先，青藏地区的经济社会发展受到地理自然环境的制约，与国内其他地区之间的经济社会发展水平明显不平衡，致使社区矫正经费的保障程度差距较大；而且青藏地区基层还有很多贫困地区，很多基层财政状况较差，能保证的社区矫正经费与其他地区相比，存在财政拨付严重不足的现象。例如，在调研中，有社区矫正机构在申请经费时，报告内容为：自工作开展以来，社区矫正对象逐年增多，工作任务日益繁重（2009 年至今累计接收社区矫正对象 1197 人，目前在册人数 807 人）。但一直以来，政府经费投入为零，导致欠账太多，致使与社区矫正工作和维护藏区稳定工作很不相适应。根据财政部、司法部《关于进一步加强社区矫正经费保障工作的意见》（财行〔2012〕402 号），按“分级管理、分级负担”的原则，将社区矫正工作经费列入年度财政预算。社区矫正工作经费支出的范围：日常办公费用、检查考核、宣传培训费、突发事件处置费用、奖励表彰费用等。

社区矫正经费不足与社区矫正繁重的工作任务之间存在明显的矛盾，一定程度上影响着社区矫正工作的正常开展。在接受调研的 20 个司法所中，有 7 个司法所反映办公条件差。“经费不足太让人头痛了。”这是社区矫正机构负责人发出的感慨。在调研中，接受访谈的司法所工作人员也有所反映。访谈记录摘录如下：

甲工作人员：这项工作付出大，既有金钱付出，也有精力付出。金钱方面，社区矫正经费不足，通信费、交通费都需要自行补足，办公电脑坏了也没钱修。

乙工作人员：我工作的司法所共有 3 名工作人员，没有交通工具，但现在管理的40多名社区矫正对象又分别居住在不同的地方,每月的走访都要耗尽我们大量的时间和精力。我们还要干其他的业务工作。

社区矫正工作人员需要经常深入辖区各个社区、村庄、牧区和各个家庭、单位等开展社区矫正活动,尤其是青藏边远地区,工作环境艰苦,社区矫正对象居住分散且距离远,有些司法所工作者走访一次,需要花两天的时间,但由于没有交通工具,装备不足,完成社区矫正的日常管理工作都存在困难。目前,基层社区矫正工作者严重缺乏,由于经费保障不力,工作人员待遇低,社会志愿者又不愿意来,加剧了社区矫正工作人员断档和队伍断层现象,普遍存在一人所现状。例如,D区在册社区矫正对象有247人,但下辖司法所有11个是一人所,管理工作量大,社区矫正责任重大。

2012年,财政部、司法部联合发布的《关于进一步加强社区矫正经费保障工作的意见》(财行〔2012〕402号)明确规定,应将社区矫正经费列入同级财政预算予以保障。要求应统筹社区矫正和司法行政其他基层业务经费保障,通过进一步加大对司法业务经费的投入,提高社区矫正经费保障水平。有条件的地区,可探索建立按照社区矫正人员数量核定社区矫正经费的制度。根据规定,社区矫正经费开支范围包括:司法行政机关社区矫正工作指导管理费、社区矫正工作经费、社区矫正设备费。(见表5.21)

表5.21 社区矫正经费开支范围

社区矫正工作指导管理费	社区矫正工作经费	社区矫正设备费
社区矫正工作宣传经费 培训经费 表彰奖励费等	适用社区矫正调查评估费 执行变更案件办理费 档案文书费 监督管理社区矫正对象费 风险评估费 突发事件处置费 教育帮扶活动所发生的资料费、场地费等	定位管理设备购置费 社区矫正信息管理系统购置费 音像设备、通信网络设备购置费 档案管理设备费 其他业务装备购置费

从开支范围来看,社区矫正的日常管理工作,包括定期集中教育、不定期走访、公益劳动、场所建设及其装备采购、政府购买服务等都需要一定的经费作为保障,但有些地方财政难以满足这些日常运营经费的需要,致使社区矫正机构

在开展各项监督管理、教育帮扶工作中存在不少的障碍和困难，严重制约着社区矫正工作水平的提高。据了解，青藏地区社区矫正经费由地方财政分级承担，结合各级财力状况，在当年政法转移支付资金的基础上，设立社区矫正专项经费，并将其列入同级财政预算予以保障。调研中，有些地方反映经费保障充足，有些地方经费紧张，有些地方反映经费不足。因此，在青藏地区，如何建立更科学的社区矫正工作经费保障机制，使经费投入与社区矫正对象的动态增长相适应，并予以适当倾斜；如何从财力上加大对青藏地区社区矫正工作的扶持，切实保障此项工作顺利开展都是需要认真思考的问题，也是青藏地区社区矫正长效机制构建面临的难题。

三、社区矫正工作的法律监督状况

根据我国法律规定，对社区矫正工作人员的直接监督主体主要是检察机关，但从青藏地区的调研情况来看，检察机关履行法律监督职责存在以下局限性：

一是检察机关自身工作繁重。负责社区矫正监督的主体为基层检察院，由于编制少、人员少，接受调研的所有基层检察院没有专门的部门负责该项工作，其往往归属于刑事执行检察部门，而具体负责人员往往只是一名检察人员，这名检察人员不仅要承担部门的其他工作，还要面对多个司法所的社区矫正工作。有些县区由检察院驻所检察室负责，但一年只集中去一次社区矫正机构听汇报。因此，检察机关的社区矫正监督工作力量薄弱，对社区矫正的监督频率有限，往往采用定期定点矫正，缺乏经常性监督，事后监督的特性明显。

二是检察机关实施社区矫正监督的法律规定过于笼统，致使检察机关对社区矫正的监督缺乏强制性，诸如发现有问题，建议工作单位予以纠正，就要靠被监督的单位自觉遵守。如果被监督的单位不遵守、不予以纠正或者对建议、通知置之不理，检察机关没有办法强制其纠正，一定程度上，检察机关的法律监督权威受到损害，影响检察机关在社区矫正中的法律监督实效性。

三是实际工作中，有些检察机关的监督方式单一、僵化，诸如有些检察机关的社区矫正监督工作总是围绕着社区矫正对象，考察他们的平时表现怎么样、有无心理问题、生活问题等，俨然成了社区矫正工作人员，反而失去了法律监督者的独立个性。这种“工作热情”不仅给自己增加了工作负担，也不符合检察机关作为社区矫正法律监督机关应有的独立性要求，使检察机关的社区矫正法律监督效果大打折扣。

第六章　社区矫正机制运行系统性的理论模型分析

本章针对在青藏地区社区矫正实践考察中发现的问题，结合《社区矫正法》《社区矫正法实施办法》的规定，借助运用理论模型方法，以理论模型中的社区矫正关系为立足点，进一步分析当前社区矫正机制运行的系统性问题。

首先，关于社区矫正机制运行系统性的简要解释。社区矫正机制运行是一项系统工程，其运行功能的实现取决于内部构成要素之间的有机协同和系统完整性。从规范社区矫正工作、促进社区矫正对象顺利融入社会的机制运行目标来看，保证各构成要素在社区矫正机制运行过程中形成合力十分重要。因此，系统性是检验社区矫正机制运行状况和实际效果的重要指标。

其次，关于"模型"，在《现代汉语词典》中被解释为：依照实物的形状和结构按比例制成的物品，多用来展览或实验。理论上，"模型是一个简化的现实世界。真实世界很复杂，我们在做科学研究时，经常需要忽略真实世界的某些方面，只关注与手头的问题最相关的现实。尤其是在试图解释真实世界里的某个现象时，我们往往需要借助于一个经过简化的、用来代表真实世界的东西来表述我们的想法，我们管它叫做模型"[1]。由于理论模型抓住现实对象最主要的本质特征，而忽略其他非本质的细枝末节，也就是说将现实对象予以简单化、理想化。因此，运用理论模型的方法研究分析所关注的问题的优势就是，理论模型能帮助梳理纷繁复杂的事物或现象中的主要因素和次要因素，从而有助于抓住事物或现象的核心问题。而且，理论模型还能展现事物或现象中的不完善之处并为如何完善提供指导，使现实中的事物与理想事物之间的区别及如何对其

---

〔1〕 张俊富：《理论模型有多重要》，载《经济资料译丛》2019年第1期。

改进在模型中得以直观体现。[1]

本章主要探讨社区矫正机制构建的理论模型。首先分析社区矫正机制理论模型的构成要素,从具体实践中归纳出以青藏地区为样本的社区矫正的现实模型,结合社区矫正规范性要求,抽象出社区矫正的理想模型,为建立健全社区矫正机制提供思路。

第一节　机制运行系统性理论模型的构成要素

理论模型建构的首要任务就是要从复杂的现实的事物中抽象出最为核心、最能体现事物本质特征的要素。由于本书关注的是社区矫正机制运行的系统性问题,所以围绕研究需求,需要梳理与系统性有关的因素,可以从两个方面考虑:一是社区矫正机制构成要素之间的关系。例如,社区矫正机构与社区矫正对象之间的关系、公安机关与社区机构之间的关系等,关系内容是协同与合力。系统性要求内部协同,形成合力,使机制运行系统完整化。二是社区矫正机制构成要素与机制外要素之间的关系。例如,机制外专门机关与社区矫正对象之间的关系、机制外单位与社区矫正机构之间的关系等,关系内容是支持与联动。系统性要求依托内外联动作用,使机制运行系统获得支持与保障。可见,无论是哪一种关系内容,在理论模型框架内,最能反映系统性的核心特征就是"关系",而分析这一核心要素需要分析"关系主体",关系好不好、顺不顺取决于关系主体之间的配合。因而社区矫正机制运行系统性理论模型的核心构成要素包括主体和关系两个方面。

一、主体要素

根据《社区矫正法》的规定,主体要素是特定的,包括在社区矫正过程中,依法拥有职权、承担职责的国家专门机关或者享有一定权利与义务的社区矫正对象(罪犯)与参与或协助社区矫正的公民、法人和其他组织。具体列举包括三大类:(1)国家专门机关;(2)社区矫正对象(罪犯);(3)社会力量。在社区矫正中,各主体要素各自按照规定实施行为,相互作用、相互制约,共同形成社区矫

〔1〕 何挺:《现代刑事纠纷及其解决》,中国人民公安大学出版社2011年版,第194页。

正机制运行系统。

(一)主体的具体类型

社区矫正中的3类主体要素因彼此不同的角色要求而成为社区矫正过程中的特定主体。其中,专门机关有自己的权力与职责,社区矫正对象享有一定的权利和义务,两者都有独立的意志,都具有主体特征。

1. 专门机关

根据《社区矫正法》的规定,专门机关包括司法行政机关、人民法院、人民检察院、公安机关和监狱管理机关。其中,司法行政机关主管本行政区域内的社区矫正工作;人民法院和监狱管理机关、公安机关是社区矫正决定机关;人民检察院依法对社区矫正工作实行法律监督。人民法院、人民检察院、公安机关和其他有关部门依照各自职责,依法做好社区矫正工作。

2. 社区矫正对象

这里的社区矫正对象是指符合社区矫正条件的罪犯,包括:被判处管制的罪犯、被宣告缓刑的罪犯、被裁定假释的罪犯、被暂予监外执行的罪犯。

3. 社会力量

根据《社区矫正法》的规定,社会力量包括社会工作者,村(居)民委员会,社区矫正对象的监护人、家庭成员、所在单位、就读学校,以及企业事业单位,社会组织,志愿者等。

(二)主体的特定性

社区矫正是国家的专有活动,是特定专门机关将生效的刑事判决、裁定和决定依照法定程序付诸实施的一种刑事矫正活动。社区矫正要保障刑事判决、刑事裁定和暂予监外执行决定正确执行,促进社区矫正对象顺利融入社会,是一项严肃的国家活动,必须由依法享有社区矫正权的专门机关行使,除此之外,其他任何机关和个人均无权行使。

1. 主体的法定性

这主要是针对专门机关与社区矫正对象而言。专门机关必须由国家特别授权,即享有社区矫正职权、承担社区矫正职责的专门机关,才能成为社区矫正的主体。社区矫正对象是依法经人民法院判决管制、宣告缓刑、裁定假释或者决定暂予监外执行的罪犯，或者经监狱管理机关、公安机关依法批准暂予监外执行的罪犯，非经依法确认，任何人都不能以社区矫正对象的名义成为社区矫正的主体。总之，非经国家特别授权，任何机关、团体和个人都不能进入社区矫正，成为社区矫正专门机关或者社区矫正对象。

2. 主体的强制性

正是由于上述特点所决定，专门机关与社区矫正对象都是以国家的名义被纳入社区矫正关系之中，对自己成为“社区矫正运行机制中的主体”的角色根本没有选择的自由，只能严格地按照法律规定进行。尤其对于符合社区矫正条件的罪犯来说，成为社区矫正运行机制主体是具有绝对的刑事强制性的。国家对社区矫正过程用禁止性的规范明确而不容争议地规定了主体之间的权利义务关系，如果义务的承担者不履行他们应尽的义务，那么他们将面临法律的制裁。例如，根据《社区矫正法》的规定，社区矫正对象违反法律法规或者监督管理规定的，应当视情节依法给予训诫、警告、提请公安机关予以治安管理处罚，或者依法提请撤销缓刑、撤销假释、对暂予监外执行的收监执行。当然，在实施社区矫正过程中，如果专门机关工作人员有玩忽职守、徇私舞弊、滥用职权、体罚、虐待社区矫正对象、泄密等违法违纪行为的，依法给予相应的处分；构成犯罪的，依法追究刑事责任。这样规定，不仅是国家对罪犯进行惩治、矫正和维护社会秩序稳定的需要，也是专门机关对社区矫正对象进行监督管理、教育帮扶，实现罪犯顺利融入社会、预防犯罪目的所必须具备的保障条件。

3. 主体的规范性

这主要是针对社区矫正机制运行的参与主体与协助主体而言。社会工作者必须在社区矫正机构的组织下，根据需要，依法开展社区矫正相关工作。企业事业单位、社会组织、志愿者等社会力量，也必须在社区矫正机构的许可下，依法参与社区矫正工作。村(居)委会和社区矫正对象的监护人、家庭成员以及所在单位、就读学校等，都须依法协助社区矫正机构做好社区矫正工作。任何机关、团体、个人不能擅自进行社区矫正工作。

综上，专门机关、社区矫正对象和参与或协助社区矫正的社会力量是社区矫正机制运行系统性模型中的三大主体，对社区矫正机制运行模型的不同归纳都将通过这三者之间的不同关系来展现。

二、关系要素

“关系”是社区矫正机制运行系统性模型的另一个核心要素，它所反映的社区矫正机制运行系统性的关系，不仅包括司法行政机关与社区矫正对象之间的关系，也包括在社区矫正过程中，人民法院与社区矫正对象之间的关系、人民检察院与社区矫正对象之间的关系、公安机关与社区矫正对象之间的关系以及司法行政机关与公检法三机关之间的关系，还包括参与或协助社区矫正的公民、法人和其他组织与司法行政机关之间的关系，参与或协助社区矫正的公民、法人和其他组织与社区矫正对象之间的关系。其中，将参与或协助社区矫正的公民、法人和其他组织统一简称为社会力量，即作为社区矫正机制运行系统性模型要素包括专门机关与社区矫正对象之间的关系、司法行政机关与其他专门机关之间的关系、社会力量与社区矫正对象之间的关系以及社会力量与司法行政机关之间的关系 4 组。

当然，上述 4 组关系在社区矫正过程中，会出现各种具体情况，但社区矫正机制运行系统性模型却不可能全面反映这些具有不同“面相”的关系，因而需要对这些关系进行抽象和分类。一种最简单也最直观的抽象和分类方法，就是结合系统性要求，根据我国现行《社区矫正法》对社区矫正制度的设计与规定，归纳主体之间的法定关系，然后分析社区矫正过程中出现的关系是否依法通过具体的活动和程序表现出来并有助于社区矫正的法定关系，以此为标准，主体之间的关系就会表现为“正常关系”和“异常关系”。所谓“正常关系”，是指在社区矫正过程中，主体之间依法表现为具体的活动和程序并有助于社区矫正。例如，社区矫正机构对社区矫正对象的教育、帮扶。所谓“异常关系”，是指在社区矫正过程中，主体之间没有依法表现具体的活动和程序，或者虽然依照法律有一些活动和程序但却无助于社区矫正。例如，社区矫正决定机关对社区矫正对象不理不睬，没有进行相关的教育工作。这种抽象和分类的方法不但可以将上述 4 组关系通过简单的虚实线在模型建构的图示中予以体现，更为重要的是，还可以非常直观地观察到对保障发挥机制运行系统性作用的关系中，哪些关系是至关重要的，哪些关系与社区矫正没有直接的关联，其中，那些至关重要的关系所对应的程序性要求和规范化制度则是社区矫正机制构建过程中所要着重注意的。同时，社区矫正机制运行反映的关系要素有以下几个特性需要予以关注：

一是关系宗旨的法定性。社区矫正机制运行中的关系的宗旨是法定的,即促进社区矫正对象顺利融入社会,实现预防和减少犯罪。以此宗旨为统领,社区矫正机制运行中的各种关系形成系统合力,为社区矫正工作的成效发挥重要作用。

二是主体地位的对立性。主体地位的对立性主要是指司法行政机关与社区矫正对象的地位具有矫正和被矫正的对立性。从法律关系而言,司法行政机关与社区矫正对象在社区矫正机制运行过程中,形成了以矫正和被矫正为核心内容的权利义务关系。社区矫正过程是国家以强制力量保证的,因此在机制运行过程中,司法行政机关依国家授权而对社区矫正对象行使社区矫正权力,而社区矫正对象依法无条件履行被社区矫正的义务,所以二者之间是地位对立的特殊的权利义务关系。

三是主体之间的均衡性。主体之间的均衡性主要涉及两个方面:第一个方面是指司法行政机关与人民法院、人民检察院、公安机关的关系要保持均衡。它们之间的关系表明了社区矫正机制运行系统中必须构建科学的分工与合作机制。因为社区矫正并非“单打独斗”的工作,它从开始启动到开展社区矫正活动,直至实现矫正目标,整个过程中既需要与人民法院、人民检察院和公安机关互相配合与联系,也需要互相监督与制约,目的就是维持社区矫正的平衡状态。如果重此轻彼,或者互相不联系、不配合、不监督,社区矫正机制运行系统就会失衡,社区矫正工作就会艰难重重,从而无法实现社区矫正目标。第二个方面是指司法行政机关与参与或协助社区矫正的社会力量之间呈现一种均衡的状态。因为社区矫正与监狱最大的区别,主要在于社会化因素。虽然社会化因素表现为非监禁形式,但主要旨趣在于充分发挥社会力量,与司法行政机关共同帮助社区矫正对象顺利回归社会。因此,社会化因素的介入是社区矫正机制运行系统性的标配。那么,社会化因素在经过司法行政机关的许可介入社区矫正运行机制中该如何发挥作用就成了一个关键问题。当然,对于社会化因素的工作内容,司法行政机关要了解、学习,必要时还需参与,关键是对于社会化因素的地位认知。如果介入后,受司法行政机关支配,要听从司法行政机关的命令,做或不做、这么做或那么做,都由司法行政机关说了算,那么社会化因素的介入积极性就会受到影响,介入后的主观能动性就激发不出来,导致社区矫正机制运行过程仍然是“一人独大”的局面,违反了系统性的协同合力要求。

第二节　机制运行系统性现实模型描述

以前述社区矫正机制运行系统性模型的两大核心要素——主体和关系，运用理论模型描述以青藏地区为分析样本的社区矫正机制运行系统性现实状况，对于发现问题并设计机制运行系统性理想模型具有重要意义。本节根据机制运行系统性模型要素的4组关系，用简单的线条描述模型。

一、涉及专门机关的相关关系模型

专门机关，在这里只分析司法行政机关、人民法院、人民检察院和公安机关。[1] 在社区矫正机制中，专门机关与社区矫正对象的关系是中心，具体包括：作为主管社区矫正工作的司法行政机关与社区矫正对象之间的矫正关系（包括社区矫正机构依法实施社区矫正产生的关系）；作为审判方的人民法院与社区矫正对象之间的裁判、决定社区矫正的关系；作为法律监督机关的人民检察院与社区矫正对象之间的权利监督保障关系，以及作为行政执法与刑事侦查方的公安机关与社区矫正对象之间的管理关系。除这些关系之外，司法行政机关与公检法三机关之间存在如下关系：一是对违反监督管理规定、法律法规的社区矫正对象，依法应予治安管理处罚的，社区矫正机构应当及时提请同级公安机关依法给予处罚。对正在实施违反监督管理规定的行为或者违反人民法院禁止令等违法行为的社区矫正对象，制止无效的，社区矫正机构应当立即通知公安机关到场处置。二是对违反监督管理规定、法律法规的社区矫正对象，向原裁判人民法院依法提请撤销缓刑、撤销假释、对暂予监外执行的收监执行。三是人民检察院对社区矫正各执法环节依法实行法律监督。四是对符合刑法规定的减刑条件的社区矫正对象，社区矫正机构应当向社区矫正执行地的中级以上人民法院提出减刑建议，并将减刑建议书抄送同级人民检察院。人民法院依法裁定减刑后，将裁定书送达社区矫正机构，同时抄送人民检察院、公安机关。五是社区矫正对象有被依法决定拘留、强制隔离戒毒、采取刑事强制措施

---

[1] 由于社区矫正机构具体负责实施社区矫正工作，司法所接受委托承担社区矫正工作，但都属于司法行政系统，而且，司法行政机关主管社区矫正工作。所以，在分析专门机关时，提到社区矫正机构，也属于司法行政机关的范畴。

等限制人身自由情形的,有关机关应当及时通知社区矫正机构。

上述情况用模型图示加以展现,即为图 6.1—图 6.3。其中,在社区矫正实务中,主体之间联系密切的用实线标示,不存在联系或者工作中关系不密切、只是偶有联系的用虚线标示。

(一)涉及人民法院的相关关系模型

社区矫正的启动依据是人民法院的裁判或决定。人民法院通过依法对符合条件的被告人作出适用非监禁刑罚或非监禁刑罚执行措施的判决、裁定或决定,正式启动社区矫正工作。按照《社区矫正法实施办法》的规定,人民法院应当对社区矫正对象进行教育,及时通知并送达法律文书。在青藏地区,人民法院在社区矫正运行机制中的合力性普遍不高,人民法院与司法行政机关、社区矫正对象在社区矫正过程中联系程度很一般,这一点从图 6.1 中就可以直接看出。一方面,这说明可能不需要法院参与社区矫正机制运行过程;另一方面,青藏地区的基层法院普遍反映法院作为国家审判方,主要职能在于审判;而且由于法院审判资源较为有限,人少案多的矛盾较为突出,因此基层法官的审判任务较为繁重,没有时间和精力参与社区矫正。但同时,图 6.1 也反映出在社区矫正工作中,人民法院与司法行政机关的沟通、协作机制存在不健全之处,例如对接程序不紧密,因交接工作不顺畅、不衔接,致使社区矫正对象脱管、漏管等。

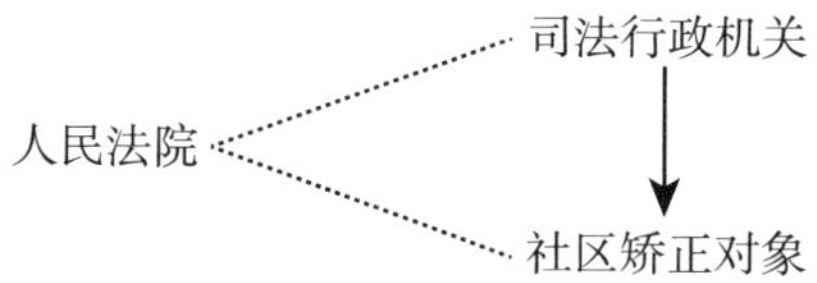

图 6.1　涉及人民法院的相关关系模型

(二)涉及人民检察院的相关关系模型

人民检察院以法律监督者的角色参与社区矫正工作,是社区矫正工作的法律监督者。从保障社区矫正工作机制系统性的角度观察图 6.2 所示模型,这一模型显示了青藏地区人民检察院参与社区矫正工作的状况,与法院相比,检察院发挥了一定的合力作用(虚线有变化)。根据法律规定,人民检察院的法律监督职能贯穿于社区矫正工作的始终。但该模型图示显示人民检察院发挥监督职能的深入度还需要加强。

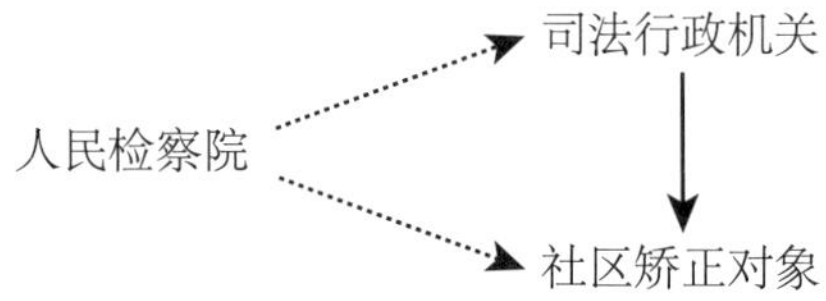

图 6.2　涉及人民检察院的相关关系模型

根据笔者的调研发现,一是人民检察院与司法行政机关、社区矫正对象在社区矫正过程中联系不是很密切,一定程度上反映了检察监督工作还不深入。笔者在调研中发现,青藏地区很多地方的检察机关在理念上并不重视对社区矫正的监督,在青藏地区的基层检察院,普遍将社区矫正监督工作列为非重点工作;另外,检察院客观上也存在人手不足、工作量大的问题,导致法律监督偏形式化。检察监督往往表现为在一段时间选择一个时间点(次数少),到司法行政机关(包括司法所),听取汇报,查看平台,查阅社区矫正对象工作档案资料中请销假、奖惩、集中学习、公益劳动等相关表册,也有与个别社区矫正对象谈话了解情况,重点查看有无脱管、漏管、不服从监管或者重新犯罪等问题。二是对人民法院、公安机关及其他机关的法律监督职能没有体现出来。根据规定,人民检察院对社区矫正各执法环节依法实行法律监督。具言之,对社区矫正机制运行过程中的决定、交付执行、监督管理以及社区矫正的变更、终结环节等都需要检察机关的法律监督,但该模型没有显示出人民检察院针对其他专门机关在社区矫正工作中的法律监督职能。从系统性要求来讲,监督形式、监督内容均有失衡的情况。因此,如何使法律监督机制发挥有效作用,减少社区矫正机制运行法律风险的发生,仍然是需要关注的问题。

(三)涉及公安机关的相关关系模型

公安机关是社区矫正工作顺利进行的保障者。《社区矫正法实施办法》规定,公安机关应当对决定监外执行的社区矫正对象进行教育,告知其在社区矫正期间应当遵守的规定以及违反规定的法律后果,责令其按时报到。对违反治安管理规定的社区矫正对象予以治安管理处罚；到场处置经社区矫正机构制止无效，正在实施违反监督管理规定或者违反人民法院禁止令等违法行为的社区矫正对象；协助社区矫正机构处置突发事件；协助社区矫正机构查找失去联系的社区矫正对象；执行逮捕决定；被裁定撤销缓刑、撤销假释和被决定收监执行的社区矫正对象逃跑的，予以追捕等。

从图 6.3 的模型来看，在青藏地区，公安机关与司法行政机关的密切配合程度尚待提高，与社区矫正对象在社区矫正过程中联系也不是很紧密。一般情况下，公安机关自身承担着大量的社会治安、刑事侦查工作，如果没有法定情形，公安机关不会主动关注社区矫正工作。据接受调研的社区矫正工作人员反映，在《社区矫正法》实施以前，公安机关的确存在对于需要进行协助的社区矫正工作态度消极的情形，在《社区矫正法》实施以后，公安机关的积极性有所提高。

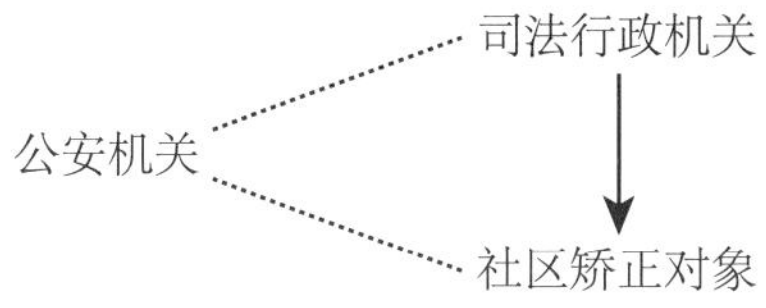

图 6.3　涉及公安机关的相关关系模型

(四)涉及司法行政机关的相关关系模型

在上述图 6.1、图 6.2、图 6.3 所示模型中，都能观察到司法行政机关与社区矫正对象关系密切，这种现象符合《社区矫正法》的规定，即司法行政机关主管社区矫正工作，社区矫正机构具体负责实施社区矫正工作，司法所接受委托承担社区矫正工作。因此，如果将二者之间的关系列为模型，显示如图 6.4 所示。

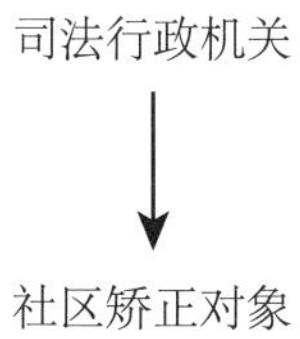

图 6.4　涉及司法行政机关的相关关系模型

注：模型图示只以司法行政机关为代表，不再列举社区矫正机构、司法所

从社区矫正机制运行的系统性的角度来观察这一模型,司法行政机关与社区矫正对象之间如果产生协同效应,就会形成合力,促使社区矫正工作实现成效。例如,司法行政机关认真负责、社区矫正对象积极配合,那么该社区矫正机制的运行就获得了整体性的功能,就会促进社区矫正对象顺利融入社会。但是,有两种情况需要考虑:一是如果二者只有紧密联系,并未形成协同与合力,该社区矫正机制的运行就会因内部构成要素的矛盾而产生内耗。所以,司法行政机关与社区矫正对象的态度都非常重要。二是假设这个模型图展示的是一个完整的社区矫正机制运行系统,那么在这个系统中,如果社区矫正对象不配合、有违规行为,司法行政机关制止无效,该如何处理?如果司法行政机关不履行法定职责,社区矫正对象该如何处理?这两个问题的假设,旨在说明如果社区矫正机制的运行表现为这种模型,该机制就是有缺陷的机制。因为在该机制中,司法行政机关是社区矫正唯一的工作主体,其他专门机关都不存在。在这种情况下,无论是赋予司法行政机关所有的相关权力,例如社区矫正启动权、监督权、执法保障权等,还是只赋予其监督管理权,这种机制都是不科学、不合理的,导致司法行政机关在社区矫正领域或者拥有绝对的权力,或者根本无法组织社区矫正活动。因此,该假设机制模型图示其实对社区矫正工作的开展给予了警示。对于现行社区矫正机制运行系统而言,司法行政机关与人民法院、人民检察院、公安机关都是该系统的重要组成部分,它们在系统中的工作虽各有侧重点,但它们是不可分割的,任何一个环节的缺失都会影响整个系统的失衡,所以各个环节的工作都必须到位。同时要根据不同情况,实时调整工作重点,才能保证社区矫正机制运行系统良性运转。

二、涉及社会力量的相关关系模型

社会力量,在这里指社会工作者、志愿者以及有关部门,村(居)民委员会,社区矫正对象所在单位、就读学校、家庭成员或者监护人,企事业单位,社会组织等。社会力量介入社区矫正,是社区矫正社会性、开放性的具体表现,也是对新时代共建共治共享社会治理制度的践行。多元社会化主体联动模式是社区矫正机制运行系统性的内在需求。社会力量与司法行政机关、社区矫正对象关系的均衡、紧密、和谐程度直接关系到社区矫正工作的顺利与否,影响社区矫正的质量。因此,司法行政机关应当主动与社会力量取得联系,争取得到社会工作者、志愿者以及有关部门,村(居)民委员会,社区矫正对象所在单位、就读学校、家庭成员或者监护人等对社区矫正对象的关心、帮助与支持。《社区矫正法》明确规定:社区矫正机构可以协调有关部门和单位,依法对就业困难的社区矫正对象开展职业技能培训、就业指导,帮助社区矫正对象中的在校学生完成学业。居民委员会、村民委员会可以引导志愿者和社区群众,利用社区资源,采取多种形式,对有特殊困难的社区矫正对象进行必要的教育帮扶。社区矫正对象的监护人、家庭成员、所在单位或者就读学校应当协助社区矫正机构做好对社区矫正对象的教育工作。社区矫正机构可以通过公开择优购买社区矫正社会工作服务或者其他社会服务,为社区矫正对象在教育、心理辅导、职业技能培训、社会关系改善等方面提供必要的帮扶等。

在社区矫正机制中,社会力量依法介入后形成的关系具体包括:社会力量与社区矫正对象之间的关系、社会力量与司法行政机关之间的关系,这两种关系在现实中的表现用模型图加以展现,即为图6.5、图6.6所示。其中之间存在客观联系、联系密切的用实线标示,反之,不存在联系或者工作中关系不密切、只是偶有联系的用虚线标示。

首先,观察图6.5模型。调研青藏地区社区矫正工作,社会力量薄弱是存在的问题。有的社区矫正工作中,就没有社会力量参与,即使有协助的社会力量,参与社区矫正的积极性低、参加者少,开展协助往往是“蜻蜓点水”式的,形式化严重。其实,在青藏地区,社会工作者、社会志愿者普遍缺乏或不专业,加之受传统因素制约,一旦社区矫正对象在矫正期间遇到问题,帮助其渡过难关的往往都是他们的近亲属,而非法律文件规定的有关部门和其他社会组织,这在一定程度上说明,在当前的社区矫正工作中,多元社会化主体联动模式的社区矫正的作用尚未充分发挥,因此有必要构建一个较完备的多元化社会力量参与社区矫正的新型模型,以期改变由司法行政机关“单打独斗”式的工作模型。

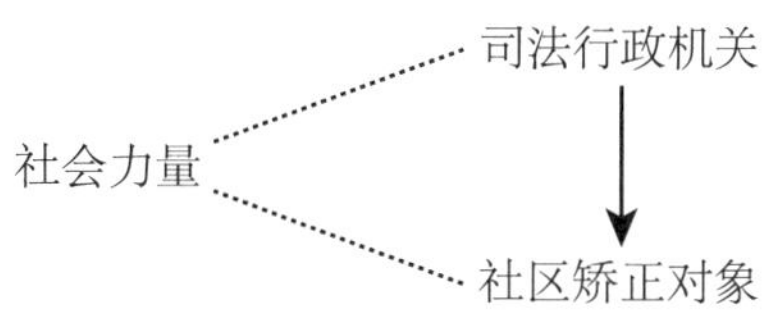

图6.5　社会力量与社区矫正对象的关系

其次,观察图6.6模型。该模型并未在社会力量与司法行政机关之间维持一个均衡的态势,这一点在图示中就可以直接观察到:该模型的重心明显在“社会力量”一侧。社会力量与司法行政机关之间维持均衡的态势是社区矫正工作顺利且保证产生实效的必要前提,而司法行政机关则应在这一方面发挥积极的作用。在这一模型中,司法行政机关只作用于社会力量一方(且不管具体是如何作用的),将社区矫正对象完全交付给社会力量,即将社区矫正工作全部打包给了社会力量,而自己却不履行社区矫正工作职责,如此无法维持一个均衡的态势。这种模型存在重大的缺陷:一是不符合社区矫正主体是被特别授权的法定性,破坏了社区矫正工作主体的规范性;二是不符合当下科学的联动模式社会治理要求,实际上是一种懒政(不论有什么理由)。而且,这种模型的工作效果就是“只要有人管着他们就行”,社区矫正的专业性、严肃性都没有体现出来,工作效果不理想。

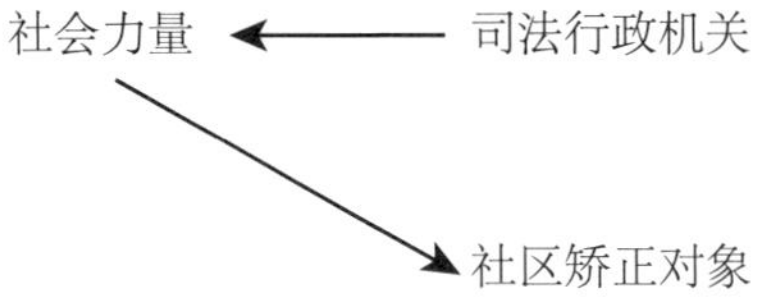

图6.6　社会力量与司法行政机关的关系

以上两种模型下的社区矫正机制都存在失衡问题,因此不是理想的社区矫正机制的模型。

第三节　机制运行系统性理想模型设想

一、理想模型必备条件

上文以社区矫正机制运行系统性的要求为依据,通过对抽象形成的每个现实模型的描述,提出当前社区矫正工作的开展存在一些问题。当然,分析模型存在的缺陷,最主要的是防止缺陷的继续存在,但现实中对问题的解决需要过程。所以,按照理想中的模式,对现实模型进行改进,使其成为一种理想模型。理想模型并非天马行空的设想,主要围绕当前社区矫正工作在合作联动方面普遍存在的问题,并结合调研实务中发现的社区矫正工作问题,将其抽象出来形成有利于社区矫正工作的模型。理想模型可以为社区矫正机制运行系统性的实现提供理论参考。

理想模型的设计以现实模型为基础,必须具备以下两个条件:

第一,模型应当维持专门机关之间、司法行政机关与社会力量之间的一种动态的均衡。按《现代汉语词典》的解释,均衡,是指几个力同时作用在一个物体上,使物体保持相对静止状态。在此运用“均衡”一词,有两个意旨:一是必须发挥联动作用,在社区矫正工作中应避免出现唱“独角戏”的情况,因为社区矫正显然不是某个集体、某个人单独行动就能完成的任务,它需要合作;二是联动、合作的关系应该保持动态均衡。虽然如何具体地保持动态均衡在所不问,但总体来说应该是一种均衡的状态。

第二,模型中不能缺少社会力量的存在。无论是从社区矫正机制的规范性来说,还是从促进社区矫正目标实现的视角来说,社会力量的作用都不可在社区矫正的过程中被忽略。

综上,理想模型应当包括专门机关有机联动型和司法行政机关与社会力量有机联动型两种。需要指出的是,这两种理想模型并非完全独立的,而是社区矫正机制模型的两个有机组成部分,只有将二者有机融合才能形成社区矫正机制运行系统性的理想模型。

(一)专门机关有机联动型

专门机关有机联动型,就是指司法行政部门、人民法院、人民检察院、公安机关和其他有关部门依照各自职责,依法做好社区矫正工作。

国家设置社区矫正制度,必然要为其实现目标提供保障。国家对社区矫正的保障,就是国家通过其立法、司法、行政等机关行使国家职能,来确保社区矫正目标实现。简言之,就是专门机关对社区矫正目标实现提供职责保障。应该说,社区矫正的国家保障是促使社区矫正目标实现的最根本、最有力的保障,没有国家各有关机关的分工负责、密切配合以及对国家法律法规政策的具体贯彻落实,社区矫正的目标就无法实现。

国家行使保障权的主体是专门机关。专门机关也称政权机关,是行使国家职能的各种机关的总称。一般来说,但凡与社区矫正工作顺利开展有关的任何专门机关都负有保障社区矫正目标实现的职责,这也是由专门机关的地位以及社区矫正内容的广泛性、开放性决定的。实务工作中,与保障社区矫正工作最为密切的专门机关主要有国家立法机关、国家行政机关和国家司法机关。需要提及的是,国家保障是一种有权保障。国家通过立法机关确认社区矫正的性质、地位以及其中的各项合法权益,运用国家强制力保障社区矫正实现。这里,专门机关无疑是掌握国家权力和行使国家权力的机关,同时还为社区矫正目标的实现提供经费保障、物质保障等,因此,专门机关对社区矫正的保障作用是一种有权保障,是最有力、最切实的保障。具言之,在社区矫正的决定和接收环节、在对社区矫正对象的监督管理和教育帮扶环节,以及对违规违法的社区矫正对象的收监执行环节等,都需要行政机关的行政保障、司法机关的司法保障和法律监督保障。

图6.7模型表明了在社区矫正工作中,为了将社区矫正对象矫正成为守法公民,实现预防和减少犯罪的目的,行政机关、司法机关分工负责、互相配合,在社区矫正制度中发挥积极的保障作用,成为社区矫正不可缺少的组成部分。其中,人民检察院是国家的法律监督机关,通过行使法纪监督权、审判监督权、侦查监督权等,保证人民法院、司法行政机关、公安机关以及其他有关部门依法行使职权,履行保障社区矫正以及社区矫正对象合法权益的职责。

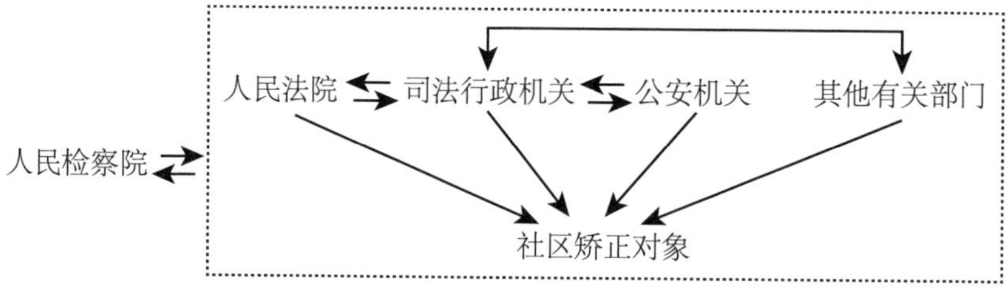

图6.7　专门机关有机联动型

（二）司法行政机关与社会力量有机联动型

在现代社会治理体系下,将社区矫正对象矫正成为守法公民是全社会的共同责任,这也是实行社区矫正,将罪犯置于社区中的理念之一。社会的每一个组织与单位,尤其是社会工作机构、社区及其他社会力量都负有帮助社区矫正对象的责任。社会力量帮助社区矫正对象,是我国《社区矫正法》明确规定的法定责任。

图 6.8 模型表明,社区矫正是一个开放的系统,为了防范社区矫正对象的人身危险性,保证社区矫正对象顺利回归社会,司法行政机关需要社会力量共同参与社区矫正工作,通过发挥社区的力量,利用社区的人力资源、社区组织、学校、企事业单位、社区矫正对象的亲属等社会力量,一同帮助司法行政机关对社区矫正对象实施帮扶教育和监督管理。社区应当逐步建立相互联系、相互配合的社区支持网络资源。在这个模型中,司法行政机关对社会力量应该积极主动地予以鼓励与支持,积极组织、引导社会力量参与社区矫正活动,司法行政机关与社会力量在社区矫正中的地位是平等、合作的关系。一方面,司法行政机关对社区矫正对象认真履行监督管理与教育帮扶的职责;另一方面,组织、引导社会力量在社区矫正工作中充分发挥作用,为帮助社区矫正对象顺利回归社会提供政府与社会的共同保障。

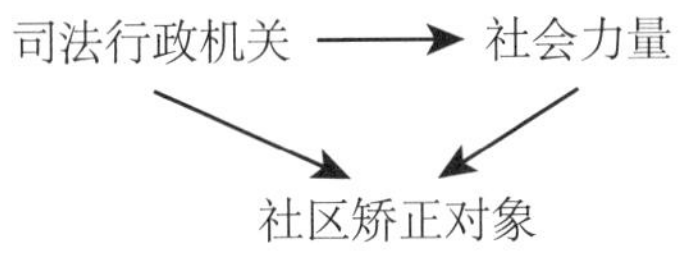

图 6.8　司法行政机关与社会力量有机联动型

二、理想模型内容规范

前文分别从主体和关系两个构成要素对社区矫正机制运行系统中的联动机制进行了应然设想。如果将两种联动机制形成有机融合状态,一体推进,同时遵循社区矫正法律规定的实体与程序要求,考虑对社区矫正工作及其效果产生影响的本土资源因素,必将对社区矫正机制运行系统性的实现发挥重要支持作用(如图 6.9 所示)。

观察图 6.9 模型中包括的要素,需要重点说明以下几方面的问题:

1. 法院的裁决程序

对于可能适用社区矫正的案件,法院在审理中可以委托社区矫正机构或者有关社会组织对被告人的社会危险性和对所居住社区的影响进行调查评估,提出意见,供决定社区矫正时参考。居民委员会、村民委员会等组织应当提供必要的协助。

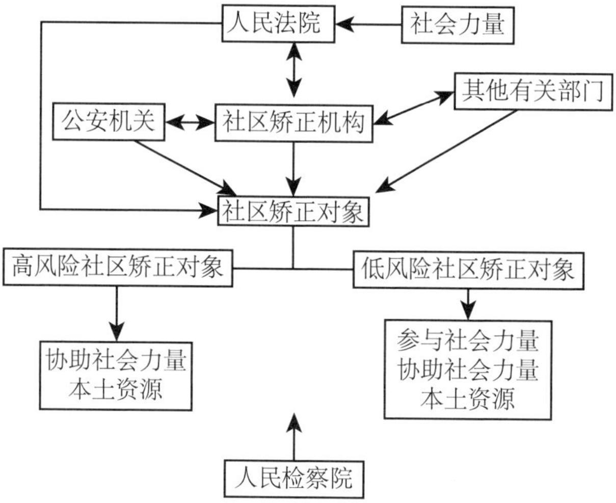

图 6.9　理想模型各要素运行机制

2. 社会力量的参与

在模型中，社会力量有两类：一类是根据《社区矫正法》的规定，分为参与社会力量与协助社会力量。在社区矫正机构的组织下，参与社区矫正工作的社会工作者、企业事业单位、社会组织、志愿者等是参与社会力量；协助社区矫正机构进行社区矫正的居民委员会、村民委员会及社区矫正对象所在单位、就读学校、家庭成员或者监护人等，是协助社会力量。另一类是青藏地区存在的有利于青藏地区社区矫正的本土资源，如宗教教规、寺院资源、习惯法、村规民约及其他传统文化资源。

3. 对社区矫正对象的分类管理

根据《社区矫正法》《社区矫正法实施办法》规定，社区矫正机构应当根据裁判内容和社区矫正对象的性别、年龄、心理特点、健康状况、犯罪原因、犯罪类型、犯罪情节、悔罪表现等情况，制定有针对性的矫正方案，实现分类管理、个别化矫正。矫正方案应当根据社区矫正对象的表现等情况进行相应调整。社区矫正机构根据社区矫正对象的表现，依照有关规定对其实施考核奖惩。因此，社区矫正执行机构需要对社区矫正对象开展风险评估，并结合法院的定罪量刑和分类矫正建议对社区矫正对象实施个别化矫正。根据风险评估结论，社区矫正对象可分为高风险社区矫正对象与低风险社区矫正对象。对高风险社区矫正对象,在加强高危重点监督管理的同时,考虑到安全风险以及社区矫正对象对人的信任度问题,建议发挥协助社会力量与本土资源的作用,同时,公安机关也应予以配合,防范社会风险,保障社区稳定。对低风险社区矫正对象,建议重点发挥参与社会力量、协助社会力量与本土资源的作用。

三、针对问题的理想模型

当前,仍然存在两个影响机制运行成效的问题:一是调研中反映较多的社区矫正执行主体执法权力薄弱问题,例如,社区矫正机构在监督管理过程中,对违反监督管理规定、违反法律法规的社区矫正对象,有训诫、警告的权力,对制止无效的,需要通知公安机关。只是这种机制能否保证在紧急情况下万无一失,从社区矫正工作现实状况来看,还是有令人担忧之处(关于此问题,将在下一章中分析)。二是社区矫正工作中,社会力量资源缺乏问题。其实,从解决这两个问题的角度,我们认为应该可以构建更理想的机制,在此提出如下设想。

设想主要基于我国实际,司法行政机关有主管的律师、法律援助等提供法律服务的资源,在此基础之上,建议将社区矫正执行权与执法权统一并归司法行政机关,并在系统内成立专门的帮扶服务机构(如图6.10所示),或者考虑到社会组织归民政机关管理,建议在司法行政机关之外,由民政机关成立社区矫正帮扶服务机构,由专门机构协调提供帮扶服务(如图6.11所示),如此既解决了一直以来争议的执行执法权的问题,也使社区矫正的管理与帮扶在一体化的结构中平衡并行,集中了社会力量的资源,为提高社区矫正工作质量、保证社区矫正的有效开展提供保障。

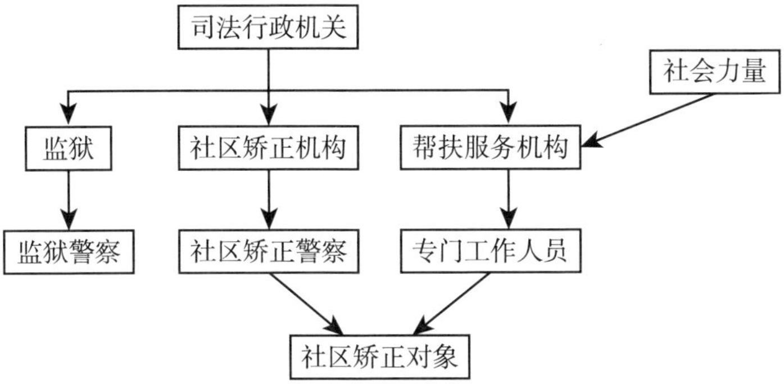

图6.10　理想模型(一)

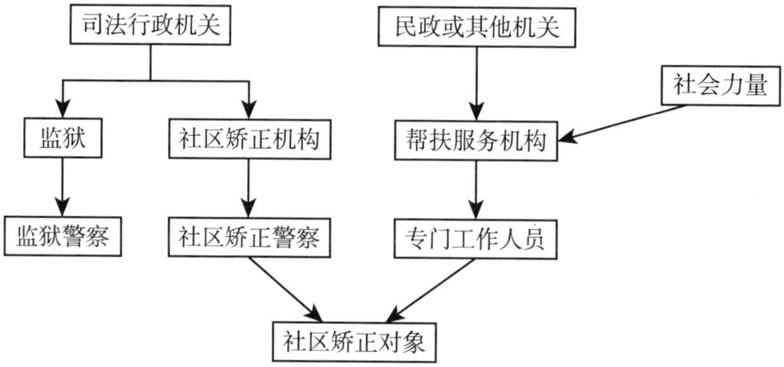
司法行政机关
民政或其他机关
社会力量
监狱
社区矫正机构
帮扶服务机构
监狱警察
社区矫正警察
专门工作人员
社区矫正对象

图 6.11　理想模型(二)

第七章　社区矫正长效机制构建路径

正如在引论中的分析，要加强社区矫正的规范化运行，就要建立顺畅机制。建立科学长效的社区矫正机制是推动社区矫正工作规范化运行、提升社区矫正整体水平的必然要求。当前，建立社会治理现代化体系已是我国社会发展的目标模式，在此大背景下，从促进社区矫正对象顺利融入社会、实现预防和减少犯罪的目标分析，当前构建社区矫正长效机制还有若干问题需要进一步解决。就青藏地区而言，从构建路径分析，明晰难点是前提，明确社区矫正观是根本，加强青藏地区社会建设是基础。本章将在当前国家社会治理制度的指导下，分析社区矫正长效机制构建路径问题，以期为青藏地区社区矫正机制的规范化运行提供科学合理的基础。

第一节　明晰难点是构建之前提

目前，青藏地区的社区矫正机制已经初步形成，并在矫正罪犯中发挥着重要的作用。但是，任何制度的建立和完善均非一朝一夕之事，更何况是社区矫正机制这样一项需要整合政府与社会力量的系统化工程。同时，作为涉及民族地区稳定因素极为显著的特殊地域，青藏地区实施社区矫正制度面临着比其他地区更为复杂的局面，这就对青藏地区的社区矫正工作提出了更高的要求。而从目前的实际情况看，构建青藏地区社区矫正长效机制尚存在以下难点：

一、传统陈旧观念的阻碍

由于青藏地区特殊的地理环境具有一定的政治意义，因而在青藏地区，无论是政府层面，还是社会公众层面，传统的政府管理观念，即“管理型和权力型”

政府观念,在一定程度上仍然存在,一些民众仍然对“就应由政府管理”“不靠政府靠谁”等观念有着较强的依赖情结。虽然社会治理现代化建设工程的推进在一定程度上使“政府管理观念”逐渐转向“政府治理观念”,人们对政府的服务治理职能逐渐有了普遍的认识,但是仍然需要警惕并关注“管理型和权力型”政府观念的存在。这种观念对于社会治理现代化的建设具有极强的阻碍性。就个人层面而言,这种观念会导致个体价值取向滞后、社会责任意识低下,缺乏参与社会的积极性,并促使引发自私、狭隘的信念危机;就社会层面而言,这种观念会阻碍市场发展活力,导致社会发育滞后,致使社会力量薄弱;就政府层面而言,这种观念会导致公众参与的保障制度不健全、参与渠道不明确、参与方式单一化,不能实现治理主体的多元化,不能将我国的制度优势更好地转化为社会治理效能。因此,青藏地区在实施社区矫正制度的过程中,社会力量之所以缺乏,传统的“管理型和权力型”政府观念的消极影响是不能忽视的重要因素。这种观念的消极影响主要表现在两个方面:一是使社区矫正机制难免会形成封闭、保守和唯我独尊的管理系统,致使在具体的工作安排中考虑较多的是如何增强社区矫正的约束功能,并习惯于从管理角度考虑与社会力量的合作,合作内容以管理社会力量、管理社区矫正对象为主,致使社会力量参与社区矫正工作的积极性受到挫伤。二是使社区矫正机构对如何发挥社会力量的作用,如何培育、发展本土社会组织、社会志愿者缺乏足够的关注度;而且有的社区矫正机构只着眼于矫正期间不要出问题,而对放眼工作全过程,通过矫正使社区矫正对象将来能够顺利融入社会,预防和减少犯罪的长远意识明显滞后。在传统“管理型和权力型”政府观念的指导下,上级政府对下级政府社区矫正工作的考核机制以及考核指标设计导向也就表现为短视与功利化,致使基层社区矫正机构开展社区矫正活动的主要动因也在于完成上级任务,缺乏帮助社区矫正对象顺利融入社会、成为守法公民的内在动力。有些地方司法行政机关口头上对社区矫正工作的社会化要求很高,但实际工作中对如何实现社区矫正工作的社会化没有系统发展规划,对社会力量的活动缺乏支持与引导的主动性,对社区矫正工作者队伍疏于发展与建设,对如何培育本土丰富的社会力量资源,以促进地区社区矫正动力机制等问题缺乏深远谋划。社区矫正工作者只是将社区矫正工作视为一项自上而下的任务而已。无疑,这种传统的“管理型和权力型”政府理念会挫伤社区矫正机制建设需要的主体的自主性和积极性,从而制约社区矫正机制的健康持续发展。

青藏地区更为特殊的观念制约还在于,该地区保障社会安全稳定的任务压力极大,在保障青藏地区社会安全稳定的要求下,与社会安全稳定直接关联的社区矫正机制自然而然地将监督管理作为社区矫正的绝对核心工作,这种安排,不仅弱化了教育帮扶工作,也虚化了社会力量的帮助功能,从而把本该最能体现社区矫正本质特征的人道与社会化因素推向可有可无的边缘,使青藏地区社区矫正机制建设表现得刚硬、迟滞与僵化。

此外,在"全国一盘棋"的制度观念主导下,制约青藏地区社区矫正机制建设的还有一些消极被动的观念。因为青藏地区自然环境恶劣,区域经济发展水平滞后,所以,诸如畏难退缩、懈怠敷衍等思想也出现在社区矫正工作中。对于社区矫正经费不足、社区矫正人力资源不充分、社会资源缺乏等社区矫正工作中出现的问题,人们总是以地区落后为原因,却不愿意下功夫寻找解决问题的方法。社区矫正机制在规范性建设的基础上,需要有创新意识,助力于提高社区矫正工作水平。但消极被动的观念使有些社区矫正工作人员在工作中故步自封,患得患失,缺乏担当,人云亦云,缺乏主见,守着本土丰富的文化资源,却没有社区矫正工作创新发展的勇气与动力。

二、社会力量发展薄弱

在社会治理现代化的范畴内,社会力量可以弥补政府的不足,政府需要社会力量的参与,合作应对治理挑战,承担提供公共服务的职责与功能。理论上,社会力量主体多元、资源广泛、工作机制灵活,能够有效弥补社区矫正工作过程中的诸多不足,具有不可替代的作用。

从调研情况来看,青藏地区现有的社会组织往往存在于相对来说政策宽松、易于得到资源、进入门槛较低的领域,而且大多数从事着较低水平的重复性工作。值得关注的是,调研发现,绝大多数社会组织的牟利性普遍较强,他们往往以公益性服务为名,以获取利益资源为实,提供的工作质量并不高,即便有社区矫正工作机构采取了政府购买社会组织的服务方式,但这些所谓的社会组织其实名不副实,不具有专业性,并不能承担教育帮扶社区矫正对象的职责。

居委会和村委会作为基层群众性自治组织,是目前可以依赖的社会资源,但调研发现,地区基层群众自治组织在协助社区矫正工作中,也面临琐事多、任务杂、工作条件差、待遇低、工作人员结构不合理、专业化程度低的问题，加之我国村委会与居委会普遍带有明显的行政化倾向，协助社区矫正工作水平一般，村委会与居委会作为基层群众自治组织应该具备的民主性、自治性、社会性明显不足。

另外，就青藏地区志愿者的建设发展情况，调研发现，地区志愿者多集中在环保领域，社区矫正领域志愿者几乎没有。而且《中国慈善发展报告(2019)》的数据显示，我国志愿服务组织的发展实际面临着诸多困境，其中最主要的问题是志愿服务经费不足(43.5%)、招募不到合适的志愿者(22.6%)、在开展志愿服务过程中当地管理部门或社区不支持(9.9%)[1]等。可见，整体上，我国社区矫正志愿服务的建设仍然是任重而道远。

综上，青藏地区社区矫正领域的社会力量发展薄弱，但广泛动员社会力量参与社区矫正工作应该是社区矫正制度发展的重要趋势，也更能凸显社区矫正制度的优越性。但是从社区矫正制度的法律设计来看，对此并未给予完全的支持，这也是来自制度层面的影响社会力量参与社区矫正的制约性因素，对其不能予以忽视。

我国《社区矫正法》规定了社会力量参与制度，但对于具有法律、教育、心理、社会工作等专业知识或者实践经验的社会工作者的参与并非强制性要求，而是取决于社区矫正机构是否需要。[2] 换言之，社区矫正机制的优势在于社会力量的参与，但能否参与，社区矫正机构拥有很大的自由裁量权。那么，可以做出如下推理：根据《社区矫正法》的规定，如果社区矫正机构需要，就会组织应当具备相关专业知识或者专业实践经验的社会工作者参与社区矫正相关工作，使社区矫正工作体现专业性；如果社区矫正机构不需要，社区矫正工作的专业性就只能依赖于社区矫正工作人员应当具备所需要的专业知识了，但实际上，这种要求其实是有些强人所难、不切实际的。很多情况下，社区矫正机构的专业性与专业机构、专业工作者相比，往往存在差距，而且，社区矫正涉及法律、教育、心理、社会工作等多领域专业，社区矫正机构工作人员不可能掌握所有相关的专业知识，因此，专业社会工作者或其他专业社会力量的参与可以弥补、强化

---

[1] 杨团主编：《中国慈善发展报告(2019)》，社会科学文献出版社 2019 年版，第 2-4 页。

[2] 《社区矫正法》第 11 条规定："社区矫正机构根据需要，组织具有法律、教育、心理、社会工作等专业知识或者实践经验的社会工作者开展社区矫正相关工作。"

社区矫正机构的专业性。同时,由于社区矫正工作的特殊性,专业社会力量作为司法行政系统以外的参与者,还可以在一定程度上发挥对社区矫正工作的监督作用。因此,应该强调社区矫正过程中的社会力量参与制度建设,应当以强制性的要求适用社会力量参与制度。尤其在青藏地区,拥有大量丰富的民间社会力量,对于符合青藏地区社区矫正对象需求的应该优先考虑,积极组织其参与社区矫正,使他们在社区矫正工作中,为提高青藏地区的社区矫正水平充分发挥积极的作用。

总之,社会力量发展薄弱是社区矫正机制建设的重要制约因素。缺少了社会力量的参与,社区矫正机构对社区矫正对象的教育帮扶工作不仅会步履维艰,而且会使社区矫正失去标志性的优势特征。

三、协调配合机制存在困境

我国社区矫正机制是以社区矫正机构和接受委托的司法所为中心的集中式社区矫正执行模式,社区矫正机构在执行社区矫正工作过程中,与人民法院、人民检察院、公安机关之间存在需要配合、联动的关系。例如,查找不到失去联系的社区矫正对象,社区矫正机构应当及时通知公安机关,公安机关应当协助查找;查找到社区矫正对象下落但其拒绝接受监督管理的,社区矫正机构应当视情节依法提请公安机关予以治安管理处罚,或者依法提请人民法院撤销缓刑、撤销假释,同时,提请人民法院决定对其予以逮捕;社区矫正机构发现社区矫正对象正在实施违反监督管理规定的行为或者违反人民法院禁止令等违法行为,制止无效的,应当立即通知公安机关到场处置;等等。[1] 根据法律规定,社区矫正机构所作出的通知、提请等职能行为理应对参与社区矫正的其他有关机关具有一定的制约力。但是调研发现,在青藏地区的社区矫正实际工作中,专门机关在日常职能管理过程中采取“条块”管理模式,各职能部门习惯于对其上级或本职能部门负责,服从上级部门或领导的命令和决定。因此,导致这种集中式社区矫正执行体系与分散化的其他专门机关管理模式之间不可避免地存在不配合与难协调。当接到社区矫正机构的提请、通知后,其他专门机关职能部门可能仍然习惯于接受其上级部门或领导的决定与安排,而非听从与其同

---

〔1〕 根据《社区矫正法》第30条、第31条规定。

级的社区矫正机构的"要求"。特别是当遇到重大突发事件时,可能会出现社区矫正机构与各专门机关联动单位权责划分不清等问题,因此,社区矫正机构与其他专门机关之间应有的组织、协调作用事实上无法得到充分的发挥。对于社区矫正委员会能否解决这种问题,健全专门机关之间的配合、协调机制,还需要实践的检验。但毕竟社区矫正工作内容广泛、牵涉面大,涉及的政府部门,不仅包括公检法专门机关,还会涉及民政、就业、社会保障、卫生、教育等部门,从目前情况看,社会合力并未形成,即使社区矫正委员会实施协调机制,其功能定位依然会受到很大限制。

四、青藏地区社区矫正理论研究有待深入

正确的理论研究不仅是指导实践的行动指南,也是制度机制完善的基础。对于实践工作中遇到的困惑,只有从理论上寻找答案,才能从根本上解决问题,并以此推动实践的发展,因此,理论研究对于制度建设有着举足轻重的作用。一般意义上,如果社区矫正的相关立法不完善,社区矫正制度机制在运行中出现了问题,可以认为是社区矫正实践探索的必然经历,是矫正罪犯领域改革创新的正常成本,但是,有了《社区矫正法》,是否意味着社区矫正运行的问题与困难都不存在了,而需要理论予以关注。因为无论是从立法层面解决问题,还是从制度运行层面解决问题,都需要理论研究为其提供基础支撑。其实,我国社区矫正制度的立法完善,与我国社区矫正理论研究工作的繁荣发展密不可分。

自2009年青藏地区推行社区矫正工作以来,理论上对社区矫正制度在青藏地区的特色发展实践略有关注。随着《社区矫正法》的颁布实施,关于社区矫正的规范化理念也随之更新,面对新的形势,理论界如何关注青藏地区社区矫正发展,以更好地指导实践,是社区矫正理论研究者需要解决的深层课题。然而,社会各界对青藏地区社区矫正的理论研究一直较为薄弱,社会对于青藏地区社区矫正运行的困难以及制约性因素的理论关注度仍然需要提升。

其实,青藏地区社区矫正实践为理论提供了多维度的研究线索,例如在价值层面,社区矫正机制关系着社会稳定,是青藏地区社会稳定的重要指标,而青藏地区的社会稳定又直接关涉国家的安全大局;在内涵层面,青藏地区丰富的民族文化风俗习惯,促使地区形成具有特色的社区矫正机制等。从推进社区矫正现代化的角度来说,对青藏地区实施社区矫正的理论研究既有一定的必要

性，又有一定的迫切性，研究既需要系统、开放的理论思维，关注综合性问题，也要规范、实证的理论分析，注重制度机制的特色发展。青藏地区社区矫正理论研究是一项长期性、基础性、系统性工作，目的是为解决青藏地区社区矫正实际问题贡献研究成果，因此，构建青藏地区社区矫正的长效机制，需要切实增强理论研究的责任担当，同时推动相关理论研究工作的深入开展。

当然，除上述四项难点因素外，对于青藏地区而言，自然地理环境恶劣与经济基础薄弱使地区的社会自我发展能力不足，限制了人们的发展空间，致使因为自然环境严酷、待遇低而留不住人成为常态，青藏地区在人才、技术、经费等方面与国内其他地区相比极为匮乏。因此，地理环境与经济基础问题都是青藏地区构建社区矫正长效机制需要面临的困境，也是青藏地区社区矫正发展的重要制约因素。

第二节　明确矫正观是构建之根本

矫正观，即社区矫正观念，反映人们对社区矫正的认知与态度，对社区矫正工作具有导向作用，影响着社区矫正工作人员对社区矫正工作的价值取向的选择。社区矫正观正确，社区矫正工作人员在思想认识上具有统一性，是社区矫正工作顺利开展的保障性条件。同时，矫正观一旦形成，往往具有一定的稳定性和持久性，就会成为影响社区矫正工作的精神动力。因此，对应该坚持什么样的社区矫正观，应该有一个明确的统一的认识，这是社区矫正长效机制构建的根本需求。

一、树立正确的社区矫正观

社区矫正是监督管理和教育帮扶的融合，既强调惩罚又强调帮扶。但是，在社区矫正工作中，到底应该以监督管理为主，还是应该以教育帮扶为主，理论界与实务界有不同的认识。调研中，有实务人员将《社区矫正法》与《监狱法》相比较，认为《监狱法》第 1 条“为了正确执行刑罚，惩罚和改造罪犯，预防和减少犯罪”的规定明确了监狱对罪犯具有惩罚性；但《社区矫正法》第 1 条“为了推进和规范社区矫正工作，保障刑事判决、刑事裁定和暂予监外执行决定的正确执行，提高教育矫正质量，促进社区矫正对象顺利融入社会，预防和减少犯罪”

的规定既没有将社区矫正对象称为“罪犯”,也没有提到“惩罚”任务,只是明确了社区矫正要提高教育矫正质量,促进社区矫正对象顺利融入社会,因此认为我国社区矫正其实不具有惩罚的价值。暂且不论此观点是否合理,但也真实地反映了人们对社区矫正价值观的疑问。

其实,在社区矫正发展的初期阶段,社区矫正制度的理念侧重于惩罚。“两高两部”2003 年下发的《关于开展社区矫正试点工作的通知》(已失效)、2005 年下发的《关于扩大社区矫正试点范围的通知》(已失效)、2009 年下发的《关于在全国试行社区矫正工作的意见》(已失效)等规范性文件中均界定社区矫正是一种与监禁矫正相对的非监禁刑罚执行方式。“刑罚”的基本属性就是惩罚。但当时,理论界有反对观点,认为“社区矫正是将罪犯放在社区里进行矫正教育,在社会团体和民间组织以及社会志愿者的协助下,有效地利用社会资源开展对罪犯矫正教育工作的新型矫正方式。……社区矫正的性质并不是刑罚执行活动。……刑罚执行是具有严厉的惩罚性活动,社区矫正的真正价值却在于以教育和帮助为主要手段,来矫正犯罪人的心理和行为恶习,促使罪犯回归社会,而不是惩罚犯罪。如果将社区矫正的性质归结为刑罚执行,将有悖于这项工作的初衷”〔1〕。也有观点主张“社区矫正主要是社区刑罚的执行,因而必然包含惩罚的因素,但是否有必要对此进行强调……我国向来有重刑主义传统,民间的报应思想也很强烈……如果在社区矫正的本质中强调惩罚,甚至将惩罚与矫正并列,对社区矫正的开展可能会产生不良影响。……社区矫正的本质不宜强调惩罚,直言矫正已经足够。”〔2〕在调研中,接受访谈的社会工作专业教师主张:“社区矫正具有社会工作的属性,社区矫正就是助人自助,希望通过大家的帮助,努力使社区矫正对象增强独立性,能够在以后的生活、工作当中遇到挫折和困难时,能够自己独立自主地加以解决。因此,不应当将社区矫正对象视为罪犯,社区矫正对象应该是大家服务的对象。”

上述观点或多或少混淆了社区矫正的本质与社区矫正的目的以及与目的实现之间的区别。社区矫正的本质是开展社区矫正工作的基础问题。本质是相对于现象而言的,是一种事物区别于其他事物的根本属性。如果认为社区矫

〔1〕 程应需:《社区矫正的概念及其性质新论》,载《郑州大学学报(哲学社会科学版)》2006 年第 4 期。

〔2〕 何显兵、王平:《社区矫正概念的反思与重构》,载《犯罪与改造研究》2010 年第 2 期。

正不具有惩罚的价值的观点成立,现实中就无法区分社区矫正与生活中针对其他行为恶习、心理的一般矫正行为,例如家庭对孩子不良习性的矫正、教育机构对学生不良行为的矫正、强制戒毒机构对吸毒者不良行为的矫正等。至于担心强调惩罚会忽略、淡化对罪犯的矫正的观点,应该说虽然惩罚是刑罚的本质属性,但我国"以人为本"的社会文明价值观使我国的刑罚人道主义得以发展,刑罚预防犯罪不再"青睐"重刑,不再过分依赖监禁刑,不再只注重惩罚性手段;刑罚趋于轻缓化,以教育、帮助、沟通、服务为特色的矫正成为预防犯罪的重要方式。因此,社区矫正是预防犯罪的一种方式,"促进社区矫正对象顺利融入社会"是社区矫正的目的,引导和控制着整个社区矫正活动的开展。监督管理与教育帮扶是实现社区矫正目的的手段,不仅为实现社区矫正目的发挥着最重要的作用,而且彰显着社区矫正的人道化程度高于监禁矫正。但无论矫正手段多么重要,矫正毕竟只是手段,手段服务于目的,手段不能成为本质。至于如何保证矫正手段在实务当中得以发挥重要作用,真正实现矫正手段的教育帮助与沟通服务功能,取决于一系列的主客观综合性因素。

《社区矫正法》虽然没有提到"惩罚"任务,但是专门设置"监督管理"一章,对社区矫正对象的行为进行管束,这表明社区矫正对象的罪犯身份并不能因为进入社区矫正而消失了。社区矫正对象在《刑法》中被称为"犯罪分子",在《社区矫正法》第 2 条中被称为"罪犯",通过依法接收,进入社区矫正,被称为"社区矫正对象"。当前,我国没有哪一部法律或规范性文件规定"社区矫正对象不是罪犯"。而且,社区矫正的开展是强制性的,要求"责令其按时报到",社区矫正过程中的监督管理模式要求进行的规定动作也具有强制性。当然,社区矫正对象可以获得教育与帮扶。但《社区矫正法》在规定中首先强调了"监督管理"(法律结构中,"监督管理"作为第四章,"教育帮扶"是第五章;法律具体规定二者并列时,"监督管理"在前),要求"社区矫正对象应当依法接受社区矫正,服从监督管理"。因此,社区矫正中的监督管理措施给实行社区矫正的罪犯的选择与自由设置了限制,使他们虽然处在非监禁模式下,但却不能够随意行事,这对他们来讲是一种痛苦。这些监督管理措施其实就是对社区矫正中的罪犯的惩罚。

但是,随着《社区矫正法》的实施,社区矫正的教育帮扶功能得以重要体现,《社区矫正法》没有提"改造成为守法公民",而是规定"帮助其成为守法公民",

“改造”代表着强硬,而“帮助”代表着温暖,更加文明与人道。其实从罪犯的角度,之所以进行改革实行社区矫正,正是为了能够更有效地帮助其成为守法公民,能够使其顺利融入社会。为此,社区矫正秉持人道的理念,通过制度的规定让社会中的人们来帮助罪犯;但从社会的角度,社区矫正要为社会实现公正与秩序,因此为罪犯设置了强制性的义务与行为规则,一则表明对罪犯的惩罚,二则体现对罪犯再犯罪的防范。显而易见,惩罚与帮扶实际是统一于社区矫正之中的。因此,根据《社区矫正法》的规定,我国社区矫正坚持监督管理与教育帮扶相结合的工作原则。二者对于社区矫正制度而言,如车之两轮、鸟之两翼,缺一不可。监督管理是教育帮扶的基础,教育帮扶是监督管理的目的。构建社区矫正的长效机制,必须要摒弃那种只重视监督管理的做法与理念。在社区矫正工作中,应当具体情况具体分析,根据社区矫正对象的实际情况与需求,在监督管理和教育帮扶两方面权衡比重,实行分类管理、个别化矫正,有针对性地消除社区矫正对象可能重新犯罪的因素,帮助其成为守法公民。

二、需要强调矫正观与价值追求的统一

就青藏地区而言,其社区矫正机制的发展完善状况总体上相对缓慢,虽然原因是多方面的,但从根本上讲,在青藏地区需要强调关于社区矫正的思想认识和价值追求的统一性。一方面,调研结论显示,青藏地区对社区矫正的认知度与认同度都需要提升,至今仍然有很多人尚未走出传统体制下对罪犯就应予以惩罚的传统观念的藩篱。例如,对社区矫正的认识就存在偏差,很多人不知道社区矫正工作开展的意义,部分领导干部甚至部分司法工作人员仍然主张监禁刑罚观念,对社区矫正存在疑虑,仍然重视社区矫正的惩罚性。而在具体工作中,有些社区矫正工作人员只注重教育帮扶,有的不敢管理,致使有些社区矫正对象对社区矫正存在错误认知,对社区矫正的威慑力没有认识,认为不进监狱的就不是犯罪等。因此,树立正确的社区矫正观在青藏地区有着迫切需求。另一方面,调研发现,在社区矫正的日常管理工作中,很多工作人员对社区矫正在青藏地区的价值没有认识,对社区矫正工作的规范性要求不以为然,部分社区矫正工作人员将社区矫正工作等同于其他一般职能工作,致使社区矫正工作责任意识薄弱,对其职责使命以及职责风险度认识不到位,工作的主动性和积极性不高。因此,在要求青藏地区的社区矫正工作人员树立正确的矫正观时,

有必要同时要求他们重视对青藏地区社区矫正价值的认识。因为只有明确价值追求,才会重视社区矫正工作成效;只有在正确矫正观的指引下,才能为社区矫正价值的实现提供保障。

(一)矫正观与保障地区社会稳定的矫正价值追求相融合

从青藏地区的发展而言,维护社会稳定是青藏地区得以繁荣发展的基本保障。青藏地区的稳定发展,事关我国民族团结发展的政治大局,其中,社会稳定的重要条件就是缓和社会矛盾,预防和减少犯罪。从社区矫正的功能而言,社区矫正着眼于修复被破坏的社会关系,帮助社区矫正对象矫正行为恶习,有针对性地消除其再犯罪的因素。因此,社区矫正是社会稳定的重要手段,社会稳定是社区矫正的重要目标。另外,从社会稳定的功能需求分析,社会稳定是社会合乎逻辑而有序地发展,不是“走一步、看一步”的盲目行动,因此,社会稳定需要政府有规划地设计、有针对性地采取措施,有效组织社会实现预定的目标,在这个意义上,社区矫正观需要结合实际情况,灵活应对,坚持宽严相济。

(二)矫正观与发掘地区优秀传统文化的矫正价值追求相融合

青藏地区拥有丰富的民间传统优秀文化,对于社区矫正对象而言,当地的优秀传统文化是对其实施社区矫正的软实力。这些民间优秀传统文化中包含着善良、和谐的价值观与规则观。对于生活中熟悉的规则,社区矫正对象易于接受。因而将社区矫正对象置于其中,社区矫正工作人员通过扬善去恶,运用其中好的规则、好的传统、好的习俗,教育社区矫正对象,要求其遵守法律法规,能够发挥教育感化的作用。因此,构建青藏地区社区矫正长效机制,需要扬长避短,把青藏地区丰富的民间优秀传统文化包含的优秀价值观融入社区矫正工作中,在这个意义上,社区矫正观应有利于社区矫正工作者挖掘整理当地优秀民间传统文化,包括良好的家风家训、村规民约、民风民俗、宗教教规、民族习惯等,鼓励创新运用,发挥其中积极的、与社区矫正理念相一致的民间规则作用,帮助社区矫正对象树立正确的价值观,并利用这些文化资源开展宣传,激发当地群众的认同,能够积极参与社区矫正。

(三)矫正观与提高地区社会治理水平的矫正价值追求相融合

社区矫正是社会治理的有机组成部分,所以,社区矫正观与社会治理密切相关,是社会治理的重要保障力量。社区矫正的最大优势在于能够充分发挥社会力量的作用,帮助实现社区矫正对象的再社会化。“社区矫正的灵魂和要义在于社会化。”[1]而社会治理最重要的特征就是强调治理主体的多元化,即由政府、市场、社会组织以及公民个人等多元社会主体共同参与、共同治理社会。社区矫正是社会治理理论在现实中的重要实践内容。从社会治理视角看,社区矫正观应有利于激发社会力量的活力,推动社会力量广泛参与社区矫正,推进社区矫正方式创新,加强地区社会组织建设能力,促进社会力量能力的提升,为提高地区社会治理现代化水平提供保障。

第三节 加强社会建设是构建之基础

社区矫正是社会治理体系中的一个子系统,势必要受到社会建设的制约。因此,构建社区矫正长效机制,需要考虑社会建设情况。

一、加强社会建设是社区矫正的内在需求

(一)社会建设与社区矫正的“一体两翼”关系

“社会建设的定义,可以从正向和逆向两个方面来加以把握。从正向说,所谓社会建设,就是要在社会领域或社会发展领域不断建立和完善各种能够合理配置社会资源和社会机会的社会结构和社会机制,并相应地形成各种能够良性调节社会关系的社会组织和社会力量;从逆向说,就是根据社会矛盾、社会问题和社会风险的新表现、新特点和新趋势,创造正确处理社会矛盾、社会问题和社会风险的新机制、新实体和新主体,通过这样的新机制、新实体和新主体,更好地弥合分歧,化解矛盾,控制冲突,降低风险,增加安全,增进团结,改善民

---

[1] 张绍彦:《社区矫正的基础、目标和发展方向》,载《政法论坛》2015年第6期。

生。"[1]根据这样的理解，社会建设与社区矫正实为"一体两翼"的关系。其中，以"帮助社区矫正对象成为守法公民"为目标，同时推进社会建设与社区矫正。社会建设通过基础设施建设、公共服务建设，包括教育、医疗卫生、社会保障、文化生活、体育健身等，改善人们的生存环境，提高人们的生活质量，促进人的全面发展。而社区矫正是社会化解矛盾、降低风险、增加安全的罪犯矫正机制，它的正常运行需要各种能够良性调节社会关系的社会组织和社会力量的帮助，也需要一个团结和谐、民生保障的社会环境。所以，社会建设是前提条件，社区矫正是保障条件。社区矫正是推动社会建设的重要力量，社会建设是社区矫正的内在需求。因此，社会建设的程度制约着社区矫正的发展。

（二）青藏地区社会建设的意义高于经济建设

第一，当前，青藏地区社会建设仍显不足，基础设施建设、公共服务建设离群众的要求仍然有较大的距离。根据 2018 年的相关统计，青藏地区依然是全国贫困人口最多、贫困发生率最高的地区，[2]这在一定意义上客观反映了青藏地区的社会建设滞后。对于社区矫正而言，一方面，社会建设滞后影响地区的社会稳定，维护社会稳定的压力增大，社区矫正的任务就更重；另一方面，社会建设滞后制约社区矫正工作的开展。社会建设滞后，会导致青藏地区公共服务水平低、基础设施落后、教育落后、医疗卫生落后、文化生活贫乏，会使人的眼界受限、思想保守落后、素质低下，会使社会发育程度低、社会组织匮乏等，而这些都涉及社区矫正工作顺利开展所需要的人力资源、合作精神、物质基础条件、人的主观能动性、现代化的理念等。因此，加强青藏地区社会建设是实现社区矫正目标的基本保障。没有社会建设作基础，社会系统就难以派生出符合社区矫正发展要求的资源，就难以实现提高社区矫正质量的目标。

第二，目前，青藏地区社区矫正工作的人力资源问题较为突出，主要表现在两个方面：一是缺乏社区矫正专业力量，包括专业工作人员、专业社会力量；二是社区矫正工作人员的能力建设问题亟须加强，如需要加强专业学习能力、创

---

〔1〕 郑杭生：《抓住改善民生不放　推进和谐社会构建——从社会学视角领会十七大报告的有关精神》，载《广东社会科学》2008 年第 1 期。

〔2〕 载中国报告网，http://data.chinabaogao.com/gonggongfuwu/2019/0H64354T2019.html，最后访问日期：2020 年 3 月 5 日。

新能力、沟通协调能力、舆论引导能力以及民众工作能力等。一言蔽之,青藏地区推行社区矫正最突出的问题在于“人”的问题。

出现上述状况很多人认为主要是缺钱造成的,因此主张搞经济建设。其实,早在21世纪初,人们在对民族地区的现代化发展路径的探讨中对这个问题已有认识。例如,学者胡鞍钢和温军在研究了西部民族地区传统的社会发展战略之后,提出了西部民族地区应实施“以人为本,社会发展优先”的新追赶战略,他们提出“民族地区的现代化追赶是一个长期的历史过程,不能按照经济发展—社会发展—人类发展的一般顺序进行,而应按照先缩小社会发展差距—再努力缩小经济发展差距—最后缩小人类发展差距”的优先次序发展,主张今后相当长的一段时期内民族地区现代化追赶的首要任务,就是优先加快社会发展。〔1〕而我国曾在发展的认识论上,把经济增长等同于社会建设。在发展的过程上,一味追求发展的速度和规模;在发展的结果上,主要着眼于经济产值和人均指标的变化或增加,但却造成了生态环境破坏和贫富差距扩大等不良后果。〔2〕当然,也包括青藏地区始终难以突破经济发展缓慢、社会建设滞后的局面。实践证明,落后地区追求经济增长的确必要,但追求发展水平的整齐划一,并不符合基本的经济增长规律。〔3〕而且,青藏地区是维护国家稳定发展和保障生态安全的重要区域,因此,对于青藏地区而言,社会建设优先应该具有重要的意义。

需要提及的是,2004年中共十六届四中全会首次提出社会建设,并将其作为中国特色社会主义建设的核心方面。由于贫穷历来是制约人类发展、造成社会不稳定的一个重要因素,自党的十八大以来,国家创新了扶贫思路举措,获得显著成效。青藏地区受益于国家和社会各方面的扶持,通过多种途径,改善了贫困地区的基础设施,发展了贫困地区的社会事业,使青藏地区的社会建设成效有了明显提高,整个地区的内生发展活力和动力明显增强,而这些都为青藏

〔1〕胡鞍钢、温军:《社会发展优先:西部民族地区新的追赶战略》,载《民族研究》2001年第3期。该文专门指明:“本文所指的民族地区包括内蒙古、广西、西藏、宁夏、新疆、云南、贵州、青海等8个省区以及少数民族众多、民族自治地方面积较大的四川、重庆、甘肃等省市”。

〔2〕邱耕田:《新时代我国社会发展的新变化》,载《大众日报》2018年2月7日,第1版。

〔3〕李翔宇等:《四川藏区社会发展模式研究——从“经济增长主导型”到“社会建设优先型”》,西南财经大学出版社2014年版,第128页。

地区社区矫正工作的开展提供了保障性条件。

二、注重人的素质建设是社区矫正长效机制的着力点

人力资源不仅是指有劳动能力的人,更重要的是指对价值创造起贡献作用的教育、能力、技能以及经验、热情、人的积极性等。调研发现,所到之处反映的社区矫正实施中存在的问题,整体上不同程度地存在重硬件、轻软件的问题,即看重物质条件、经费、经济状况和人员的配备、身份等,轻视当地社会结构、价值观念、宗教文化以及人的自身素质等。其实,社区矫正目标的实现不是用硬件堆砌起来的。实践证明,虽然监狱设施条件好,狱警配备充足,但是监狱矫正的重新犯罪率仍然居高不下。同理,即使社区矫正工作经费充足、人员充分等,也不一定就能发挥实际效用。这个问题与人的素质有关,是一个值得思考的问题。

素质,在这里是指一种正确对待事物、对待工作的态度。人的素质与社区矫正的关系,犹如细胞与机体的关系,只有细胞质量的提高,才会保证社区矫正的实效。社区矫正机制的运行涉及社区矫正对象的素质、社区矫正工作人员的素质、社会民众的素质、社会力量的素质。社区矫正对象的素质,关系到是否真诚悔罪、是否认真遵守法律法规;社区矫正工作人员的素质,关系到工作价值观、对工作原则的坚守;社会民众的素质,关系到对社区矫正的正确认知与支持;社会力量的素质,关系到对社区矫正工作的积极帮助。但就青藏地区而言,人口素质整体不高,尤其在偏远基层地区,文盲比例较高,人们的思想意识传统保守,有相当一部分人传统的民族宗教思想观念根深蒂固,还有一些人生活在相对落后的牧区,较为封闭的环境使其对新生事物接受较慢或者持排斥态度等,加之青藏地区培育人才力量薄弱,致使人口素质的建设进度总体缓慢。一般意义上,人的素质的提升,与教育发展、民生改善、社会保障等社会建设密切相关,而社会建设的成效的关键是要提高人的素质,促进人的全面发展。因此,人的素质发展不仅是社会建设的手段,也是其最终目的。

当然,关于社区矫正长效机制的构建路径,除了明晰构建难点是前提、明确社区矫正观是根本、加强社会建设是基础外,还需要建立经费保障长效机制,充足的经费保障是社区矫正工作有效开展的基本推动力。

第八章　社区矫正机制规范化运行基础

构建长效机制的实际意义在于推动制度的规范化运行。但从规范化运行的角度考虑,首先,要对所依据的规范本身有明确的认知,形成法律思维习惯;其次,要对社区矫正工作的规范化要求有正确的认知,这是社区矫正工作规范机制运行的必然要求。本章通过对青藏地区社区矫正的规范化认知状况进行考察,对社区矫正机制规范化运行的基本要求进行了归纳总结。

第一节　社区矫正规范发展与认知状况

2020 年《社区矫正法》的实施,是对我国 16 年社区矫正工作的总结。但不可否认的是,《社区矫正法》施行之前,国家与地方规范性文件在社区矫正试点工作、推行的历程中发挥了重要的作用,为社区矫正机制运行提供了规范化标准,因此有必要对相关的社区矫正规范依据作一简单梳理。

一、《社区矫正法》施行之前的规范依据状况(2009—2019 年)

2009—2019 年,《社区矫正法》施行之前,青藏地区社区矫正工作的依据主要表现在两个层面,即国家层面和地方层面。国家层面的规范依据见表 8.1。

表 8.1　青藏地区社区矫正工作国家层面的规范依据

序号	规范依据
1	《刑法》
2	《刑事诉讼法》
3	《监狱法》

续表

序号	规范依据
4	《关于对因犯罪在大陆受审的台湾居民依法适用缓刑实行社区矫正有关问题的意见》(现行有效)
5	《社区矫正实施办法》(现已失效)
6	《关于进一步加强社区矫正工作衔接配合管理的意见》(现行有效)
7	《关于组织社会力量参与社区矫正工作的意见》(现行有效)
8	《关于进一步加强社区矫正执法工作的通知》(现已失效)
9	《社区矫正执法文书格式》(现已失效)
10	《关于进一步加强社区矫正经费保障工作的意见》(现行有效)
11	《关于全面推进社区矫正工作的意见》(现行有效)
12	《司法行政机关社区矫正工作暂行办法》(现已失效)
13	《关于加强对监外执行罪犯脱管、漏管检察监督的意见》(现行有效)

分析国家层面的规范依据，从法律位阶看，除了《刑法》《刑事诉讼法》《监狱法》是由全国人大通过的以外，其余的主要是由最高人民法院、最高人民检察院、司法部、公安部及其他机构发布的规范性文件。

从规定类型看，既有综合性方面的规定，如《社区矫正实施办法》建立了我国社区矫正执行制度，曾在实体和程序两个方面对我国统一、规范社区矫正工作有着权威性的指导意义；也有针对专门事项的规定，例如，《关于组织社会力量参与社区矫正工作的意见》《关于进一步加强社区矫正工作衔接配合管理的意见》《关于进一步加强社区矫正经费保障工作的意见》等。

从内容看，《刑法》《刑事诉讼法》《监狱法》只是宣誓性地规定了“实行社区矫正”，表明社区矫正的实行有法律依据，但在实务中，社区矫正具体工作的开展主要还是依据其他规范性文件。这些规范性文件涉及社区矫正制度的确立、定义与适用、社区矫正工作的指导思想、原则与任务、社区矫正的执行职责、分工以及对社区矫正对象的管理、具体工作程序和社会力量参与社区矫正工作等方面的内容，尽管有不足之处，但为我国社区矫正工作的开展发挥了实际有效的行动指引和保障作用，以规范化的形式推动着社区矫正监管、教育、帮扶各项工作开展，并取得了明显的成效。

国家层面的社区矫正规范性文件为各地方社区矫正规范依据体系的形成提供了制度框架。

例如，青海省社区矫正工作自2009年启动试点，2010年年初全面试行。为贯彻落实国家社区矫正制度，结合省情，2009年，青海省就制定、印发了《青海省社区矫正试点工作方案》等一系列规范性文件；2015年5月，青海省委省政府两办转发《关于全面推进社区矫正工作的实施意见》，对全面推进青海省社区矫正工作作出具体部署，对政法各部门执法职责及相关职能部门的保障性职责分别进行了明确定位。2018年，为进一步强化责任意识、履职意识、职业风险意识，规范社区矫正执法行为，促进社区矫正机构及其工作人员依法、严格、科学、文明、公正、廉洁履行工作职责，青海省司法厅社区矫正管理局制发了《青海省司法行政机关社区矫正工作责任追究制度》《青海省社区矫正执法过错责任追究暂行办法》，首次将追究社区矫正工作机构及其工作人员、执法人员不能依法履行工作职责的行为列入社区矫正制度体系；同时，为扎实开展社区矫正执法规范化建设和正风肃纪工作，切实推进青海省社区矫正工作规范化、科学化、社会化的发展，青海省司法厅社区矫正管理局又先后制发《持之以恒推进全省社区矫正执法规范化建设和正风肃纪工作的实施意见》《全省社区矫正机构公正廉洁执法倡议书》，对全省各级司法行政机关社区矫正机构推进执法规范化建设和正风肃纪工作进行了安排部署。10余年来，青海省社区矫正执法规范化持续推进，省级层面先后制定出台了20多个涉及监管、执法、教育矫治、队伍建设、考核奖惩等社区矫正规范性、指导性文件，编印20种执法文书表格，统一规范了社区矫正工作，为保障非监禁刑罚正确实施，提供了较强的执法依据。[1]

又如，2013年，由西藏自治区高级人民法院、自治区人民检察院、公安厅、司法厅联合印发《西藏自治区社区矫正实施办法》，标志着西藏自治区社区矫正工作全面启动。2014年，自治区政府召开全区社区矫正工作电视电话会议，就全面深入推进社区矫正工作作出了安排部署；2015年，社区矫正工作在西藏全面推进。[2] 与社区矫正工作有关的系列规范性文件在自治区层面相继制发，例

---

〔1〕《十年探索，打造出社区矫正"青海样本"》，载青海司法行政网，http://sft.qinghai.gov.cn/Detail_D47B67FB1468D361.html，最后访问日期：2019年3月23日。

〔2〕《法治阳光照亮新生之路——西藏特色社区矫正工作模式初步形成》，载西藏自治区司法厅官网，http://www.xzsft.gov.cn/sqjz/index_3.jhtml，最后访问日期：2019年10月22日。

如,西藏自治区《社区矫正人员监督管理暂行办法》《社区矫正工作制度》[1]等,使社区矫正各项制度覆盖调查评估、交付衔接、管理教育等各项执法环节,从而形成指导西藏自治区社区矫正工作的组织制度和工作制度体系,推进了社区矫正工作制度化、规范化建设。

甘南藏族自治州社区矫正工作的规范性依据在省级层面有《甘肃省全面试行社区矫正的意见》《甘肃省社区矫正实施细则(试行)》《甘肃省社区矫正工作考核办法》《甘肃省社区矫正中心建设标准》等一系列规范性文件。在自治州层面有《甘南州刑罚执行一体化建设工作实施方案》等规定。

阿坝自治州和甘孜自治州的社区矫正工作规范性依据在省级层面有《四川省社区矫正实施细则》《四川省暂予监外执行实施办法(试行)》《四川省社区矫正刑罚执行权力清单》《四川省社区服刑人员义务清单》等规范性文件。课题组没有查阅到自治州层面公开的规范性文件。

从收集到的地方层面的规范性文件规定的内容来看,青藏地区推行社区矫正机制的地方性规范依据主要表现为两种类型的规定:

一是综合性的实施要求,主要是指根据中央文件精神,结合本地实际,比较全面地规定在本地推行社区矫正制度的规范性文件。例如,《青海省社区矫正试点工作方案》《青海省社区矫正实施细则》《西藏自治区社区矫正实施办法》《甘肃省社区矫正实施细则(试行)》《四川省社区矫正实施细则》等。

整体而言,属于综合性实施要求的规范性文件主要贯彻体现了2012年"两高两部"下发的《社区矫正实施办法》的精神。规定的内容包含《社区矫正实施办法》所确定的社区矫正的刑罚执行性质、社区矫正的管理体制、执行机关、执法权限、执法责任、调查评估、分类管理、矫正措施和接收、奖惩、解除等执行程序,以及各部门的分工和配合制度。

二是专项制度的实施要求,主要是指专门规定社区矫正机制中某一特定制度的规范性文件。例如,《青海省社区矫正对象教育工作规定(试行)》《关于组织社会力量参与社区矫正工作的实施意见》《青海省社区矫正工作重大事项报告规定(试行)》《青海省社区服刑人员考核奖惩办法》《青海省社区矫正执法过

---

[1] 《甘肃省社区矫正工作综述》,载法治甘肃网,https://www.gsfzb.com,最后访问日期:2020年8月17日。

错责任追究暂行办法》等。

总体上,地方层面的规范依据是青藏地区各地方根据中央的精神和原则要求,结合本地实际以及在推行社区矫正制度过程中探索、积累的积极经验和方法,在社区矫正机制实施过程中充分发挥主观能动性形成的结果。一般意义上,地方层面的规范依据既是对国家层面规定的执行,又是针对社区矫正制度在本地的发展要求与实施情况作出的回应与必要的规定,无疑更能保证社区矫正机制在本地的实施效果。故而,地方层面的规范依据在青藏地区社区矫正工作中发挥着重要作用。

综上所述,在2020年7月1日之前,青藏地区社区矫正机制的规范依据表现为二元化形式。(见图8.1)

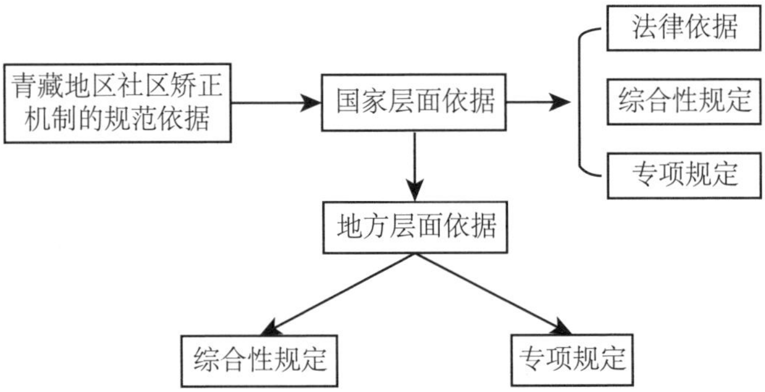

图8.1　青藏地区社区矫正机制的规范依据

二、《社区矫正法》实施之后的规范依据状况

2019年12月28日,《社区矫正法》经第十三届全国人大常委会第十五次会议表决通过,于2020年7月1日实施。

《社区矫正法》是我国第一部全面规范社区矫正工作的法律,在完善中国特色社会主义刑事执行制度、推进国家治理体系和治理能力现代化水平方面发挥着重要作用。颁布施行《社区矫正法》,充分肯定了我国社区矫正工作开展16年来取得的成绩,总结吸收了16年来社区矫正工作改革、发展、创新所取得的成果和积累的经验,进一步确立了社区矫正制度的法律地位和基本框架,对于推动社区矫正工作的制度化、规范化具有十分重要的意义。《社区矫正法》的颁布实施,是社区矫正工作发展历程中的一件大事,标志着社区矫正工作进入了新的发展阶段。[1]

《社区矫正法》发布后,最高人民法院、最高人民检察院、公安部、司法部于2020年6月18日联合制定《社区矫正法实施办法》,并于同年7月1日与《社区矫正法》同步实施。《社区矫正法实施办法》意在着力解决矫正工作实践中的突出问题,对进一步推进和规范社区矫正工作提供了有力的法治保障。

《社区矫正法》实施后,青藏地区开展了多种形式的学习贯彻活动,例如,西藏自治区将学习宣传贯彻《社区矫正法》作为社区矫正首要工作任务,并拟研究出台《西藏自治区司法厅关于学习宣传和贯彻〈中华人民共和国社区矫正法〉活动实施方案》[2],青海省以全面学习宣传贯彻《社区矫正法》为契机,努力推动新时代青海社区矫正高质量发展[3]等。同时,为全面贯彻落实《社区矫正法》《社区矫正法实施办法》,青藏地区适度地加快了制定相关配套规范性依据的步伐,已发布实施的有《青海省社区矫正实施细则》《甘肃省社区矫正工作细则》《四川省社区矫正实施细则(试行)》等,拟制定发布的有《西藏自治区社区矫正风险清单管控办法》等。[4] 已发布的地方规范性文件,内容系统完整,结合地区实际增强了可操作性,对积极推进和规范社区矫正工作具有重要意义。

《社区矫正法》共9章63条。分为总则、机构、人员和职责、决定和接收、监督管理、教育帮扶、解除和终止、未成年人社区矫正特别规定、法律责任和附则,结合文本内容分析,《社区矫正法》第二章"机构、人员和职责"共9个条文(第8—16条),除了第12条的规定外,其他条文规定的内容都是国家与政府的职责,分量之重显而易见;第三章"决定和接收"、第四章"监督管理"规定的也都是政府的职责;而且,第五章"教育帮扶"(第35—43条)规定的9个条文中,除

---

〔1〕 姜爱东:《社区矫正法具有里程碑意义》,载《人民调解》2020年第2期。

〔2〕 《西藏自治区将学习宣传贯彻〈社区矫正法〉作为社区矫正首要工作任务》,载阿西政府网,http://www.al.gov.cn,最后访问日期:2022年4月9日。

〔3〕 《认真学习宣传贯彻〈社区矫正法〉 努力推动青海社区矫正高质量发展》,载青海新闻网,http://www.qhnews.com,最后访问日期:2022年4月9日。

〔4〕 《西藏自治区将学习宣传贯彻〈社区矫正法〉作为社区矫正首要工作任务》,载阿西政府网,http://www.al.gov.cn,最后访问日期:2022年4月9日。

了第38条、第39条外,7个条文规定的均为政府职责,由此,政府在社区矫正机制中的分量之重显而易见。(见图8.2)政府主导着社区矫正。因此,社区矫正规范化的职责在于政府。

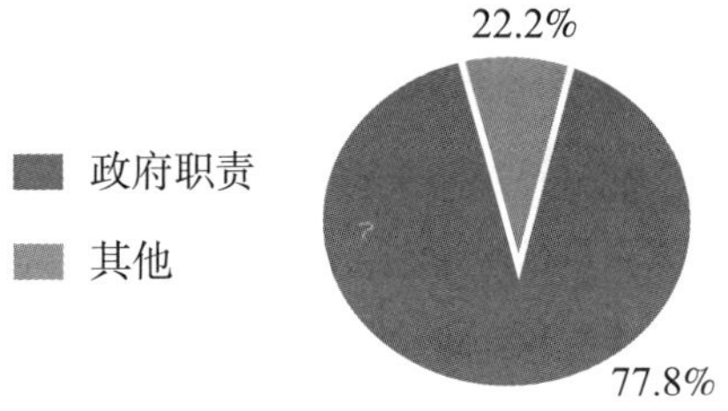

图8.2　《社区矫正法》政府职责规定占比

根据第五章"教育帮扶"关于政府在教育帮扶、引导社会力量中的职责规定,为了保证社区矫正规范化的运行,对于社会力量缺乏问题,政府不应消极被动,应当依法积极主动寻求资源、培育资源。这种规定,对于社区矫正工作中,推动政府积极主动地履行相关职责具有重要的现实意义。

比较第四章"监督管理"与第五章"教育帮扶"的规定内容,在条文数量上,"监督管理"的规定比重高于"教育帮扶"规定,这也是社区矫正机制运行中,监督管理是基础、是保障的依据。因此,社区矫正机制的规范化运行,首先直接体现在监督管理机制的规范化层面,尤其是日常监督管理,社区矫正工作人员应当严格遵守宪法和法律,忠于职守,严守纪律和清正廉洁。至于"教育帮扶",需要提及的是,《社区矫正法》规定得过于原则,在实际工作中,可操作性方面缺乏具体指导。例如,社会工作者和志愿者参与力量不足、参与保障不完善怎么办?如何教育社区矫正对象修复社会关系,修复的标准是什么?如何培养社区矫正对象的社会责任感,如何考量?如何提高社区矫正对象的适应社会能力,标准是什么,如何考量?帮助落实社会保障措施无成效怎么办?等等,现有规定总体上过于原则,或者忽视了其中的实际情况,导致社会化的成效不明显。

调研组针对学习、认知《社区矫正法》,对17名司法所工作人员开展了调研访谈。调研目的在于促使社区矫正工作人员根据法律规定,归纳工作清单,明晰工作职责。

1.在"您是否知道我国《社区矫正法》"的调查中,受访所有工作人员回答

“知道”。

2. 在“您是否系统地学习过《社区矫正法》”的调查中，受访司法所工作人员回答“已学习”的占 17.65%“看了，但没有认真学习过”的占 52.94%，直接回答“没有”的占 29.41%。

3. 在“您对《社区矫正法》有什么认识”的调查中，代表受访司法所工作人员普遍态度的典型观点有：“虽然有一些规定解决了原来的问题，比如 8 小时的规定现在解决了，还有矫正执行地也统一了，挺好。但仍然有一些规定较为原则，可操作性还是不强。”“社区矫正牵涉到法院、检察院、公安、监狱、司法行政、乡镇、社区的工作职能，《社区矫正法》应该进一步明确各部门的权力与职责。”

4. 在“您是否期待颁布实施与《社区矫正法》配套更细化的制度规定”的调查中，除了 5 人表示“不清楚”外，受访司法所工作人员的反应几乎都是“期待”。认为 2020 年出台的《社区矫正法实施办法》还是规定得不够具体、不够细致。

5. 在“您认为社区矫正的规定中，是否应当规定社会的责任”的调查中，认为“应当强调政府的责任，而且应当具体”“这是政府的事情，应当规定政府的责任”的为 64.71%；持“不能确定”“不清楚”观点的为 11.76%；认为“社会也有责任”“应当规定社会责任”的占 23.53%。

6. 在“您认为社区矫正的立法应当如何规定对社区矫正对象的监督管理和教育帮扶”“如何评价现有规定”的调查中，普遍认为“当然是越具体越好”“现在对监督管理的规定多”“监督管理方面的规定应当再细化”“教育帮扶方面的规定有，但不是很充分，也不具体”“教育帮扶的规定不能少”等；但也有 1 人认为“不清楚”。

以上数据虽然不完整，受访人数少，但从中也反映出了对加强提升《社区矫正法》可操作性和制定更为完善、更为细化的相关社区矫正配套制度的现实要求较为普遍。为促进社区矫正能力提升，加强社区矫正方式的规范性，地方层面有必要借鉴、学习我国积累的社区矫正地方立法经验，发挥地方立法对国家法律法规的细化落实和补充作用。有地方立法活动已对此开始了重要探索，就青藏地区而言，《青海省社区矫正实施细则》《甘肃省社区矫正工作细则》《四川省社区矫正实施细则（试行）》等地方规定，为我国社区矫正制度体系完善提供了有益的实践经验。当然，进一步健全社区矫正制度体系，需要注重提升地方层面的立法立规水平，应当坚持法治统一原则，坚持以《宪法》《社区矫正法》

《社区矫正法实施办法》等为依据，要避免对社区矫正对象合法权益不合理的限制和干预，要充分考虑地方实际情况，着眼于解决社区矫正工作中存在的实际问题，同时注重地方间的经验交流，尤其在如何发挥社会力量的积极作用、如何使各相关部门职责关系协调衔接、如何强化责任落实等方面，有必要开展学习交流、借鉴有效经验，以提出务实管用的规则，使制度运行规则与工作实际情况精准对接，使社区矫正工作各个环节都能实现规范化。这也是当下关心青藏地区社区矫正事业发展的人们的普遍认知。

第二节 社区矫正机制规范化运行的基本要求

一、规范性要求

社区矫正的规范性要求，是指社区矫正工作要依法而为，这是社区矫正最基本的要求。首先，社区矫正是社会文明进步的具体表现，是一项内容十分丰富复杂的活动，社区矫正执行主体有一定的职权和行为选择性，很容易造成权力滥用。因此，必须重视和加强社区矫正法思维，明确认知社区矫正执行主体与社区矫正对象双方各自的权利与义务。2020 年 7 月 1 日，《社区矫正法》正式实施，这是社区矫正法制史上的一件大事，必将有力地推动社区矫正法治化、现代化的进程。其次，社区矫正必须严格遵循《社区矫正法》的规定，彰显社区矫正是一项严肃权威的活动。在社区矫正程序方面，从罪犯接收、入矫宣告、成为社区矫正对象；对社区矫正对象开展入矫教育、进行监督管理、社会服务、集中教育、个别谈话、走访、心理辅导以及解矫教育等活动，都必须严格依照《刑法》、《刑事诉讼法》和《社区矫正法》的规定进行。最后，社区矫正活动必须依法受到监督。对社区矫正的各项活动实施有效的监督，是依法治国的内在要求。在我国，人民检察院是国家专门的法律监督机关，根据《刑法》、《刑事诉讼法》和《社区矫正法》的规定，人民检察院对社区矫正的活动是否合法，依法实行全过程监督。

二、开放性要求

社区矫正的客观需求是形成合力。社区矫正既不是神秘的工作，也不需要秘密地开展工作。一方面,社区矫正鼓励、要求社会力量能够参与社区矫正,使社区矫正对象能够顺利融入社会。社区矫正制度的确立是为了避免罪犯人格的监狱化。因此,社区矫正不仅通过非监禁化,使社区矫正对象与社会保持接触,而且,为避免一般人对社区矫正对象的歧视,积极鼓励要求社会各种力量对社区矫正对象加以帮助和保护,以保障社区矫正对象顺利回归社会。另一方面,社区矫正从试点、试行,到最终全面推行,不仅是为了适应刑罚文明的需求,更是因为社区矫正是一个与社会发展相磨合、相促进的艰难过程,固然政府从中起着主导作用,但政府的作用力毕竟有限,这个过程需要社会各方面形成合力,推动社会发展,满足社区矫正对社会的需求。因此,社会各界应该具有社会发展意识、参与社区矫正意识;社区矫正工作的开展也应该积极认识到社区矫正工作是社会的责任,重视社会力量的参与,不排斥社会力量的参与。否则,社区矫正设置的意义就不存在。同时,也要认识到社区矫正的积极意义,即大家一起帮助社区矫正对象。当前,整体上保障社区矫正开放性的社会条件还不充分,但这不能成为否认社区矫正积极意义的理由。随着我国社会治理现代化新格局的形成,进一步贯彻落实宽严相济刑事政策,适用社区矫正的比例会继续扩大,社区矫正对象的数量会有较大幅度的增长,社区矫正面临的矛盾和问题会更加突出,因此,从推动社会现代化发展而言,社区矫正工作的开展需要各方面形成合力一起努力。

第九章　社区矫正机制规范化运行的策略选择

第一节　完善社区矫正制度的科学性

一、推进司法所体制机制改革

司法所在基层社会治理中发挥着顶梁柱的作用，但在社区矫正中，面临人手不足与任务繁重的突出问题。《社区矫正法》的实施，意在改变司法所是社区矫正执行者的情况，规定只有接受社区矫正机构委托的司法所，才能承担社区矫正的日常管理工作。但从目前的情况来看，司法所仍然是社区矫正工作的主要承担者。而且，随着国家共建共治共享社会治理新格局的形成，理顺司法所的管理体制，改革司法所的现行运转模式成为基层社会治理的迫切需求。推进司法所的管理体制改革是保障社区矫正的重要举措，是提升司法所社区矫正工作效能、保障社区矫正对象顺利回归社会的现实需要。

2019 年陕西省率先提出《关于推进司法所体制机制改革的意见》，明确了改革管理体制、健全工作机制、完善组织机构、转变职能职责、加强队伍建设、强化工作保障等 6 项任务措施。我们借鉴并提出建议，将司法所从乡镇（街道）整体划转到县（市、区）司法局统一管理，司法所人员编制、经费保障、设施装备、业务工作和考核监督全部由县（市、区）司法局直接领导管理，乡镇（街道）协助做好日常管理和考核监督。建议司法所建制规格与辖区公安派出所、人民法庭保持一致，按规定成立党的基层组织，落实党的组织生活制度。并根据辖区面积、人口、经济社会发展状况和工作需要，配备相应的工作人员，落实政法专项编制，实行实名制管理。主张司法所各项职能职责应该分门别类，设置机构，由专人实施社区矫正。建议实行社区矫正警察制度，开展社区矫正工作。

二、注重实现公益活动的实质意义

社区矫正中的公益，是一项不求回报的服务公共利益创新社区矫正对象参与公益活动的模式。笔者在调研中也感受到，社区矫正工作者为开拓公益活动模式做出了努力，并取得积极成效。

例如，青海省格尔木市“8+N 菜单式”公益活动模式。为了进一步修复社区矫正对象社会关系，培养社会责任感，格尔木市司法局昆仑路司法所试行社区矫正“8+N 菜单式”公益活动。青海省格尔木市司法局昆仑路司法所在严格管理的基础上，从 2021 年 3 月开始采用“司法所+社会组织+社区”的工作机制，探索融合管理模式，结合实际情况，制定了社区矫正对象公益活动菜单，发布“8+N 菜单式”公益活动内容。8 类固定项目为社区公益服务、志愿者服务、无偿献血、敬老助残、捐款捐物、社区环境保洁、现身说法、社区公共设施维修，N 类自选项目由社区矫正对象根据自身劳动能力、技能特长、身体状况自愿申报，采取社区矫正对象自愿认领、自行实施服务的方式。

“8+N 菜单式”公益活动模式的开展，体现了社区矫正工作的温度，社区矫正对象通过实施公益服务活动，树立了助人自助的服务理念。有 22 名社区矫正对象主动参加社区公益服务、志愿者服务、社区环境保洁等公益活动，加入格尔木市大爱之家爱心公益服务中心 2 人次，2 人联点慰问困难群众 22 户，2 人为社区爱心捐款 500 元，1 人无偿献血 400 毫升，取得了良好的教育矫正和社会效果。

另外，建议可推行四川省成都市“社区服务+志愿服务”的工作模式也具有示范性，这一模式具体操作内容为：在社区矫正对象到司法所报到纳入社区矫正时，向其讲清楚社区服务的相关规定及违反的后果，并向相关村（社区）通报社区矫正对象的矫正类别、矫正期限等信息。除暂予监外执行、身体残疾等不适宜参加社区服务的人员外，将全部社区矫正对象引导到各村（社区），以普通群众身份在志愿服务站登记为志愿者，接受相应的培训指导，并下载安装志愿服务 App。社会工作服务组织每次开展活动前，以在志愿服务 App 上发布、在社区和小区院落等地张贴公告等方式，线上线下同时发布招募志愿者公告，广泛吸收志愿者参加服务。社区矫正对象根据公告要求，结合自身特长、爱好和作息时间等自愿报名，待社会工作服务组织审核通过后，按时到活动地点参加志愿服务。志愿服务通过扫描二维码开始和结束进行计时,自动记录服务时长。每月底,村(居)委会根据社会工作服务组织提供的社区矫正对象参加志愿服务佐证材料,如实出具《社区服务证明》,由社区矫正对象交司法所进行考核。社区矫正对象根据每次参加志愿服务的类别、时长、表现等获得相应服务积分,按兑换规则可以兑换商品和服务,同时扣减相应积分。“社区服务+志愿服务”将社区矫正对象参加社区服务与多样化志愿服务相结合,引导社区矫正对象根据自身实际参与各类志愿服务,极大地丰富了社区服务的内容和形式,打破了“社区服务就是打扫卫生”的局限性,提升了社区服务的实效性。

三、加强社区矫正工作中的无缝隙衔接

首先,人民法院依法判决、裁定和决定,从源头上严把社区矫正入口;主动加强配合衔接,探索完善委托调查评估制度,探索改进判后衔接工作,探索法院参与方式方法,确保社区矫正功能有效发挥。

其次,人民检察机关要充分发挥监督作用,加强对交付执行、教育管理、考核奖惩、刑罚变更执行和解除矫正的全过程监督,保障社区矫正工作依法公正进行。同时,检察机关开展社区矫正监督工作的方式和手段亟须作出调整和完善。检察机关现在采取的定期与不定期检察、全面检察和重点检察的监督模式已不能完全适应当前社区矫正监督工作的需要,应在此基础上引入同步动态监督模式,即在监督流程中应涵盖社区矫正的适用、执行、解矫等所有内容;在监督手段上应构建矫正信息的联网共享平台,实时动态地掌握矫正信息,确保监督信息的及时、全面获取;在监督方式上确立常态化检察原则,针对监督内容的不同,落实日、周、月检察和及时检察制度,确保监督的及时性和有效性;在监督保障上,应加大社区矫正机构、人员、设备的投入,确保监督工作的顺利运行。

最后,公安机关应当充分运用大数据、物联网等新技术,实现对社区矫正对象的科学研判、精细管理,积极参与社区矫正对象的教育管理和帮扶;加强与司法行政机关的协作配合,强化社区矫正对象信息共享,健全完善社区矫正管理长效机制。

四、加强社区矫正主管部门的管理能动性

司法行政机关应该积极树立“平衡发展、内涵发展、创新发展”的理念,主动

关注并解决社区矫正的综合保障问题。一是加强机构建设,主动向党委、政府汇报,积极争取编制部门支持,成立社区矫正工作的专门机构,切实承担起社区矫正工作职责。二是注重加强队伍建设,保证社区矫正工作专职力量的形成,充实社会工作者队伍,积极吸纳社会各方优秀人才参与社区矫正,不断壮大社区矫正志愿者队伍;加大学习培训力度,加强提高社区矫正工作人员的业务能力和水平。三是加强经费和物质保障,积极争取财政部门支持,推动将社区矫正经费单独列入财政预算,制定按社区矫正对象数量核定经费的标准,建立动态增长机制;研究制定社区矫正场所规范化建设指导标准;加强司法所建设,形成司法局和司法所职责明确、各有侧重、相互配合、互为补充的社区矫正工作新格局。四是加强信息化建设,推行“互联网+”工作模式,充分运用手机定位等信息技术,利用新媒体优势,实现对社区矫正对象的程序化管理、视频化管理、数字化管理,不断提高社区矫正工作信息化水平。

五、强化社区矫正工作规范意识

一是强化职业法律风险意识。将社区矫正工作纳入廉政工作的风险防范点,健全岗位责任制。明确司法所社区矫正工作责任人和岗位职责,建立责任追究制度。从制度上严格规范社区矫正工作人员的履职行为,促进社区矫正工作廉洁、勤政、务实、高效。同时,排查岗位风险点。梳理社区矫正对象的接收、日常管理、考核奖惩、解除矫正等社区矫正工作环节中的廉政风险点。通过排查和承诺,加强社区矫正工作人员对社区矫正岗位的工作职能、岗位职责和廉政风险的认识,以此督促社区矫正工作人员在工作中注重依法公正、清正廉洁,不断增强职业法律风险防范意识。

二是强化责任意识。社区矫正工作的前提是预防社区矫正对象的脱漏管和重新犯罪,防范对社会再次造成危害,因此,需要加强社区矫正工作人员的责任意识,认真履行职责,注重在日常工作中对社区矫正各环节的严格把关,使社区矫正对象认识到社区矫正的严肃性、权威性,促使其自觉遵守法律法规和社区矫正各项规定。

三是强化帮扶意识。社区矫正工作的核心是提高社区矫正对象的社会适应能力,帮助他们顺利回归社会。社区矫正工作者应该认识到监督管理是基础,适应性帮扶是工作目标。注重在监督管理过程中,有机融合社会适应帮扶内容，真正实现社区矫正的实质性要求。

六、强化社会力量的重点培育意识

对于青藏地区社区矫正而言，依靠政府购买服务模式实现社会力量的参与，至少存在两个问题：一是“有钱买不到”，青藏地区至今没有司法社会工作组织。二是“买了不合适”，从调研情况看，实务中社区矫正购买到的社会组织服务既不符合要求，也不具有专业性，实际上就是雇工形式；另外，即使从上海等地购买专业的司法社工服务，也会面临如下问题：青藏地区高海拔、高寒的环境特色，边远地区自然环境恶劣，加之青藏地区本土文化资源的丰富性、民族性，都会使外地的社工因不熟悉青藏地区的民族文化风情、不适应青藏地区的自然环境，而影响社区矫正工作的效果。据此，青藏地区社区矫正工作在强调鼓励社会力量参与的同时，应该注重推行重点培育本土社会力量的意识与行动。所谓重点培育，建议采用与高校联合培养的模式。青藏地区的高校有社会工作专业，各地方司法行政机关与高校联合培养或订单式培养司法社工组织，或者对司法行政机关社区矫正工作者开展学习式的培养，让他们成为司法社工。如果因为司法社工是稀缺资源，就不再努力创新寻找资源，社区矫正工作的内容就会失衡，最终只体现监督管理，不符合社区矫正的实质要求；如果吸纳其他社会力量参与社区矫正，虽然客观上也发挥一定的作用，但不是专业性地提高社区矫正对象的社会适应能力的作用，而且难免有走形式、敷衍的情况。

第二节　创建本土特色的社区矫正机制

任何机制调整和创新都会受到社会环境的影响和制约，离开现实环境土壤的价值理念难以指导治理机制，离开内生的治理机制发展的考察和反思也难以实现制度理性的价值安排。[1]

社区矫正制度的推行，需要考虑如何与所在地区丰富的本土化资源相处，妥协与强制都不是理性的选择，因此，需要政府在社会系统内部建立协调机制，并在其中扮演积极角色，已经有实践经验证明这是一种行之有效的治理路径，

〔1〕 贡太雷：《惩戒与人权：中国社区矫正制度的法治理论》，法律出版社2015年版，第91页。

能够使社区矫正制度获得本土化资源的激励与帮助而得以顺利展开。实践经验已经表明,制度推行的创新是制度实现的重要保证,也是我国在地区建设中取得的宝贵经验。无论是强制性的制度变迁还是诱致性的制度变迁,若要成功推行至少具有两个重要特征:其一,重视制度及其推行的创新,调整与实践的结合程度,与实践结合得越紧密,制度目的就越容易实现;其二,重视制度及其推行的创新所带来的利益冲突,尤其要注意妥善处理好相关参与者的利益冲突。对这一问题的认识在青藏地区的社会建设中尤为重要。由于青藏地区的社会发展薄弱,在一定意义上,可利用的社会资源只有本土文化资源,现代化的社会资源如司法社会工作组织处于稀缺状态。而且本土文化资源的利用还要注意能不能用和如何用的问题。这些问题都使现代制度的推行处于一种困境之中。破解这一困境有如下两种路径:一是加强地区的社会建设。没有社会建设为前提,地区的社会系统就难以派生出符合现代社会发展要求的资源。二是推行创新制度。创新,就是为了有效利用可利用的本土文化资源。

一、加强社区矫正机制特色理论研究

社区矫正机制的规范化运行,不仅需要妥善应对和解决各种实践层面的问题,而且需要相应的理论体系的构建和完善来提供理论支撑。构建符合社会发展需求的社区矫正机制运行体系,需要对社区矫正机制的丰富内涵和重大意义开展深入研究。理论研究在视野上,既要有本土意识,又要有现代发展眼光;在研究内容上,既要注重体系构建,又要注重现实针对性。随着我国社会建设的文明发展和社会治理现代化新格局的形成,社区矫正的适用率会进一步提升,社会建设能否满足社区矫正制度的运行需求,需要加强相关问题的理论研究,以推动构建具有本土特色的社区矫正制度理论体系,夯实社区矫正机制规范化运行的思想理论基础。

二、探索具有本土特色的社区矫正模式

每个地区的社区矫正都具有普遍性和特殊性。青藏地区具有特殊的人文地理自然环境,应该打造具有本土特色的社区矫正模式。

第一,在坚持维护社会稳定、保持社会稳定的理念下,对社区矫正对象实行严格的监督管理。社会稳定直接涉及国家发展大局。

第二，积极培育本土社会组织，突破社会力量参与率低的阻力。积极吸纳本土德高望重的民间人士、宗教人士、民族干部、学者等参与社区矫正，充分发挥民风民俗、村规民约、宗教教规等本土文化资源的积极作用，实施村—寺院—司法所联动的社区矫正模式。

第三节　推行社区矫正联动工作模式

社区矫正工作应当强调推行联动工作模式。联动工作模式，是指以帮助社区矫正对象顺利融入社会为根本目标，合理配置、引导、发挥政府与社会资源，形成一种积极、互动、融洽、高效的矫正工作模式。

一、联动工作模式的地区发展视角

当前，制约社区矫正工作的重要因素就是缺人、缺专业人才，尤其缺乏能创新、会管理的复合型人才和高新技术人才。如何立足于社会建设大局进行社区矫正发展总体性设计，如何基于长远利益的最大化考量来认识、解决当前存在的社区矫正缺人才的问题，都会对社区矫正发展实践产生重要影响。青藏地区财政总体薄弱，多数处于“吃饭财政”的状态，社会发展程度整体薄弱，一些偏远地区的乡镇存在“人悬浮”“财贫弱”“物不足”等问题。当前社会整体存在着能够参与社区矫正的社会组织发展严重滞后，人民群众参与社会治理、参与社区矫正的意识还待激发，基层社区矫正的专业能力和专业水平还需提高，公检法机关参与社区矫正的积极性不高等问题。为此，必须牢固树立“人才是第一资源”的理念，确立人才优先发展的战略布局，把培育人才作为工作的重点，坚定不移地走人才强区战略。

另外，社区矫正需要广泛尤其是优质的社会资源参与。但青藏地区社会发展程度低，没有派生出所需要的社会资源，因此提高社会的发展程度。而社会发展程度与发展模式选择具有密切的关系。对于青藏地区而言，当前应当改变单纯依靠政府维护稳定、维持发展的格局，应当以社会建设为依托，构建政府、企业和社会组织的协调机制，构建服务型政府，以提供公共服务为核心，搭建社会公共生活平台，广泛发动人民群众的力量，依靠群众，动员群众，群策群力，在社会发展的基础上提升管理创新能力，推进社会的现代发育进程极为必要。

在当前青藏地区人力、物力资源不是很丰富的情况下，在社会治理方面，青藏地区亟须推行相互联动的治理模式，组建平台，整合资源，资源共享，取长补短，对于解决各领域的人才缺乏问题，助力推进社会发展是一个智慧的选择。

二、联动工作模式的实践理论视角

社区矫正的主体并非政府一元化，社区矫正制度的关键词在“社区”。虽然社区自身力量薄弱，但是社区有广大的居民，居民聚在一起就是力量。因此，社区矫正自身就有联动的要求。社区矫正的产生与发展，是人类社会对犯罪人这个特殊群体以及犯罪现象逐渐理性认识的结果，其背后蕴涵深厚的理论与实践的双向互动经验。这些经验理论既是社区矫正制度得以建立和存在的基础，也同样是指导社区矫正实践运作的基本理念。

（一）犯罪预防理论

相对于西方犯罪学有观点主张“犯罪永恒论”，认为犯罪是不可能预防的理论，我国犯罪学认为，犯罪规律的可知性为犯罪预防提供了科学依据。犯罪预防是减少和治理犯罪的根本途径。但是，犯罪是一个复杂的社会现象，不仅涉及社会政治、经济、文化、教育等宏观社会环境因素，而且涉及家庭、学校、社区等微观社会环境因素，是一个多方面、多层次、综合性的因素系统。因此，犯罪预防必须调动社会上的一切积极因素，采取社会性防治措施，消除社会上引起犯罪的各种消极影响，消除犯罪产生的基础，以达到预防和减少犯罪的目的。所谓社会性防治措施，是指动员全社会力量，包括家庭、学校、社区、社会组织以及其他社会资源等开展的防范活动；所谓专门性防治措施，是指国家设置的专门机构，诸如公安机关、人民法院、人民检察院、司法行政机关以及监狱等，对犯罪所进行的防范活动。

犯罪预防需要动员广大人民群众积极参与，才能取得预期效果。社区矫正是预防犯罪的重要手段，但犯罪预防需要全社会的力量。由于青藏地区社会力量发展薄弱，因此该地区社区矫正社会力量参与机制的运行，必须采取联动模式。

(二)恢复性司法理论

恢复性司法理论自产生以来就逐步得到了世界许多国家的肯定与支持,受到了国际社会的广泛关注,例如,1999年7月28日,联合国发布《制定和实施刑事司法调解和恢复性司法措施》第1999/26号决议。2000年7月,联合国在题为《关于在刑事事项中采用恢复性司法方案的基本原则》第2000/14号决议中指出:恢复性司法系指一般在调解人的帮助下,受害人和罪犯及酌情包括受犯罪影响的任何其他家人或社区成员,共同积极参与解决由犯罪造成的问题的程序。

恢复性司法理论主张,犯罪行为不只是对法律的违反,也不只是对国家利益的侵犯,更重要的是对被害人法益和原有正常和平的社会关系的伤害,破坏了犯罪人、被害人以及社会三者之间原本正常的社会关系,因此,它强调被害人乃至受到犯罪影响的其他人都可以参与到解决犯罪问题的活动中,它坚持犯罪人、被害人和社区都是解决犯罪问题的核心要素;它主张大家对话协商,不再坚持刑罚适用的必要性,而是力图在刑罚之外寻求其他更加有效的替代措施。恢复性司法以"实现修复正义,恢复社会关系"为理念,以柔性司法为特征,通过协商谅解方式,实现各方利益的协调,达成实现罪犯改造与社会恢复的目的。具体运行方式是:通过犯罪人、受害人和社区等利害关系人的共同商讨的形式,协商决定对犯罪问题的处理,协商达成满足各方需求的协议,使犯罪人能真正认识到自己行为的危害性以及给受害人所带来的痛苦,通过道歉和补偿,获得受害人和社区的谅解,实现犯罪人的教育矫正,修复被犯罪所破坏的社会关系,以恢复社会的安定有序。

其实,社区矫正的理念与恢复性司法是一致的。《社区矫正法》第42条也明确规定,社区矫正机构可以根据社区矫正对象的个人特长,组织其参加公益活动,修复社会关系,培养社会责任感。"修复关系"的前提是社区矫正对象的真诚悔罪,通过对社区矫正对象的教育矫正,帮助他认识自己的犯罪行为具有危害性,向被害人道歉或通过其他途径,获得被害人的谅解,修复与社会的关系。而在青藏地区社区矫正机制运行中推行联动工作模式,有两个方面的意义:一方面,给工作提供思路,以恢复性司法理论为指导,在适当的情况下,可以让被害人参与到社区矫正工作中,协助社区矫正工作,让社区矫正对象有悔悟之感,请求被害人的谅解。当然,让被害人参与,要遵守法定程序,取得社区矫正机构的批准。另一方面,恢复性司法与青藏地区的一些民族风俗习惯的理念,如“有事可坐在一起商量”“赔偿”等相一致,如果以联动形式坐在一起帮助教育社区矫正对象,矫正对象从情感上是很容易接受的。例如,甘南州夏河县、玛曲县结合本地实际,组织宗教教职人员、社会知名人士、部落中有威望的长者等结对帮扶社区矫正对象,将帮教责任落实到人,特别是在重要节庆日、宗教活动期间等重点时段,发挥宗教教职人员和部落中有威望的长者参与面广、服务能力强、作用发挥好的优势,对社区矫正对象开展心理矫正和政策宣传,让社区矫正对象了解国家的方针、政策,转化思想意识,取得了较好的效果。[1]

(三)综合治理理论

综合治理,是我国党和政府在总结我国社会治安工作的实践经验,科学认识犯罪现象产生、存在和变动的原因与规律并准确判断我国社会治安以及犯罪形势的基础上作出的一个基本的刑事政策选择。综合治理的理论要义是在各级党委和政府的统一领导下,动员和组织全社会的力量,运用政治的、法律的、行政的、经济的、文化的、教育的等多种手段,预防为主,标本兼治,对违法犯罪问题进行综合性整治,从根本上预防和减少违法犯罪,保障社会稳定。因此,运用综合治理理论,也能指导青藏地区培育社会力量。作为一项基本刑事政策,社区矫正的制度理念与综合治理理论一样,同样表达着党和政府在整治犯罪问题上的基本态度和基本方略,只是一个用“社区”表达,另一个用“综合”表达,两个词语都有“组织和动员”的意思,都在强调发挥专门机关职能作用的同时,强调社会力量的作用,强调多种手段的综合运用。综合治理的理论和实践已然成为我国治理犯罪以及其他社会治安问题的基本理论模式和实践,对犯罪的刑事惩罚和社会预防均属于这一理论模式和实践模式的基本内容。[2]

(四)社会治理理论

如何管理社会?传统的观点与实践是政府管理社会;20 世纪 90 年代,西方

---

〔1〕《甘肃社区矫正工作全面升级》,载中国新闻网,http://www.chinapeace.gov.cn/chinapeace/c53712/2017-07/25/content_11654377.shtml。

〔2〕王牧主编:《新犯罪学》,高等教育出版社 2005 年版,第 393 页。

学者提出了社会自治的观点，主张由社会管理社会。这两种观点，在政府与社会的关系上，分别赋予了政府强、社会弱与政府弱、社会强的两种极端模式。我国20世纪60年代初，浙江省枫桥镇的干部群众创造了“发动和依靠群众”的“枫桥经验”。从毛泽东同志批示学习枫桥经验至习近平总书记指示坚持发展枫桥经验，新时代的枫桥经验的核心要义是为了群众、相信群众、发动社会力量和依靠社会力量。我国十八届三中全会提出“改进社会治理方式”；习近平总书记指出，“治理和管理一字之差，体现的是系统治理、依法治理、源头治理、综合施策”。这一科学论断阐明了社会治理的内涵。系统治理意味着我国的社会治理是社会共同治理，鼓励和支持社会各方面参与社会治理的活动。依法治理意味着治理方式法治化。源头治理要求了解民众的诉求、倾听民意，化解社会矛盾、减少社会问题。综合施策要求综合运用法律、行政、市场、社会等多种互助手段。总体而言，正如习近平总书记指出：“社会治理是一门科学，管得太死，一潭死水不行；管得太松，波涛汹涌也不行。因此，社会治理制度建设要讲究辩证法，处理好活力和秩序的关系。”社区矫正工作的规范化应当遵循社会治理理论，在监督管理与教育帮扶的工作开展中，不能机械僵化地对社区矫正对象进行专制镇压式管理，也不能以官僚主义方式在社区矫正中不作为，应当主动积极地了解掌握社区矫正对象的活动情况和行为表现，保障社区矫正对象的合法权益；采取的社区矫正措施和方法应当避免对社区矫正对象的正常工作和生活造成不必要的影响；不得非法限制或者变相限制社区矫正对象的人身自由。同时要发动群众、依靠群众和相信群众。

总之，我国的社区矫正制度从确立、实施到发展期始终面临一系列问题，诸如，矫正队伍不专业怎么办？矫正工作者不够怎么办？没有社会力量参与，如何体现社区矫正的优势性？社区矫正对象困难多，如何解决？缺少公益资源，如何开展公益活动？工作任务重，不堪重负怎么办？经费不足，怎么办？等等，这些问题的存在，影响到工作机制的规范性。如何帮助解决社区矫正中遇到的问题？本着务实原则考虑，笔者提出上述理论，一是因为社区矫正与上述理论的要求“不谋而合”，尤其是国家提出的新时代中国社会治理理论，指导基层社会转变治理理念。完善治理体系，推动基层社会治理创新发展；二是因为我国已经具有联动发展的经验，在经济、教育、文化、公共服务、法律援助、生态保护等领域，以合作的模式助力发展，产生了实现双赢的效益。而社区矫正工作中遇到的问题都可以探索通过联动合作模式进行缓解或者解决，当然，必须明确，“联动”不是简单地、形式化地联合、合作，也不是完成任务的合作一次，更不是运动式的联合行动，而是主动激发创新意识，寻求一切有可能联动的点，确定最佳联动点，并积极利用本土特色资源，争取发挥最大的资源效益，展示有本土特色的社区矫正的优势。而且，社区矫正实施联动模式，既有理论层面的指导与启发，也有实践经验可以借鉴，具有一定的解决问题的动力。

三、我国社区矫正联动模式的实践经验

（一）“党建+社区矫正”——“先锋助矫”模式

浙江省嘉兴市司法局把握社区矫正工作社会化的特点，创新开展“先锋助矫”党员志愿者助力矫正工作，以此着力提升社区矫正工作的社会化水平。通过招募“先锋助矫”党员志愿者，开展与社区矫正对象结对帮教的活动。首先，市县镇三级成立“先锋助矫”党员志愿者服务行动领导小组，建立调研、协调、会商、督办等工作机制。市县镇村四级成立“先锋助矫”党员志愿者服务队，在全市形成横向到边、纵向到底的一体化领导机构和服务网络。其次，市级成立“先锋助矫”党员志愿者服务总队，承担指导管理、统筹协调等职责。县镇村逐级打造“党员志愿者服务大队+社区矫正中心”“党员志愿者服务中队+矫正片区”“党员志愿者服务小队+矫正工作站”，以平台对接促进阵地共建、资源共享、活动共促。然后实行专人分工。每年招募法律、心理等专业人才，实行动态、分类管理，根据志愿者人数、专长等，划分思想引导、心理疏导、行为劝导、法治辅导、就业指导、帮扶开导等6大组别，开展“多对多”组团帮教、“一对一”结对帮教。

在工作模式上，建立了全程参与机制。坚持实“教”实“帮”，党员志愿者签订《“先锋助矫”党员志愿者帮教服务承诺书》，从接收入矫到期满解矫全过程都参与助矫。市、县党员志愿者组成社区矫正讲师团，定期开展“多对多”集中式、组团式帮教活动；镇、村党员志愿者纳入矫正小组成员，参与社区矫正宣告、矫正方案制订、日常教育帮扶、矫正动态分析、矫正期满鉴定等日常活动。同时建立了管理教育机制，即制定年度服务计划，组织党员志愿者有组织、有步骤、有目标地开展相关志愿服务，定期向党员志愿者服务队报告并接受指导和监督。组织开展“先锋助矫”党员志愿者法律、法规和社区矫正相关规定学习培

训，开展必要的事项告知和风险提醒，组织教育帮扶工作技巧实务培训等，确保党员志愿者受训率达100%。建立了考核评价机制，即把“先锋助矫”党员志愿者服务行动作为基层党组织及党员参与平安建设的重要内容，纳入基层党组织“堡垒指数”和党员“先锋指数”评价体系。加大“先锋助矫”在司法行政系统年度工作目标责任制考核力度，扩大赋分，提升考核成效。

在工作内容上，一是落实困难帮扶。结合全市“社情民意大走访、八八战略大宣讲、思想观念大解放”、“千名干部帮千户”、党员认领“微心愿”等活动，组织志愿者走访矫正人员所在村（社区）、家庭，及时掌握情况，解决问题。2018年以来，嘉兴市“先锋助矫”党员志愿者共帮助社区矫正对象落实最低生活保障27名、救助救济124名、化解各类矛盾纠纷291起。二是落实教育矫治。开展修心教育活动，组织志愿者服务团队为社区矫正对象开展心理健康“体检”“国学教育读书月”“传承报本文化修心”“先锋助矫我参与 暖心帮扶促回归”等集中帮教活动，帮助矫正人员认罪悔罪、重塑人生观。2018年以来，共开展集中教育25130人次、个别教育16710人次、心理辅导2785人次。三是落实示范引领。党员志愿者立足岗位职能优势，联系协调企业帮助提供就业岗位，开展技能培训，帮助矫正人员提升就业创业能力。同时，组织矫正人员参与文明城市创建、“美丽乡村”建设、垃圾分类处理宣传、村（社区）义务巡逻、街头文明劝导等社区服务，引导矫正人员回报社会、服务社会。2018年以来，组织技能培训663人次，开展社区服务7823人次，共帮助46名矫正人员实现就业。[1]

（二）“政社”联动社区矫正模式

1.“政府+社会组织”联动机制

（1）上海市新航社区服务总站。上海市社区矫正主管机构为了解决政府社区矫正工作人员编制紧张与社区矫正工作量大的矛盾，注重利用社会力量开展社区矫正的日常工作。2004年1月20日，民办非企业、非营利性质的上海市新航社区服务总站经上海市民政局批准正式成立，按照社团章程自主运行。上海市社区矫正负责机关与新航总站签订《政府采购服务合同》，新航总站根据该合

〔1〕《市司法局创新打造“先锋助矫”社区矫正工作特色品牌》，载嘉兴市人民政府网，http://www.jiaxing.gov.cn/art/2019/1/28/art_1578779_30122384.html。

同的规定组织社工参与各试点街镇的社区矫正工作,并接受上海市社区矫正负责机关的指导、考核与评估。上海市新航社区服务总站按照“政府主导推动、社团自主运作、社会多方参与”的思路,积极创新预防和减少犯罪工作的体系、理念、模式,尤其是从多类原因、多元主体及多种措施入手,将社会工作的思路、策略运用于犯罪预防与改造的实践,取得了扎实成效。[1]

(2)广东省佛山市顺德区社区矫正开展过程中,镇司法所与社会工作组织联合工作。由社工开展社区需求调研,调研显示社区在公共卫生、家电维修、老人照料、法律知识普及等方面存在较大需求,为回应居民的需求,社工与村委会经过磋商,根据实际需求将社区服务内容定为清洁、维修、老人探访、知识宣传等。清晰了社区需求后,社工对社区矫正对象展开专业技能调查和心理评估,以便于社区需求与社矫人员服务能力配对,以保证服务质量。经过多次沟通和整合,社区对在社区内开展社区服务有了较为全面的认识,愿意为社矫人员参与社区事务提供机会。目前,社工组织在全镇 15 个村,联合建立了义工服务岗,由社矫人员担任义工,并建立了需求服务连连看宣传栏,让居民将自己的需求进行留言,由具备专业技能的义工提供服务。经司法所联络引导,团委、妇联、残联、禁毒办、公安局、图书馆、医院、企业等相关部门组织积极参与社区矫正工作,并共同建立了社区服务平台。社区服务平台实行双轨制,一是社区服务的互动,二是对社矫人员的帮扶。在社区服务层面,社工对资源单位的性质及需求进行分类,开设了书香义工、有灵守护、青春解惑、白衣天使等服务岗位,以义工加专业人员以及部门职能合作的方式,使社矫人员开展服务,每个服务岗位均由有关资源单位安排的专业人士引导社矫人员熟悉环境,学习岗位职责与技能,同时关注社矫人员的心理变化,及时进行疏导和调整,使社矫人员能在服务岗位上稳得住、学得好,顺利完成社区服务。在对社矫人员帮扶层面,社工在服务平台建立政府部门与企业单位数据库,定期更新帮扶政策法规、社会帮扶资源、企业招聘信息和专业培训资讯,让社矫人员获取需要的信息,根据自己的需求做出相应的选择。[2]

(3)浙江紧密结合各地经济社会发展水平、文化传统、民风民俗和社会组织

---

〔1〕 徐敏、王玮玮:《新航:践行社区矫正“上海模式”》,载《中国社会工作》2014 年第 18 期。

〔2〕 《宏德社工架起陈村彩虹》,载《大社会》2017 年第 Z1 期。

发展状况等实际,坚持因地制宜,以打造“一县一品牌”为抓手,广泛动员专业社会组织、社团组织和行业协会参与社区矫正教育矫正、社会适应性帮扶等工作,探索形成了“专业+”“行业+”“协会+”社会力量参与社区矫正品牌化发展新格局,有效提升了社区矫正社会化水平。[1]

2.“政府+网格员”联动机制

党的十八届三中全会提出,创新社会治理体制,改进社会治理方式,以网格化管理、社会化服务为方向,健全基层综合服务管理平台。为此,浙江省坚持政府主导、部门推动、社会支持、群众参与有机统一,充分发挥网格化优势,积极整合基层社会治理资源,主动将社区矫正工作融入“四大平台”和“全科网格”建设。省委政法委将社区矫正工作纳入平安考核内容,全力推动社区矫正工作网格化管理,把社区矫正对象日常监管、教育、帮扶活动全面纳入“微网格”,发挥网格员“人熟地熟”的优势,上门走访,实时动态监控,并协助开展调查评估、查找脱管人员等工作,进一步夯实社区矫正基层基础,为确保重要节点时期社区矫正安全稳定提供了机制保障。如丽水市实现2568个社区矫正工作站与基层治理“全科网格”融合,加强网格员“常态化”入户走访教育,落实“一网一格,一格一责”,全市社区矫正对象实现“零脱漏管”。义乌市将矫正对象的监管纳入“一村一辅警”网格管理重要工作内容,880多名矫正对象实现监管全时空、无死角。广泛动员和组织社会力量参与社区矫正工作,全力推动社区矫正监督管理和教育帮扶任务的有效落实,走出一条社区矫正社会化的新路子,极大缓解了基层司法所社区矫正工作人员紧缺的困境,为平安浙江和法治浙江作出积极贡献。[2]

3.“政府+亲情”联动机制

浙江省积极探索推进社区矫正“亲亲家园”工作,将矫正对象的监护人、家庭成员和亲属亲友作为社会力量之一精准导入社区矫正工作中,列入矫正小组

---

[1] 《发挥六大优势　创建六大机制　浙江省社会力量参与社区矫正工作成效显著》,载司法部官网,http://www.moj.gov.cn/pub/sfbgw/jgsz/jgszjgtj/jgtjsqjzglj/sqjzgljtjxw/202101/t20210118_349574.html。

[2] 《发挥六大优势　创建六大机制　浙江省社会力量参与社区矫正工作成效显著》,载司法部官网,http://www.moj.gov.cn/pub/sfbgw/jgsz/jgszjgtj/jgtjsqjzglj/sqjzgljtjxw/202101/t20210118_349574.html。

成员，发挥独特亲情优势。“亲亲家园”依托社区矫正机构与司法所力量，旨在对社区矫正对象的亲属亲友进行有计划、有组织、系统性的教育活动，充分发挥亲情、友情力量的感化帮助作用，确保社区矫正对象矫正方案成功实施。[1]

4. “政府+N”联动机制

江西省宜春市为每一名社区矫正对象确立由“一名乡镇分管领导、一名司法干部、一名社区民警、一名网格员（治保主任或社会志愿者）、一名社区矫正对象家属”组成的“五管一”帮教小组，实现对社区矫正对象的精准监管和常态化帮教。

（三）“司法所+挂职民警”联动社区矫正模式

山东省青岛市西海岸新区司法局实施司法所与挂职民警联动开展社区矫正工作。青岛监狱3位挂职民警既履行人民警察职责，又履行社区矫正工作人员职责，兼任社区矫正科教导员和司法所指导员。3位挂职民警充分履行自身职责，从维护社会安全稳定到参与基层组织建设，从走访了解、矛盾大排查到调查评估，从安置帮教到慈善救助服务群众，推动社区矫正工作发展，都使社区矫正工作发生了积极变化。3位挂职民警对司法所社区矫正工作人员开展专业化的培训，包括心理辅导、心理咨询、个别教育谈话技巧；对执法规范、笔录规范、档案规范等进行详细讲解。他们通过对重点社区矫正对象进行逐个谈话，亲自示范，既有理论讲解，又有实践操作，手把手、面对面进行培训。通过培训，参训人员在一定程度上掌握了专业性知识、技术在社区矫正管理及个别教育谈话中的具体运用，社区矫正工作水平得到巩固和提升，执法意识进一步增强，激发了大家的工作热情，有利于更好地开展社区矫正工作。[2]

（四）网络联动社区矫正模式

北京市通州区司法局坚持互联互通，建设智慧监管系统。投入专项资金，

---

〔1〕《发挥六大优势　创建六大机制　浙江省社会力量参与社区矫正工作成效显著》，载司法部官网，http://www.moj.gov.cn/pub/sfbgw/jgsz/jgszjgtj/jgtjsqjzglj/sqjzgljtjxw/202101/t20210118_349574.html。

〔2〕《新区司法局党建引领构筑警所互动良好机制》，载青岛西海岸新闻网，http://www.xihaian-news.com/article/4283126.html。

构建专网互联，打造“中心+基点”互联互通的联动指挥平台。依托远程平台建设，在通州区司法局建立指挥调度中心，行使指挥、调度权限，阳光中途之家和15个司法所行使处置、反馈权限，变“各自为政”为“合成作战”，形成“一网互联、资源共享、联动处置、无缝对接”的工作模式，实现社区矫正远程部署、远程会商、远程督导。通州区15个镇(街)司法所均联通远程视频会见系统。而且，通州区司法局充分发挥“以教代管”优势，以教育矫正100%覆盖为目标，将“面对面”课程教学与网络学习有机整合，针对行动不便、不宜参加集中教育的服刑人员，通过网络教学开展教育，实现社区矫正对象教育矫正100%的覆盖目标。〔1〕

四、社区矫正联动工作模式形态

(一)党建引领机制

党建引领是我国基层治理的政治灵魂和政治轴线，是中国特色社会治理最为根本的标志，规定了中国社会建设和社会治理的政治逻辑，是根植于中国特色社会主义的建设进程和中国独特的政治发展进程之中的。〔2〕习近平总书记在党的十九大报告中强调，要推动社会治理重心向基层下移，把基层党组织建设成为领导基层治理的坚强战斗堡垒。社区矫正是基层治理的重要组成部分，社区矫正能力与社区矫正实效都直接影响着基层治理的现代化水平。提升社区矫正能力、提高社区矫正实效，都必须把加强党的领导和党的建设摆在首位，以党的建设贯穿社区矫正、保障社区矫正、引领社区矫正。积极探索“党建+”社区矫正模式，可具体化为司法所与各基层党支部积极对接，建立“党建+社区服务”“党建+心理矫治”“党建+走访”“党建+就业”等模式，充分发挥“先锋助矫”的积极作用。例如，甘南藏族自治州司法局联合相关部门建立社会力量参与社区矫正工作的“三个衔接”机制，即与公、检、法及监狱衔接，与民政、社保衔接，与社区、家庭衔接。甘南藏族自治州临潭县城关镇党委制定了《城关镇社区矫正工作制度》，明确成员各自职责，在辖区内形成合力，确保管控、教育、帮扶措施落实到位。

---

〔1〕《社区矫正“北京模式”再创新 “副中心”尝试走新路》，载搜狐网，https://www.sohu.com/a/258420596_391265，最后访问日期：2019年11月1日。

〔2〕刘建军：《联动式治理：社区治理和社会治理的中国模式》，载《北京日报》2018年10月15日。

（二）政社联动机制

政社联动，就是司法所在实施社区矫正时，与基层群众自治组织、社会组织及其他社会资源之间有效衔接和良性互动，激发多方主体活力，共同开展社区矫正工作的合作模式。社区、工会、共青团、妇联、残联、红十字会、慈善总会等社会组织、社会工作者、社会企业以及高校、志愿者等其他社会资源在社区矫正中都能发挥重要的作用。

青藏地区根据所在地社会组织、社会工作者、社会企业以及其他社会资源的实际情况，构建“政社联动”机制时可采纳“司法所+”的组合模式，包括“司法所+基层群众自治组织+社会组织”“司法所+三社联动（社区、社会组织、社会工作者）”“司法所+四社联动（社区、社会组织、社会工作者、社会企业）”“司法所+五社联动（社区、社会组织、社会工作者、社会企业、其他社会资源）”等；如果社区矫正涉及民族因素时，建议所属司法所吸纳优秀宗教人士参与社区矫正，形成“司法所+寺/宗教人士”联动模式。

（三）政府部门联动机制

政府部门联动，就是司法行政机关与政府其他相关部门参与和协作，开展社区矫正工作。根据《社区矫正法实施办法》第 2 条的规定，司法行政机关与人民法院、人民检察院、公安机关以及其他有关部门在社区矫正中有协作关系。社区矫正工作是一项复杂的系统工程，涉及的政府部门众多，不仅涉及立法、公安、检察、法院、司法行政部门，而且涉及劳动和社会保障、财政、民政等部门。政府部门联动机制表现为横向协作与纵向组合。横向协作表明各政府机关及其部门在职责范围内为社区矫正工作提供保障的过程；纵向组合意味着保证社区矫正有序进行，帮助社区矫正对象顺利进入社会是行政力量、司法力量、法律监督力量的共同目标。

（四）“互联网+”联动机制

“互联网+”联动，就是司法行政机关利用信息通信技术以及互联网平台，充分发挥互联网的优势，让互联网与社区矫正工作进行深度融合，创新形成“互联网+社区矫正”矫治模式，有利于提升社区矫正工作的信息化水平，推进社区矫正工作科学发展提高社区矫正质量，实现社区矫正信息化建设。

第十章　未成年人社区矫正研究

2003年,我国开始社区矫正试点工作,由于社区矫正的非监禁特征,社区矫正成为我国预防未成年人犯罪领域里的朝阳制度,是公认的防治未成年人犯罪的有效措施。2020年7月1日,我国《社区矫正法》正式实施,其中专章规定"未成年人社区矫正特别规定"。本章将结合在青藏地区的调研状况,根据《社区矫正法》的规定,对未成年人社区矫正机制问题展开分析。

第一节　未成年人社区矫正的必要性

未成年人社区矫正,是指将已满14周岁未满18周岁的未成年罪犯置于社区内,由专门的国家机关在相关社会力量的参与、协助下,在判决、裁定或者决定确定的期限内,矫正其犯罪心理和行为恶习,促进其顺利融入社会,预防和减少犯罪的活动。由于未成年罪犯正处于长身体、学习知识的时期,是生理和心理发育、发展较快的时期。他们思想敏锐、感情丰富、话语权较强、精力充沛、求知欲旺盛,但同时,他们身心发育尚未成熟,思想尚未定型,认识能力较差,感情易冲动,行动易过激,很容易受到环境的影响,可塑性较强;而社区矫正具有监督管理与教育帮扶的功能,能够针对未成年人身心特征的积极性与消极性作出反应,因此,对未成年罪犯适用社区矫正是最佳的选择。

一、保护未成年人顺利完成个性化与社会化过程

根据犯罪学理论研究,未成年时期是一个社会化和个性化的关键阶段,是人的个性品质最终形成和人生发展方向最终确定的关键时期。因此,如何保证未成年人顺利完成个性化和社会化过程,便成为预防未成年人违法犯罪的核心

内容。

首先,由于未成年人是身心发育尚未成熟的特殊群体,受到年龄、智力、社会经验等方面的局限,其正处于不成熟或由不成熟向成熟过渡的发育、发展阶段,同成年人相比,自我保护能力差,合法权益更容易受到侵犯;受认识能力的限制,未成年人对其行为的性质、后果、社会意义没有深刻的认识,缺乏正确的是非标准;同时,由于年龄的限制,未成年人的控制能力也比较差,在社会上一些不良因素的影响下,很容易实施犯罪行为,这些因素都决定了未成年人非常需要国家、社会、学校和家庭给予特别的关心和爱护。作为自然人,未成年人的生长发育需要家庭和社会给予物质上的支撑和精神上的呵护;作为社会人,国家、社会、学校和家庭有责任扩大社会对未成年人的积极影响,避免或者减少消极影响。我国《未成年人保护法》明确规定:"对违法犯罪的未成年人,实行教育、感化、挽救的方针,坚持教育为主、惩罚为辅的原则。"而社区矫正契合未成年罪犯回归社会、健康成长的特性需求。

其次,我国未成年人社区矫正制度充分表达了国家对未成年罪犯实施的是一种保护性干预的态度。所谓保护性干预,包含两个方面的内容:一方面,是为了保护未成年社区矫正对象,即保护未成年社区矫正对象的生存与发展权利;另一方面,在保护未成年社区矫正对象的同时,还需要施以必要且适度的干预或者介入,其中包括必要且适度的教育与劝诫、奖励与批评。需要强调的是,对未成年社区矫正对象的任何保护或者干预,都必须以必要且适度为原则。如果放任或者放纵不管,未成年社区矫正对象极易沉溺于不良交友或者接受不良文化以及受其他不良环境的影响;如果管束过严,又容易造成个性压抑。〔1〕

最后,社区矫正能够消除由于被监禁造成的与社会脱节的问题,既避免了未成年社区矫正对象与监护人及其亲朋的隔离,又有利于避免犯罪感染。而且,在社区环境中对未成年社区矫正对象进行矫正教育,有利于减少社会对未成年人的偏见。因为,如果未成年人有了进入监狱服刑的经历,其就有了难以磨灭的人生污点,即使出狱后重新融入社会,也会因为人们的偏见而困难重重,不利于未成年人的再社会化。因此,社区矫正实现了未成年社区矫正对象再社会化的需求,具有人道主义价值,符合人性化的需要,对未成年罪犯的人格重塑

〔1〕 王牧主编:《犯罪学》,高等教育出版社 2005 年版,第 403 页。

具有保障意义,有助于从根本上预防和减少未成年人的违法犯罪问题。

二、贯彻体现国家对未成年罪犯保护的法律精神

未成年人社区矫正制度的实施,符合我国保护未成年罪犯的法律精神。我国在实体立法和程序立法层面都已经确立了对未成年罪犯实行教育、感化、挽救的方针,明确了坚持教育为主、惩罚为辅的保护性原则。例如,《未成年人保护法》规定:“对违法犯罪的未成年人,实行教育、感化、挽救的方针,坚持教育为主、惩罚为辅的原则。”《预防未成年人犯罪法》第113条第1款规定:“预防未成年人犯罪,立足于教育和保护未成年人相结合,坚持预防为主、提前干预,对未成年人的不良行为及时进行预防、干预和矫治。”另外,在《刑法》《刑事诉讼法》《监狱法》等法律和《最高人民法院关于审理未成年人刑事案件具体应用法律若干问题的解释》《人民检察院办理未成年人刑事案件的规定》《公安机关办理未成年人违法犯罪案件的规定》《关于办理少年刑事案件建立互相配套工作体系的通知》等司法解释及规范性文件中都规定了未成年人犯罪案件不同于成年人的办案规则,都体现了对违法犯罪的未成年人实行教育、感化、挽救的方针,坚持了“教育为主,惩罚为辅”的原则。此外,我国参加了《联合国儿童权利公约》、《联合国少年司法最低限度标准规则》(《北京规则》)、《联合国预防少年犯罪准则》(《利雅得准则》)、《联合国保护被剥夺自由少年规则》等重要公约。这些公约都弱化了刑罚的报应观念,强调特殊预防中的教育刑论,重视刑罚的个别化,要求以轻缓的刑罚或多种非刑罚方法来处理未成年人犯罪,对未成年罪犯优先适用教育措施。

综上所述,我国已形成以保护未成年罪犯为主导的法律体系,这为我国实行未成年人社区矫正制度提供了积极的保障基础。而我国实行未成年人社区矫正制度,实际上也是矫正罪犯领域要求贯彻体现我国保护未成年罪犯法律精神的需要。

三、认同践行司法文明改革理念

随着我国对社会治理的认识深化,我国的刑罚理念呈现文明化的趋势,人们越来越认识到刑罚制度以及普遍适用的监禁刑的局限性,在司法领域,司法机关严格遵循刑法谦抑性原则,对刑罚的启动持更为慎重的态度,将其作为保

护法益的最后手段和补充性措施,使刑罚轻缓、人权保障理念进一步传播,刑罚动机也逐渐由重惩罚报应转变为兼矫治教育。尤其对未成年罪犯,遵循尽可能让其不在监禁环境中服刑的原则。我国实行未成年人社区矫正制度,正是对这种司法文明理念的积极践行。而且,未成年人社区矫正制度的实行,有利于缓解司法资源,合理配置行刑资源,并能借助社会力量对未成年罪犯实施社区矫正,可以节省一定的人力、物力和财力,有利于降低矫正成本。

第二节　未成年人社区矫正的专有原则

未成年人社区矫正的专有原则,是指在社区矫正基本原则与具体工作原则的基础上,依法贯穿于未成年人社区矫正工作始终,必须得到普遍遵循的具有专门性、根本性的准则。未成年人社区矫正的专有原则是未成年人保护的基本原则在未成年人社区矫正工作中的具体表现。根据《社区矫正法》的规定,未成年人社区矫正的专有原则包括分别实施原则和身份信息保密原则。

一、分别实施原则

我国《社区矫正法》第 52 条第 3 款明确规定:“对未成年人的社区矫正,应当与成年人分别进行。”据此,未成年人社区矫正的分别实施原则,是指对未成年人的社区矫正与对成年人的社区矫正应当有区别,在社区矫正内容、社区矫正方式等方面需要更加符合未成年人的实际需要。之所以这样规定,一方面,未成年人不同于成年人,未成年人的生理、心理尚未完全成熟,辨别能力低,容易受外界的影响;另一方面,未成年人的好奇心强,易冲动,对新鲜的事物比较感兴趣,不愿受过多的约束,行为控制力低。如果按照对待成年罪犯的矫正规则,要求未成年罪犯遵守,容易引起其反感,即使表面上遵守各种矫正规定,心理也未必真正有改过意识。未成年罪犯较成年罪犯更容易出现重新犯罪的现象。因此,将未成年人的社区矫正与成年人的社区矫正实行区别对待,实际是尊重未成年人成长规律,保护未成年人的发展权,有利于提高对于未成年人社区矫正的质量,有助于促进未成年罪犯顺利完成社会化,融入社会,成为守法公民。

二、身份信息保密原则

未成年人社区矫正的身份信息保密原则，是指对未成年社区矫正对象的身份信息必须加以保密，禁止非法提供给任何单位或者个人。

我国《社区矫正法》第54条明确规定："社区矫正机构工作人员和其他依法参与社区矫正工作的人员对履行职责过程中获得的未成年人身份信息应当予以保密。除司法机关办案需要或者有关单位根据国家规定查询外，未成年社区矫正对象的档案信息不得提供给任何单位或者个人。依法进行查询的单位，应当对获得的信息予以保密。"

对未成年社区矫正对象的身份信息实行保密，与我国《刑事诉讼法》对未成年犯罪人案件实施不公开审理的法理是相同的。如果公开未成年社区矫正对象的身份信息，根据标签理论，很容易被他人贴上"犯罪人"的标签，受到社会歧视，即使社区矫正解除，由于未成年人的心理尚不成熟，承受能力有限，往往从此长期陷入因接受社区矫正而带来的阴影之中。对未成年社区矫正对象的身份信息实施保密，一方面，要求在任何阶段，对获知的未成年人身份信息予以保密。对其矫正宣告也不公开进行，包括入矫宣告不公开进行，也包括解矫宣告不公开进行。另一方面，对于未成年社区矫正对象的矫正档案信息应当保密，不得提供给任何单位或者个人，除司法机关办案需要或者有关单位根据国家规定查询外。依法进行查询的单位，应当对获得的信息予以保密。社区矫正机构及其工作人员、参与人员均不得泄密。这在一定程度上也与我国刑法上的未成年犯罪人前科报告义务免除制度相呼应。

第三节　未成年人社区矫正问题

为探索未成年人社区矫正制度的实施机制，掌握未成年人社区矫正工作状况，笔者经过在青藏地区对未成年人社区矫正工作开展调研，关注到如下问题。

一、未成年社区矫正对象在调研中占比最少

如前文所述，社区矫正是最符合未成年罪犯的一种矫正方式。从调研的情况看，青藏地区未成年人社区矫正的比例在调研对象中占比最低。(见表10.1)

接受调研的20个司法所在册社区矫正对象435人,无未成年社区矫正对象。J地区在册社区矫正对象共1472人,其中,未成年社区矫正对象29人。L地区在册社区矫正对象171人,其中,未成年社区矫正对象只有1人。X地区在册社区矫正对象987人,但未成年社区矫正对象只有16人,其中男性15人,女性1人。

表10.1　青藏地区未成年人社区矫正的比例

调研对象	社区矫正对象(人)	未成年社区矫正对象(人)	占总数比(%)
20个司法所	435	0	0
J地区	1472	29	1.97
L地区	171	1	0.58
X地区	987	16	1.62

调研期间收集到甲地区2016年至2021年7月的未成年社区矫正对象数据(见图10.1)。很明显,自2018年以后,未成年社区矫正对象呈下降态势。

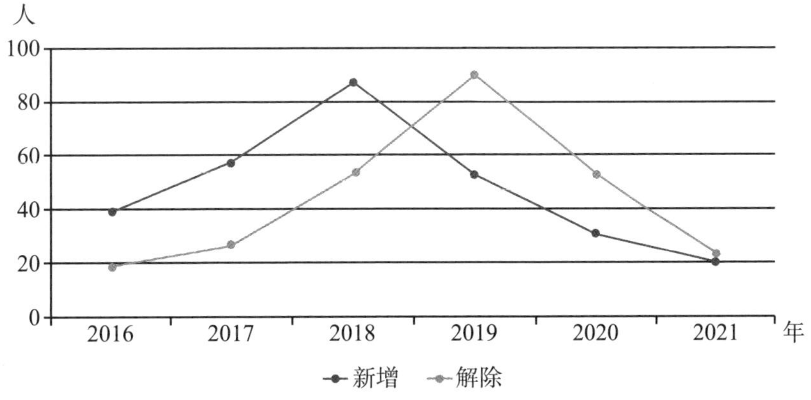

图10.1　甲地区2016年至2021年7月未成年人社区矫正对象数据情况

针对未成年社区矫正对象比例低的现象,调研收集到X地区、A地区、M地区相关的未成年人犯罪数据。调研结论显示,这三个地区未成年人犯罪率呈下降趋势(见表10.2、表10.3、表10.4)

表 10.2　2017 年至 2020 年 1—4 月 X 地区两级法院判处未成年罪犯情况

2017 年		2018 年		2019 年		2020 年 1—4 月	
人数(人)	占比(%)	人数(人)	占比(%)	人数(人)	占比(%)	人数(人)	占比(%)
147	4.52	122	3.86	116	3.52	20	3.09

表 10.3　2017 年至 2019 年 A 地区公安机关查处涉及未成年人违法犯罪案件

年份	案件数(起)
2017 年	178
2018 年	152
2019 年	75

表 10.4　2019 年 M 地区法院审理各类未成年人犯罪案件

生效判决案件(起)	判决生效被告人数(人)	占全部犯罪人数比(%)	较 2018 年同期
153	218	3.13	下降 0.27 个百分点

同时,对 X 地区社区矫正对象的数量与两级法院判处未成年人罪犯之间的数据进行了对比(分别见表 10.1、表 10.2)。这两种数据获得时间在同一天,而且数据统计截止期是一致的。其中,表 10.2 数据显示,从 2017 年至 2020 年 4 月,X 地区两级法院共判处未成年罪犯 405 人,其中,2017 年判处未成年罪犯 147 人,2018 年判处未成年罪犯 122 人,2019 年判处未成年罪犯 116 人,2020 年 1 月到 4 月,判处未成年罪犯 20 人。表 10.1 数据显示,X 地区在册社区矫正对象 987 人,未成年社区矫正对象只有 16 人,考虑到社区矫正对象有新入矫、有解矫的动态数据变化,但这 16 人自然包括 2019 年所有决定适用社区矫正对象的未成年人,很明显,X 地区 2019 年判处未成年人罪犯数(116 人)与现有未成年人社区矫正数(16 人)之间的差距还是较大的,何况这 16 人中不只包括 2019 年的未成年人罪犯。因此,在 X 地区有可能存在社区矫正适用率低的情况,即未成年人犯罪符合社区矫正适用条件而不予适用的情况。在调研中,有接受访谈的刑事审判庭法官说:“未成年人适用社区矫正,关键是考虑有没有人管他,有没有监护人,有没有学校,有没有居委会、村委会管他,对于没有固定居所、没有监护人的,适用社区矫正,就像风筝断了线,很危险。因此,对不具备监护条

件与管教条件的未成年人罪犯，基本上不适用。”在其他调研地区的未成年案件审理中，这种情况也不同程度地存在。对应当适用社区矫正，却担心适用社区矫正后存在不利于未成年人成长的条件就不予适用的思路，貌似没有问题，但适用监禁矫正后，又该如何避免监禁矫正对未成年人的不利状况呢？因此，我国对未成年人的社区矫正制度依然需要细化，需要建设完善相关配套制度，让社区矫正制度在预防未成年人犯罪中发挥更有效的作用，这也是社区矫正机制的完善目标。

二、未成年人社区矫正工作专业化程度低

本调研围绕落实分类管理、个案矫正、坚持监督管理与教育帮扶相结合、专门机关与社会力量相结合和落实未成年社区矫正对象保护制度，考察未成年社区矫正工作的规范性与专业性。调研情况显示，青藏地区普遍重视未成年社区矫正对象工作开展的规范性，例如，青海省专门针对社区矫正对象分类管理、分阶段教育等制定出台相关制度，对未成年社区矫正对象的日常管理考核与分类矫正作出明确的规定。在社区矫正实践中，对未成年社区矫正对象都能落实分类管理，而且日常监管也较规范。例如，调研甲地区分类管理情况，在册未成年人社区矫正对象 49 人，其中，严管 10 人，普管 17 人，宽管 22 人(见图 10.2)。但值得注意的是，甲地区未成年社区矫正对象的严管比例占总监管级别的 20.4%，占比偏高，而且 2021 年 1—7 月，甲地区未成年社区矫正对象再犯罪 2 人。这些都反映出对未成年犯罪人的社区矫正工作具有一定的难度，需要引起高度重视。

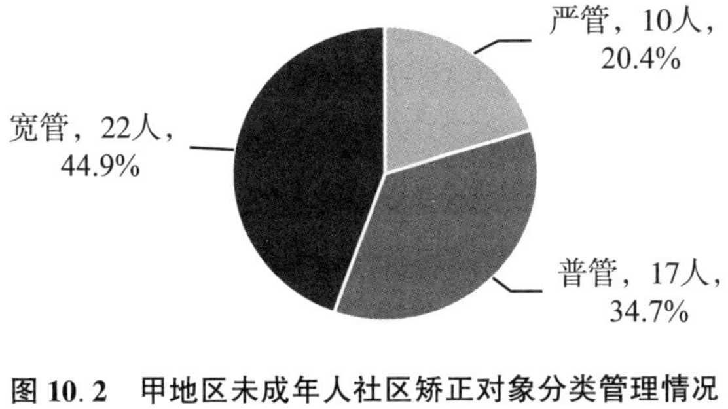

图 10.2　甲地区未成年人社区矫正对象分类管理情况

在对未成年人社区矫正工作的方法中，也体现出对未成年社区矫正对象的

区别对待、教育为主和特殊保护。例如,有一名未成年社区矫正对象逃学3次,工作人员工作记录显示与该未成年人有关的谈话记录有14次,其中,7次是与未成年人的单独谈话,4次是与监护人的谈话,3次是与监护人、老师的共同谈话,而且还记录了谈话后的效果。在坚持个案矫正中,注重情感教育方法,相关工作人员对未成年社区矫正对象的年龄、成长经历、犯罪原因、家庭监护教育条件等情况都比较熟悉。

关于日常管理情况,大多数地区社区矫正工作有详细的台账记录,对未成年社区矫正对象的电话汇报、到所报到、请假销假以及工作中的季度鉴定、风险等级评估、制定矫正方案、暂予监外执行人员病情鉴定、定位装置拆卸报警等都有记录。从司法所工作记录来看,司法所都确定了矫正小组,制定实施有针对性的个案矫正。落实教育管理,强化监管责任。在日常教育管理中,以教育感化为主,有工作人员的工作方法是把未成年社区矫正对象看作自己的孩子一样,采用聊天法和鼓励法。同时,针对未成年社区矫正对象家庭监管有问题的状况,积极与监护人进行沟通,积极引导、督促监护人及其亲属履行法定监护职责。在保密工作方面,能够落实对未成年社区矫正对象的入矫宣告、解除宣告、奖惩训诫等环节均不公开进行的保密制度。此外,档案封存工作也有所开展。但调研中,也发现了如下一些较为突出的问题。

(一)矫正小组人员结构单一,专业化不强

根据《社区矫正法》的规定,社区矫正机构为未成年社区矫正对象确定矫正小组,应当吸收熟悉未成年人身心特点的人员参加。但是,调研地的未成年社区矫正对象的矫正小组成员基本上都是司法所工作人员+监护人的形式,也有老师、村(居)委员会成员出现在矫正小组的情形。由于未成年社区矫正工作的专业性较强,不仅涉及未成年人心理学知识、教育学知识,也涉及社会学、社会工作知识等,所以,矫正小组应当具备一定的专业性。正如前文所分析,司法所人员少、人员队伍专业素养普遍偏低、工作任务繁杂,加之有的未成年人的监护人素质也存在问题,因此,未成年人社区矫正工作难免随意性较大,形式化严重,这个问题也体现在矫正方案的制作方面。

而且,未成年人社区矫正工作中,社会工作者和志愿者参与不多,有的地方根本就没有社会工作者和志愿者参与。这与地区社会组织和志愿者发展程度

有关(关于此问题,本书第五章有相关分析)。因为没有专业人士提供服务,所以,对未成年社区矫正对象开展一对一心理辅导、重点关注未成年社区矫正对象的心理动态等工作就存在无法开展、自己开展专业化不够的问题。

(二)未成年人社区矫正档案没有实现专门保管

调研中发现,由于基层司法所人员编制紧张,办公场所建设条件普遍一般化,因此,未成年人社区矫正档案无法实现专人保管,也没有设置专门的档案室,没有对档案实施专门的分类管理和单独存放,没有为社区矫正工作人员在流转、查询过程中对未成年人社区矫正档案要履行保密职责提供客观条件,一定意义上弱化了社区矫正机构防范泄密问题发生的能力。

三、未成年人社区矫正工作的合力作用还需加强

这里的合力作用主要是指专门机关之间的合力作用。未成年人工作涉及面较广,在保护体制上,政府成立了未成年人保护委员会,每个与未成年人成长有关的国家机关、政府部门都属于未成年人保护委员会的成员单位。虽然司法行政机关主管未成年人社区矫正工作,但是其他未成年人保护委员会成员单位对于未成年社区矫正中与其有关的工作,在获得信息后,应当积极主动予以配合。尤其是社区矫正决定机关、协助机关、帮助执行机关、监督机关,应当在未成年人社区矫正工作中发挥积极配合、主动协助的作用。为了调研这种专门机关之间的主动性、积极性状况,笔者参加了一个调研地区的未成年人保护工作座谈会,发现在谈及未成年人保护工作成效时,只有司法局谈到了未成年人社区矫正工作成效,但是法院、公安机关、检察机关发表意见时均未提及未成年人社区矫正工作。而且在收集到的提交给未成年人保护委员会的工作总结中,除了司法行政机关外,也没有一家成员单位提到为未成年人社区矫正开展过哪些工作。这种现象的存在,虽然不能直接说明专门机关之间的合作状况,但也在一定程度上反映了相关专门机关不重视未成年人社区矫正工作,并未将未成年人社区矫正工作列入本机关的正常职责范围内。司法行政机关应当以多种形式与其他专门机关加强联系,促使他们重视未成年人社区矫正,将未成年人社区矫正工作中的合力作用常态化,如此才能保证未成年人社区矫正工作取得成效。

第四节 未成年人再犯罪危险防控机制

尽管未成年人权益需要保障,而且在理论与实践中,我们一直在强调保护未成年人的权益,但未成年犯罪人作为特殊的犯罪人类型,在社区矫正中不可避免地具有再次危害社会的可能性,需要我们予以防范与重视。在刑法领域,研究结论认为,犯罪人的本质属性就是其人身危险性,即犯罪人具有再次实施犯罪的可能性。在犯罪学领域,研究结论认为,任何一个犯罪人的犯罪可能性,都是由多种因素共同决定的。犯罪社会学派创始人菲利认为,无论是诚实的还是不诚实的,是社会性的还是反社会性的人类行为,都是一个人的自然心理机制和生理状况及其周围生活环境相互作用的结果,犯罪的人类学因素或个人因素、自然因素和社会因素,是犯罪实施的三大类因素。[1] 由于未成年人特殊的生理和心理特征,很容易受到外界不利因素的影响,致使未成年人在社区矫正过程中,无疑也存在再次违法犯罪,再次侵害社会、社区的利益安全的风险,即接受社区矫正的未成年犯罪人存在可能再犯罪的风险。如果社区矫正机构不能有效地控制这种风险,对未成年犯罪人的社区矫正工作就不能正常开展,不仅不能帮助未成年犯罪人重返社会,反而会使社会与公众的安全再次遭遇侵害,社区矫正的意义将荡然无存。而且,一定意义上说,对未成年犯罪人社区矫正风险防控的意义甚至重于对成年犯罪人社区矫正风险的防控。一方面,根据犯罪学研究结论,未成年犯罪人年龄越小,行为矫正的难度越大,其再次犯罪的可能性越大,再次犯罪的次数越多,终止其犯罪的可能性越小。而开展社区矫正危险防控,就是为了能够尽早地对未成年犯罪人进行干预与帮教,揭示、改善、消除可能导致其再次犯罪的影响因素,多层次、全方位地对未成年人进行教育、感化、挽救和监督,发挥社区矫正的最佳效果,以更好地对未成年犯罪人加以保护。另一方面,教育学研究结论"孩子成功教育从好习惯培养开始"已获得普遍认可。但未成年犯罪人往往没有遵守规则的习惯,如果过于强调未成年人与成年人的区别,只注重未成年人权益的保障,而疏于对其人身危险性的防控,必然会削弱未成年犯罪人的规则意识,对未成年犯罪人的规则习惯养成实际是

---

[1] 曲新久:《刑法的精神与范畴》,中国政法大学出版社2000年版,第195、202页。

一种阻碍。所以,危险防控是未成年人社区矫正的核心,也是社区矫正帮助未成年犯罪人成为守法公民的重点与难点。

因此,社区矫正工作的开展必须未雨绸缪。本节内容旨在注重未成年社区矫正对象在社区矫正中的危险控制问题,以倡导应当探索如何清楚界定其中的危险因素,如何对不同的未成年社区矫正对象采取不同的控制措施,从而保证未成年人社区矫正的有效开展。

一、未成年社区矫正对象危险防控的理论依据

(一)社会控制理论

社会控制理论是目前犯罪学领域影响巨大的理论。这一理论主张,社会中所有的人都有犯罪的机会,现代社会为人们提供了许多犯罪的机会,犯罪就是失控的结果。这一理论的主要代表人物,当代美国犯罪学家赫希(Travis Hirschi)在20世纪60年代提出了将犯罪行为的发生与各种社会控制的减弱相联系的观点。他认为,社会中的每一个人都有犯罪的可能,都是潜在的犯罪者。由于犯罪行为会给个人与朋友、家庭、邻居、学校和工作单位等重要机构的关系造成不可弥补的损失,一般人都因这种担心而不得不遵守法律和其他社会规则。如果没有社会控制,又不关心他人的利益,一个人肯定就会犯罪。赫希认为,对父母的依恋最为重要,这是阻止犯罪发生的一道重要屏障。如果没有对父母的依恋,一个人就不可能有对其他有影响的人的尊敬。如果一个人对父母有依恋,往往会注意父母的期望,这会促使他选择并努力实现一些合法的目标。[1]

(二)社会学习理论

社会学习理论是由美国心理学家班杜拉(Albert Bandura)与社会学家艾克斯(Ronald Akers)提出的。它重视人的行为和环境的相互作用,主张犯罪是学习来的。杜拉和艾克斯认为,人的行为主要是后天习得的。对一个人的行为影响最大的是这个人与之交往的社会群体。如果一个人受违法行为的影响大于守法行为的影响,同时又没有认为违法行为是不妥当或者不可行的,那么发生

[1] 张绍彦主编:《犯罪学》,社会科学文献出版社2004年版,第45页。

违法犯罪行为的可能性就会大大提升。[1]

(三)漂流理论

漂流理论是美国社会心理学家马茨阿(Matza. D)对未成年人犯罪心理进行理解提出的见解。马茨阿认为,未成年人的身心发展具有很强的不确定性,违法未成年人并不是一直有犯罪行为,我们甚至无法观察和预见,他们大多数时间以守法的行为出现并不表现出问题行为。他们甚至认为自己并不是不良少年,也不觉得自己有违法犯罪行为。但是他们觉得自己有自由行动的权利,在"守法"的前提下,有时采取违法的行为。这种在两者之间变动不定的状况,叫做"漂流"。违法未成年人是"漂流少年"。为此,需要鉴定哪些环境因素提供机会促使"漂流少年"实施犯罪,并对其进行改善。[2]

(四)犯罪综合动因论

犯罪综合动因论,由我国犯罪心理学家罗大华等人提出。该理论认为,人出生后,要通过家庭、学校和社会教育,把特定的社会文化和道德关系,通过内化的过程,反映到主观心理世界中来,变成特定的心理品质和行为方式。个体犯罪是个体犯罪的主体内外因素相互作用的结果,个体犯罪原因具有整体性、层次性、结构性和动态性。用犯罪综合动因论来解释未成年人犯罪,那就是家庭、学校、社区、人际交往等主体外因素的不良影响,与未成年人的不成熟、冲动、控制能力弱和不良行为习惯等主体因素相结合,导致行为违法犯罪。不能用单一因素论和静止的观点去考察未成年人犯罪,应该用复杂、综合原因以及动态的观点去考察未成年人犯罪。[3]

尽管上述理论从不同的角度对未成年人实施犯罪的原因与可能性进行了解释探讨,并各有侧重,但从中我们能够看出,未成年犯罪人再次违法犯罪的可能性并非一个自生自灭的孤立的现象。家庭、学校、社会、父母、老师、同学、同伴、朋友及其他人,都对未成年人行为的发生有着一定的影响。在社区矫正中

---

[1] 金灿灿:《犯罪未成年人的社会适应及其影响因素》,中央编译出版社2013年版,第8页。

[2] 徐光兴:《"漂流理论"与青少年犯罪的心理分析及其预防对策》,载《预防青少年犯罪研究》2013年第1期。

[3] 金灿灿:《犯罪未成年人的社会适应及其影响因素》,中央编译出版社2013年版,第9页。

如何评判掌握这些影响因素,并有针对性地采取防控措施,有必要以未成年社区矫正对象再犯罪危险防控理论依据为基础,作出积极探索。

二、未成年社区矫正对象危险防控考察

笔者根据《社区矫正法》规定,并在查阅相关理论资料的基础上,专门针对未成年社区矫正对象再犯罪危险防控工作情况开展调研。调研内容是社区矫正机构有无专门针对此项内容开展相关工作;如果有,是如何开展的。调研结论显示,青藏地区社区矫正机制中均有未成年社区矫正对象再犯罪危险防控机制。例如,西藏自治区司法厅与自治区人民检察院联合建立了全区未成年社区矫正对象动态管理信息数据库。该数据库覆盖全区未成年社区矫正对象,信息内容包含未成年社区矫正对象管理信息、刑罚执行等基本情况,由司法行政机关负责日常管理,进行实时动态更新。通过大数据作用,检察机关、社区矫正机构均可以及时掌握了解未成年社区矫正对象的基本动态,通过核查相关信息,有效防止矫正对象脱管、漏管或监管不到位等情况。同时,有利于矫正机构、检察机关联合开展法治教育、道德教育、心理辅导等工作,有助于社区矫正机构为未成年人精准制定个性化矫正方案和采取矫正措施,促进未成年社区矫正对象更好地融入社会,预防和减少再犯罪。[1] 但在调研中也发现,整体来看,对于未成年社区矫正对象再犯罪危险评估工作的开展,形式化特征较为鲜明;有些地区除了审前评估外,没有再开展相关的工作;有些地区甚至处于空白状态,没有开展过任何评估工作。有的司法所所长对未成年社区矫正对象再犯罪危险评估工作不以为然,认为无须专门开展,因为每天的监督管理工作就是对社区矫正对象的再犯罪危险的防范。也有人认为,审前调查评估就是一种再犯罪危险防范,既然已经评估过了,就无须再专门开展。但是,对于再犯罪危险评估工作的积极作用,所有接受调研的司法所社区矫正工作人员均认可此项工作对促进未成年社区矫正对象顺利融入社会、保障社区矫正工作有效开展具有重要意义。

调研显示,司法所社区矫正工作人员的最大压力来自社区矫正对象的再次

---

〔1〕《西藏:建立动态管理信息数据库　力促未成年人社区矫正监督工作规范开展》,载西藏自治区人民检察院官网,http://www.xz.jcy.gov.cn/jwgk/zjdt/202203/t20220317_3586329.shtml。

犯罪。其实,传统的对待罪犯的监禁改造策略,正是出于对罪犯有再次犯罪的可能性的危险的防范考虑。社区矫正模式下,未成年社区矫正对象虽然都是犯罪较轻的人,但实践中,未成年社区矫正对象再次违法犯罪导致收监执行的个案并非少数。因此,有必要关注未成年社区矫正对象再犯罪危险防控机制问题。

未成年社区矫正对象再犯罪危险防控机制的构建包括危险评估与危险控制两部分。其中,控制危险的前提是要掌握危险因素,如此才能对症下药采取有效措施。因此,开展未成年社区矫正对象再犯罪危险防控工作,危险评估是前提,危险控制是目标。

(一)未成年社区矫正对象再犯罪危险评估问题

对未成年社区矫正对象再犯罪危险的评估,就是对社区矫正中的未成年社区矫正对象是否具有威胁社会安全因素,是否存在或潜在危害社会安全、可能导致再次实施违法犯罪的思想、行为、环境及其他影响因素,需要工作人员调查、分析、判断的重要工作。

经考察认为,危险评估方面目前存在的问题主要集中在评估的科学性与准确性方面。影响科学、准确评估危险的因素很多,但主要表现为两个方面:

一是评估标准与方式方法问题。未成年社区矫正对象再犯罪危险的评估是对未成年社区矫正对象是否具有再犯罪的人身危险性的评估,是一项艰苦细致的系统工程,必须要有科学的方法,也就是要科学认识每一个未成年社区矫正对象,在认真调研、科学分析的基础上,才能判断准确,否则,仅凭经验和感觉的判断往往不准确。

二是司法所矫正工作人员自身的因素。包括司法所矫正工作人员的事业心、责任感、敬业精神、工作态度、专业知识以及思想、情绪等都可能影响对未成年社区矫正对象的准确评估。

从考察当前开展的工作情况来看,评估工作一般与分类管理、奖惩考核紧密联系,贯穿于未成年社区矫正对象入矫后至解矫前的全过程中,接受调研的司法所均未开展以"人身危险性"为标准的再犯罪风险评估活动。但已开展的评估、考核工作的根本目的均在于预防犯罪,保障社会稳定。因此,除了表现形式不同外,评估宗旨与风险评估一致。但在方法方式上不可避免地存在形式化、表面化、不专业化的问题,可能会影响评估的科学性与准确性。

我国《社区矫正法》规定,社区矫正机构根据社区矫正对象的表现,依照有关规定对其实施考核奖惩。社区矫正对象认罪悔罪、遵守法律法规、服从监督管理、接受教育表现突出的,应当给予表扬。社区矫正对象违反法律法规或者监督管理规定的,应当视情节依法给予训诫、警告、提请公安机关予以治安管理处罚,或者依法提请撤销缓刑、撤销假释、对暂予监外执行的收监执行。对社区矫正对象的考核结果,可以作为认定其是否确有悔改表现或者是否严重违反监督管理规定的依据。这里的"考核",就是评估。对社区矫正对象实施分类管理的基础就是准确地评估社区矫正对象接受矫正的表现。该规定提出了评估指标体系,即接受监督管理、参加教育学习和社区服务,以及其他接受矫正的表现,但对如何考核、具体考核的方法没有明确规定。同样,《社区矫正法》第 24 条规定:"社区矫正机构应当根据裁判内容和社区矫正对象的性别、年龄、心理特点、健康状况、犯罪原因、犯罪类型、犯罪情节、悔罪表现等情况,制定有针对性的矫正方案,实现分类管理、个别化矫正。矫正方案应当根据社区矫正对象的表现等情况相应调整。"但是,对于具体如何开展综合评估社区矫正对象的表现等情况的方法、要求没有明确规定。

现实中,矫正工作人员一般根据社区矫正对象遵纪守法、接受教育等的现实表现,定期进行评分考核。在考核方式上,一般采取月度考核与季度考核相结合的方式。月度考核情况是对社区矫正对象每季度进行考核的基础,季度考核得分情况是对社区矫正对象进行分类管理和实施奖惩的基本依据。

另外,根据《社区矫正法》第 52 条第 2 款规定:"社区矫正机构为未成年社区矫正对象确定矫正小组,应当吸收熟悉未成年人身心特点的人员参加。"但实际情况中,由于未成年社区矫正对象数量少,矫正机构几乎疏忽了这一重要条件,只注重按照规定对未成年社区矫正对象履行保护职责。而这项规定属于强制性的义务规定,这就在一定意义上要求对未成年社区矫正对象的人身危险性评估也应当由熟悉青少年成长特点的人员进行,这是一项专业化的要求,但强制性的效果不是很明显。

总之,从实施过程来看,矫正工作人员主要以未成年社区矫正对象入矫后的现实表现为评估标准,而非本着长远的眼光,以人身危险性为评估标准。标准不同,评估方法不同,对风险因素的认识程度也就不同。以现实表现为标准,往往只是机械性地注重未成年社区矫正对象是否完成了要求的规定动作，疏于挖掘真正的原因，风险评估很容易走形式，看到的只是表面性的风险因素；但以人身危险性为标准，未成年社区矫正对象在矫正期间是否完成规定动作只是线索，寻找实质原因才是使命，经过认真细致的工作，如走访家庭、走访邻居、走访学校，了解成长经历、了解犯罪情况，分析环境、剖析心理等，认识到的往往是根本性的风险因素，更有利于矫正未成年社区矫正对象的不良行为习惯，消除不利于未成年社区矫正对象成长的因素，帮助其改造成为守法公民。例如，一名少年因犯罪进入社区矫正，但矫正期间经常逃学。针对这一现象，运用“现实表现”和“人身危险性”两项评估标准进行评估，产生的思维反应往往会明显不同，见表 10.5。

表 10.5 针对未成年人社区矫正期间逃学的不同评估标准及思维反应

	评估标准	
	现实表现	人身危险性
反应一	属于违反规定现象	属于失控现象
反应二	会影响矫正考核成绩	其可能会犯罪
反应三	对其进行批评教育	探索其逃学的原因
效果	少年仍在“漂流”	会帮助其解决问题，使其不再逃学

因此，坚持“人身危险性”的评估标准，强化危险意识，有助于社区矫正工作人员深刻认识社区矫正制度的宗旨与意义，有助于社区矫正工作人员在社区矫正工作中培养敏锐的洞察能力，增强认识问题、分析问题、解决问题的能力；也有助于社区矫正工作人员培养认真对待社区矫正工作的态度，认真履行职责，把自己职责范围内的社区矫正工作做好。

（二）未成年社区矫正对象再犯罪危险控制问题

对未成年社区矫正对象再犯罪危险的控制，就是经过评估，社区矫正机构根据未成年社区矫正对象再犯罪危险程度而采取相应的危险控制措施。

从考察情况来看，实际工作中，相应的管控措施与危险分类管理等级相适应，均已形成相关的规章制度。对社区矫正对象的危险分类管理等级分为严管类、普管类、宽管类。对经过危险评估被认定为严管类、普管类、宽管类的社区矫正对象分别采取相对应的管控措施。例如,有司法所的社区矫正工作手册载明了以下相关规定(见表 10.6)。

表 10.6 危险分类管理等级及相应的管控措施

<table>
<tr><th colspan="2">严管类</th><th>普管类</th><th>宽管类</th></tr>
<tr><td rowspan="9">管控措施</td><td colspan="3">遵守法律法规及相关规定,服从司法所的监管</td></tr>
<tr><td>每周向司法所电话汇报活动情况一次</td><td>每半月向司法所电话汇报活动情况一次</td><td>每月向司法所电话汇报一次</td></tr>
<tr><td>每半月到司法所报到一次</td><td>—</td><td>—</td></tr>
<tr><td>每月交一份书面情况汇报</td><td>每月交一份书面情况汇报</td><td>每 2 个月交一份书面情况汇报</td></tr>
<tr><td>每月参加集中教育学习活动不少于一次</td><td>每月参加集中教育学习活动不少于一次</td><td>每 3 个月参加集中教育学习活动不少于一次</td></tr>
<tr><td>每月接受个别谈话不少于 2 次</td><td>每月接受个别谈话不少于一次</td><td>每 3 个月接受个别谈话不少于一次</td></tr>
<tr><td>有劳动能力的,每月参加公益劳动不少于 14 个小时</td><td>有劳动能力的,每月参加公益劳动不少于 8 个小时</td><td>有劳动能力的,每月参加公益劳动不少于 4 个小时</td></tr>
<tr><td colspan="3">一般情况下,不得离开本地区</td></tr>
<tr><td>正当理由确需离开的,除按有关规定履行请销假手续外,应当每日电话汇报当日活动情况,销假时递交书面汇报材料</td><td colspan="2">因工作、生活等正当理由确需离开本县(市、区、行委)的,应当履行请销假手续</td></tr>
</table>

考察认为,对于未成年社区矫正对象再犯罪危险控制问题主要集中于控制措施的内容设计方面。控制措施应该既反映基于未成年人健康成长的特殊需求,又反映未成年社区矫正对象的犯罪原因,紧密围绕不利于未成年人健康成长的消极因素,实施区别于针对成年社区矫正对象采取的监督管理措施。但调研发现,整体上,社区矫正工作人员在掌握影响未成年社区矫正对象健康成长的不利因素方面存在认识深度不够、分析能力不足等方面的问题。

按照《社区矫正法》第52条第1款规定："社区矫正机构应当根据未成年社区矫正对象的年龄、心理特点、发育需要、成长经历、犯罪原因、家庭监护教育条件等情况，采取针对性的矫正措施。"实践中，未成年人具有对行为的辨别能力与控制能力较弱的特征，因此，有必要针对如何增强未成年社区矫正对象的自我控制能力问题，采取相应的有效监督管理与教育帮扶方面的矫正措施。针对未成年社区矫正对象辨认能力较弱的情况，应结合学校、家庭以及社会力量等因素，通过多种指导、教育方式共同帮助未成年社区矫正对象提升辨别能力。而且，基于未成年人特殊的生理、心理特征，社区矫正机构对未成年社区矫正对象采取的监督管理机制应当与对成年社区矫正对象采取的监督管理体制有所差别。诸如针对未成年社区矫正对象，社区矫正工作人员除了要求与其定期面对面联系外，还应当开展以下工作：一是每月与其父母或者其他法定监护人进行联系或者见面。通过开展家访，与未成年社区矫正对象共同生活的亲属，包括其父母或者其他法定监护人定期见面联系。二是除了与未成年社区矫正对象及其他法定监护人定期见面联系外，还需要根据情况每月采取打电话、发微信等方式进行联系。三是定期到未成年社区矫正对象就读的学校、生活的社区或者工作的地方进行探访，了解未成年社区矫正对象的情况。这种联系或见面的次数应当根据未成年社区矫正对象的危险分类管理等级作出相应的规定。

另外，根据《社区矫正法》第53条第2款规定，"监护人怠于履行监护职责的，社区矫正机构应当督促、教育其履行监护责任。监护人拒不履行监护职责的，通知有关部门依法作出处理"。但调研发现，从实际的工作措施内容来看，社区矫正机构较多的做法是积极向监护人告知未成年社区矫正对象在矫正过程中应该遵守的规则事项，而对监护人自身应该做什么，并没有具体的正式要求。其实，根据《社区矫正法》的这款规定，可采用让监护人作出书面的承诺，在承诺书中对监护人应当履行的职责作出明确规定，包括对未成年社区矫正对象的监护职责、与社区矫正工作人员积极合作的职责和保证自己给未成年人作出榜样示范行为的职责等，同时将未成年社区矫正对象违规行为的法律后果以及监护人不履行监护职责将要承担的法律后果也记载于承诺书中，并让监护人签名保证。

综上，本着对未成年社区矫正对象的教育、感化、挽救方针的遵循，尊重未成年人的特殊属性，对未成年社区矫正对象再犯罪危险进行科学管控，建议注重以下几点：

第一，社区矫正机构（现在主要是司法所）的管理应当强化风险意识，对未成年社区矫正对象的再犯罪性保持高度的警惕性，多途径、多措施密切关注未成年社区矫正对象的社会交往、行为有无异常表现，根据发现的疑点判断危险程度。

第二，坚持围绕"人身危险性"标准，开展未成年社区矫正对象再犯罪危险性评估。评估方式应当采取定期评估与动态评估相结合。评估因素可考虑与未成年社区矫正对象有关的以下因素：(1)第一次违法犯罪的年龄（年龄越小，危险性越高）；(2)违法犯罪的次数（次数越多，危险性越高）；(3)有无不良习性（如是否吸毒。有不良习性，危险性越高）；(4)是否在上学或者工作（如果没有上学、没有工作，处于失控状态，危险性越高）；(5)交友情况如何（如果具有交往障碍、交往不良朋友等问题，危险性越高）；(6)父母/监护人监督情况如何（如果有问题，危险性越高）等。根据危险性评估因素，如果危险性指数高，未成年社区矫正对象的人身危险性就高。评估过程应当设计未成年社区矫正对象自我评价环节，通过提升自我评价能力，促进其主动矫正。

第三，社区矫正工作者要掌握未成年人的身心发育特点以及未成年社区矫正对象的成长史、犯罪史、社会背景和家庭情况。

第四，运用心理测试评价未成年社区矫正对象的人生观、价值观，测试有无认知障碍。2021年，教育部与国家卫健委要求将抑郁症筛查纳入学生体检。早在2020年国家卫健委就提出了"开展抑郁症筛查评估"的重点任务。因此，有必要对未成年社区矫正对象开展抑郁症、焦虑症等筛查评估，建立未成年社区矫正对象心理健康档案，评估未成年社区矫正对象心理健康状况，对测评结果异常的未成年社区矫正对象给予重点关注，实施必要的心理危机干预。

第五，对未成年社区矫正对象加强上学时间、休息时间、节假日和晚上睡觉后等时间段的管理，并切实落实各项控管制度。

第六，对于每一个未成年社区矫正对象，都要科学地、逐一地进行分析，根据其犯罪原因、错误观念、个人情绪特征等方面因素，制订科学的、分阶段、分步骤的矫正方案。

第七，为危险防控需要未成年人配合遵守某些规则时，应当制作书面的行为规则，其内容必须清楚、明白、合理，必须符合未成年人的身心发展特点，然后正式交予未成年社区矫正对象及其监护人,让他们在上面签字保证。

当然,未成年犯罪原因是综合性的,而社区矫正并非万能的。即使社区矫正对象都是犯罪较轻的人,但由于致罪因素是复杂的,所以在一定程度上,很难保证他们不会再次犯罪。而且一旦他们又重新犯罪,由于处于非监禁状态,很难预料犯罪危害性的大小。对于社区矫正,原本就有很多人持质疑态度,担心自己会被犯罪行为侵害,如果真的发生了这种侵害,这些人对社区矫正的认同与正确的认知都会大大降低,如此一来既不利于社区矫正的推行,也不利于社区矫正对象顺利回归社会。尤其在社区矫正的适用率越来越高的趋势下,如何预防、控制社区矫正对象的重新犯罪,不仅直接影响社会与公众的安全,也影响人们对社区矫正的信任度,还关乎社区矫正权威性的树立和对社区矫正对象的矫正效果。因此,开展未成年社区矫正对象再犯罪危险评估与防控,对于提高社区矫正工作水平具有一定的现实意义,不仅有助于社区矫正机构根据情况,有针对性地配置社区矫正监督力量,最大限度地保证社会与公众安全,也有助于对社区矫正对象采取个别化的矫正方式,积极帮助其矫正恶习,树立规范意识。

第五节　未成年人社区矫正机制要求

犯罪学理论把未成年人的犯罪问题主要归因于未成年人的社会生活状况,提出的应对措施就是改变未成年人的社会生活环境,认为对未成年人需要提供的是服务而不是惩罚。因此,从这个意义上讲,社区矫正制度对于未成年人而言,其出发点就是对未成年人的保护。由于未成年人的身心发育尚不成熟,如果对未成年罪犯实行监狱改造,使未成年人在监狱中成长,其很容易形成监狱人格,可能很难顺利回归社会。因此,对犯了罪的未成年人实行社区矫正是矫正其行为的最佳选择。而且,现行《社区矫正法》专门对未成年社区矫正对象与成年社区矫正对象作了分别矫正的规定,这对提高未成年社区矫正对象的矫正质量有着重要意义。在青藏地区未成年人社区矫正工作实践中,虽然未成年人社区矫正对象数量较少,但依然存在一些问题,需要通过完善未成年人社区矫正机制来解决。为了持续发挥未成年人社区矫正制度的实际作用,建立健全未成年人社区矫正机制时需要注重以下要求。

一、实现未成年人社区矫正工作专业化要求

首先，强化未成年人社区矫正工作专业化队伍建设。建议分“三步走”，即摸清情况、建设准备、给予配备。具体表现为：统计司法行政机关以及社区矫正机构工作人员专业背景，必要的时候，考核专业知识；同时通过高校、社会组织建立专业知识专家库或专业人才库；配备熟悉未成年人身心特征和心理学、教育学、犯罪学等专业知识人才。另外，充分利用社会力量，建立共享合适成年人、合适保证人志愿者库。进一步优化合适成年人、合适保证人队伍，组建一支有社会学、犯罪学、心理学、教育学等专业知识背景，包括教师、共青团干部、关工委工作人员、政府部门工作人员、社会工作者等在内的热心未成年人保护工作的社会各界人士组成志愿者队伍，统一承担合适成年人与合适保证人职责，负责未成年社区矫正对象的教育和保护工作。由司法行政机构对该志愿者库进行管理，并根据需要给司法所专门负责未成年社区矫正对象的矫正工作者配备矫正辅助人员，在矫正工作者的主持下，协同开展未成年人社区矫正工作。此外，采取政府购买服务的方式，委托专门的服务机构对未成年社区矫正对象进行社区矫正，以专业的队伍推进社区矫正项目化运作，为未成年社区矫正对象设计具有针对性的“矫正套餐”。在培育、发现、协调、组织、购买等各个环节，可借鉴学习浙江、上海、广东等地的成功经验。

其次，完善未成年人社区矫正方案的制订设计。在依照法律规定，严格执行分别实施原则，即将未成年社区矫正对象与成年社区矫正对象分开矫正的基础上，对未成年社区矫正对象进行分类管理，有针对性地制订个性化的矫正方案。例如，以人身危险性大小为标准，结合其回归社会的趋向程度，分别实施不同强度的管理方式。对于危险性较大的，加强管控力度；对于危险性较小的，允许其有较大的自由，侧重于让其在社区中恢复、发展，促使其融入社会；等等。同时，需要重视心理矫治，吸收高校、本地心理专家、心理咨询师等专业人员，组建心理人才库等，在开展社区矫正工作时，根据需要从人才库中聘请专家，或者加强对社区矫正工作者心理学专业方面的培训，提升其工作能力有助于提升个性化心理矫治服务，实行个案矫正机制。另外，未成年社区矫正对象之所以走上违法犯罪的道路，与他们的成长环境有着密切关系。因此，社区矫正工作人员在对未成年社区矫正对象开展矫正工作时，要全面调查未成年社区矫正对象

的成长经历、家庭背景、亲朋关系等情况。根据调查情况,结合他们的个性特征、犯罪性质,分析其不良行为的原因,查找其犯罪根源,有针对性地制定个案矫正措施,明确矫正工作目标,帮助其增强法律意识,确保有效矫正,使其能顺利回归社会。

最后,关注社会工作介入机制。培育、鼓励未成年人社会工作者介入未成年人社区矫正工作非常有必要。因为,未成年人社会工作者可以凭借社会组织作为载体,在帮助未成年社区矫正对象的工作中发扬社会工作的理念和专业方法,帮助未成年社区矫正对象及其家庭进行生理、心理和社会等方面潜在的犯罪因素的化解,为他们提供个别化的问题解决途径,降低未成年社区矫正对象再犯罪的危险性,促进其更好地回归社会。同时,未成年人社会工作者可以充分承担资源整合者角色,寻找未成年人日常生活情境中的优势资源(如社区、学校、工作单位等),依靠这些资源提升和巩固对其的帮助效果。需要指出的是,专业社会工作者在青藏地区属于稀缺资源,在目前的情形下,可尝试与高校共同培养(包括定向培养、订单培养)社会工作者,推动青藏地区社会工作的专业化、职业化发展。

二、强化家庭责任制

家庭是未成年人成长的摇篮,父母是未成年人的第一任教师。从当前未成年人犯罪的原因分析来看,家庭问题是主要原因。未成年犯罪人的家庭往往存在生而不养、养而不教、教而不当的问题,对未成年人的健康成长产生了消极影响。如果家庭问题不解决、家庭环境不发生改变,对未成年社区矫正对象实行社区矫正显然有很大的不利因素。因此,为了保护未成年社区矫正对象的健康成长,笔者建议:(1)根据《民法典》对树立优良家风、重视家庭文明建设的要求,严格落实家庭监护方面的法律责任规定,同时根据《家庭教育促进法》的规定,责令未成年人的父母或者其他监护人实施家庭教育,为未成年社区矫正对象的家庭教育提供指导、支持和服务,以多种方式督促未成年人社区矫正机制设立家庭责任制度,必要时启动法律责任追究制,要求父母或其他监护人对未成年社区矫正对象顺利回归社会履行监护人应尽的义务。(2)父母或者其他监护人要以身作则,用良好的言行去影响未成年社区矫正对象,尽量避免自身不良行为对未成年社区矫正对象造成影响。同时,要加强未成年社区矫正对象的思想道德教育，关心其心理需求和情绪状态，防止其结交不良朋友，受社会不良习气的影响。

三、实行未成年人矫正一体化机制

这里的“一体化”，主张延伸至社区矫正适用阶段，即关注未成年社区矫正对象的健康成长不只是在审判定罪后的执行刑事判决、刑事裁定和暂予监外执行决定的实行阶段。建议只要未成年人出现违法犯罪行为后，对未成年人就要开展保护性的干预工作，一直到社区矫正解除之后。在这期间，未成年人的行为也许不构成犯罪、也许未进入社区矫正阶段，但在“一体化”机制运行中，仍然有相关主体如家庭、学校、公安机关、法院等对其开展教育帮扶，建议由人民检察院作为协调、组织机关，其他相关主体予以积极配合。这样，一方面，能够保证对违法犯罪的未成年人教育帮扶的专业性、系统性和连贯性，在社区矫正阶段增强矫正的针对性和有效性，也能避免帮助力量薄弱或者进行教育帮扶可能存在的“力不从心”现象和教育帮扶局限性强、重复劳动、资源浪费等问题；另一方面，能够弥补针对被不起诉、免予刑事处罚的涉罪未成年人以及一些尚未构成犯罪但行为属于违法行为、不良行为的未成年人在监管、教育、帮扶方面出现的漏洞和空白，对他们的关注与教育帮扶可将其犯罪心理和行为恶习扼杀在萌芽状态；再一方面，也可对刑罚执行完毕但实际上尚未完全融入社会的未成年罪犯人给予一定的“缓冲期”，在缓冲期内为其提供一定的帮扶、教育措施，避免其再次进入原来的社交圈，有效防止其再次犯罪。

四、实行各部门执法司法联动机制

建议建立联席会议制度。定期召开检察院、法院、公安机关、司法行政机关在内的联合座谈会，交流经验，通报情况，研究问题，完善衔接机制。同时，至少在省级层面搭建实时的社区矫正信息共享平台，将公、检、法、司及监狱等有关单位纳入其中，规范信息录入标准和相应建档责任制，确保对辖区所有社区矫正对象实时跟踪监督。另外，强化对未成年人社区矫正的检察监督，通过纠正违法、检察建议等形式，确保未成年人社区矫正工作规范化。

参考文献

一、中文著作类

1. 陈兴良:《刑法哲学》(第5版),中国人民大学出版社2015年版。

2. 蔡枢衡:《中国刑法史》,广西人民出版社1983年版。

3. 储槐植:《刑事一体化论要》,北京大学出版社2007年版。

4. 崔会如:《社区矫正实现研究》,中国长安出版社2010年版。

5. 但未丽:《社区矫正理论基础与制度构建》,中国人民公安大学出版社2008年版。

6. 冯卫国:《行刑社会化研究——开放社会中的刑罚趋向》,北京大学出版社2003年版。

7. 冯全:《中国缓刑制度研究》,中国政法大学出版社2009年版。

8. 高丙中:《民间文化与公民社会——中国现代历程的文化研究》,北京大学出版2008年版。

9. 高铭暄、陈璐:《〈中华人民共和国刑法修正案(八)〉解读与思考》,中国人民大学出版社2011年版。

10. 高其才主编:《中国少数民族习惯法研究》,清华大学出版社2003年版。

11. 高贞主编、戴艳玲副主编:《社区矫正执行体系研究》,法律出版社2017年版。

12. 贡太雷:《惩戒与人权:中国社区矫正制度的法治理论》,法律出版社2015年版。

13. 郭建安、郑霞泽主编:《社区矫正通论》,法律出版社2004年版。

14. 郭建安、鲁兰主编:《中国监狱行刑实践研究》(上),北京大学出版社2007年版。

15. 格勒主编:《西部大开发与藏区现代化研究》,中国藏学出版社 2014 年版。

16. 贾宇:《社区矫正导论》,知识产权出版社 2010 年版。

17. 金碧华:《支持的“过程”:社区矫正假释犯对象的社会支持网络研究》,法律出版社 2014 年版。

18. 雷小政:《民生与民声——刑事法的返璞归真》,法律出版社 2012 年版。

19. 李洁:《刑法的目的理性批判》,法律出版社 2014 年版。

20. 连春亮编:《社区矫正理论与实务》,法律出版社 2015 年版。

21. 刘艳红:《实质犯罪论》,中国人民大学出版社 2014 年版。

22. 刘强、武玉红等:《社区矫正制度惩罚机制完善研究》,中国人民公安大学出版社 2016 年版。

23. 刘强、姜爱东主编:《社区矫正评论》(第 7 卷),中国法制出版社 2017 年版。

24. 刘强主编:《社区矫正制度研究》,法律出版社 2007 年版。

25. 刘强主编:《各国(地区)社区矫正法规选编及评价》,中国人民公安大学出版社 2004 年版。

26. 刘志伟等:《中国社区矫正立法专题研究》,中国人民公安大学出版社 2017 年版。

27. 刘渝峡:《社区矫正制度研究》,西南交通大学出版社 2016 年版。

28. 柳忠卫:《假释制度比较研究》,山东大学出版社 2005 年版。

29. 卢建平主编:《京师刑事政策评论》(第 4 卷),北京师范大学出版社 2014 年版。

30. 骆群:《社区矫正专题研究》,中国法制出版社 2018 年版。

31. 吕世伦、文正邦主编:《法哲学论》,中国人民大学出版社 1999 年版。

32. 马克昌主编:《刑罚通论》,武汉大学出版社 1999 年版。

33. 马克昌主编:《刑法》,高等教育出版社 2017 年版。

34. 缪伟君等:《减刑、假释制度改革研究》,中国检察出版社 2017 年版。

35. 曲新久:《刑法学原理》(第 2 版),高等教育出版社 2014 年版。

36 曲新久:《刑法的精神与范畴》,中国政法大学出版社 2000 年版。

37. 苏力:《送法下乡——中国基层司法制度研究》,北京大学出版社 2011

年版。

38. 孙强主编:《社区服刑人员法律指导手册》,中国法制出版社 2017 年版。

39. 孙国华主编:《法理学教程》,中国人民大学出版社 1994 年版。

40. 蔡应明:《犯罪预防学》,上海三联书店 2010 年版。

41. 时蓉华、刘毅编著:《中国民族心理学概论》,甘肃民族出版社 1993 年版。

42. 汤道刚:《社区矫正制度分析》,中国社会出版社 2010 年版。

43. 田兴洪:《社区矫正中的社区参与模式研究》,法律出版社 2017 年版。

44. 王利荣:《行刑法律机能研究》,法律出版社 2001 年版。

45. 王铭铭、[英]王斯福:《乡土社会的秩序、公正与权威》,中国政法大学出版社 1997 年版。

46. 王耀忠:《非监禁刑研究》,法律出版社 2016 年版。

47. 王顺安:《社区矫正研究》,山东人民出版社 2008 年版。

48. 王平:《社区矫正制度研究》,中国政法大学出版社 2014 年版。

49. 吴宗宪:《社区矫正比较研究》(下),中国人民大学出版社 2011 年版。

50. 吴宗宪:《西方犯罪学史》(第 2 版),中国人民公安大学出版社 2010 年版。

51. 吴宗宪主编:《社区矫正导论》,中国人民大学出版社 2011 年版。

52. 吴宗宪、蔡雅奇、彭玉伟:《社区矫正制度适用与执行》,中国人民公安大学出版社 2012 年版。

53. 武玉红:《社区矫正管理模式研究》,中国法制出版社 2011 年版。

54. 武玉红、刘强主编:《社区矫正典型案例与矫正指要》,中国法制出版社 2016 年版。

55. 谢望原:《刑事政策与刑法专论》,中国人民大学出版社 2017 年版。

56. 许章润主编:《犯罪学》(第 4 版),法律出版社 2016 年版。

57. 袁其国:《刑事执行检察论》,中国检察出版社 2016 年版。

58. 张晋藩主编:《中国法制史》,高等教育出版社 2007 年版。

59. 翟中东:《中国社区矫正制度的建构与立法问题》,中国人民公安大学出版社 2017 年版。

60. 翟中东:《社区性刑罚的崛起与社区矫正的新模式——国际的视角》,中国政法大学出版社 2013 年版。

61. 张明楷:《刑法学》(第 5 版),法律出版社 2016 年版。

62. 张明楷:《犯罪论的基本问题》,法律出版社 2017 年版。

63. 张明楷:《刑法格言的展开》(第 3 版),北京大学出版社 2013 年版。

64. 张远煌主编:《犯罪学》(第 3 版),中国人民大学出版社 2015 年版。

65. 张东平:《监禁行刑与社区矫正的互动衔接研究》,中国法制出版社 2017 年版。

66. 张建明主编:《社区矫正实务》,中国政法大学出版社 2013 年版。

67. 张传伟:《我国社区矫正运行模式研究》,山东大学出版社 2010 年版。

68. 张晓辉主编:《中国法律在少数民族地区的实施》,云南大学出版社 1994 年版。

69. 周光权:《刑法总论》(第 3 版),中国人民大学出版社 2016 年版。

70. 周国强:《社区矫正公民参与机制研究》,江苏大学出版社 2016 年版。

71. 张宏生主编:《西方法律思想史》,北京大学出版社 1983 年版。

72. 李成智:《公共政策》,团结出版社 2000 年版。

二、中文译著类

1. [美]E. 博登海默:《法理学:法律哲学与法律方法》,邓正来译,中国政法大学出版社 1999 年版。

2. [美]克莱门斯·巴特勒斯:《矫正导论》,孙晓雳等译,中国人民公安大学出版社 1991 年版。

3. [美]约翰·罗尔斯:《正义论》,何怀宏、何包钢、廖申白译,中国社会科学出版社 1988 年版。

4. [意]贝卡里亚:《论犯罪与刑罚》,黄风译,中国大百科全书出版社 1993 年版。

5. [法]卢梭:《社会契约论》,何兆武译,商务印书馆 1980 年版。

6. [英]弗里德利希·冯·哈耶克:《法律、立法与自由》(第 1 卷),邓正来等译,中国大百科全书出版社 2000 年版。

7. [英]弗里德利希·冯·哈耶克:《自由秩序原理》,邓正来译,生活·读书·新知三联书店 1997 年版。

8.［英］彼得·斯坦、约翰·香德:《西方社会的法律价值》,王献平译,中国人民公安大学出版社1990年版。

9.［法］孟德斯鸠:《论法的精神》(上册),张雁深译,商务印书馆1961年版。

10.［英］霍布斯:《利维坦》,黎思复、黎廷弼译,商务印书馆1985年版。

11.［英］洛克:《政府论》(下篇),叶启芳、瞿菊农译,商务印书馆1964年版。

12.［美］戴维·波普诺:《社会学》(第10版),李强等译,中国人民大学出版社、PRENTICE HALL出版公司1999年版。

三、中文报刊类

1. 陈光中:《社区矫正发展及立法问题》,载《中国司法》2017年第5期。

2. 陈卫东:《关于社区矫正立法的三点意见》,载《中国司法》2017年第9期。

3. 陈元:《检察机关对减刑、假释同步监督的程序设计》,载《人民检察》2017年第11期。

4. 陈伟、张皓巽:《刑事从业禁止制度的性质辨析》,载《时代法学》2017年第2期。

5. 陈伟:《社区矫正检察监督机制的改革与完善》,载《湖北社会科学》2017年第3期。

6. 张小虎:《论人身危险性的理论蕴含与罪刑地位》,载《南京社会科学》2017年第2期。

7. 崔会如、张文俊:《刑事法律修改背景下社区矫正工作的变化与调适》,载《中国监狱学刊》2017年第1期。

8. 但未丽:《社区矫正官执法身份的实然与应然》,载《首都师范大学学报(社会科学版)》2017年第2期。

9. 但未丽:《社区矫正立法宜缓不宜急》,载《人民检察》2016年第16期。

10. 狄小华:《关于社区矫正若干问题的思考》,载《犯罪与改造研究》2005年第6期。

11. 方昌顺、王小龙:《假释、暂予监外执行罪犯社区矫正情况的调查与思考》,载《中国监狱学刊》2017 年第 32 期。

12. 高铭暄:《社区矫正写入刑法的重大意义》,载《中国法律》2011 年第 2 期。

13. 高铭暄、陈冉:《结合〈刑法修正案(八)〉谈我国社区矫正的本土化发展》,载《中国司法》2011 年第 5 期。

14. 顾顺生:《建立调查评估为适用社区矫正前置程序之思考》,载《中国检察官》2016 年第 13 期。

15. 高贞、陈志海:《关于社区矫正机构队伍建设的研究报告》,载金川主编:《社区矫正机构队伍建设与教育矫正研究——首届浙江台州社区矫正论坛文集(2016)》,法律出版社 2017 年版。

16. 哈洪颖、马良灿:《社会力量参与社区矫正遭遇的实践困境与治理图景》,载《山东社会科学》2017 年第 6 期。

17. 何其伟、张承娟:《缓刑考验期宜从社区矫正报到之日起算》,载《方圆》2017 年第 20 期。

18. 何显兵:《社区矫正的实践困境及其出路》,载《中国监狱学刊》2016 年第 6 期。

19. 何显兵、张敏:《管制刑的困境与出路——把管制刑改造为社区保安处分》,载《河南警察学院学报》2015 年第 5 期。

20. 姜爱东:《扎实做好社区矫正工作的实践与思考》,载《中国司法》2017 年第 3 期。

21. 蒋毅:《完善社区矫正立法机制的思考》,载《山西省政法管理干部学院学报》2017 年第 4 期。

22. 李晓明:《论刑法与行政刑法的并立》,载《法学杂志》2017 年第 2 期。

23. 李冬:《社区矫正制度之性质与功能》,载《哈尔滨师范大学社会科学学报》2017 年第 3 期。

24. 李艳、李麒:《循证社区矫正的体系构建与效果评价》,载《中共山西省委党校学报》2016 年第 4 期。

25. 李燕:《藏族的民族性格与现代化》,载《西南民族学院学报(哲学社会科学版)》1996 年第 4 期。

26. 李勤:《减刑假释制度的适用:积分制的缺陷及其完善》,载《政法论坛》

2017 年第 2 期。

27. 连春亮:《社区矫正法治化:转型与升级》,载《河南警察学院学报》2017 年第 6 期。

28. 林亚刚、黄鹏:《社会治理创新视阈下的社区矫正检视》,载《江苏警官学院学报》2014 年第 5 期。

29. 刘宪权:《刑罚配置之完善》,载《新华月报》2017 年第 18 期。

30. 刘宪权:《尊重民意与科学立法》,载《检察风云》2016 年第 1 期。

31. 刘艳红:《入出罪走向出罪:刑法犯罪概念的功能转换》,载《政法论坛》2017 年第 5 期。

32. 刘强:《上海社区矫正的发展与评价》,载《法治论丛》2002 年第 6 期。

33. 刘强:《国外和我国港台地区"社区矫正"法律规范的殷鉴》,载《探索与争鸣》2003 年第 10 期。

34. 刘强:《论我国社区矫正的立法及机构和队伍建设》,载《河南司法警官职业学院学报》2004 年第 4 期。

35. 刘强、王琼:《我国社区矫正评估体系的构建》,载《上海政法学院学报》2005 年第 6 期。

36. 刘强:《我国社区矫正试点反思》,载《法治论丛》2007 年第 1 期。

37. 刘强:《完善我国社区矫正组织管理体制的探讨》,载《河南司法警官职业学院学报》2011 年第 1 期。

38. 刘强:《试论用"社区刑罚执行"替代"社区矫正"一词的表述》,载《甘肃政法学院学报》2012 年第 1 期。

39. 刘强:《我国社区矫正立法的隐忧——对〈社区矫正法(征求意见稿)〉的若干修正建议》,载《上海政法学院学报(法治论丛)》2017 年第 2 期。

40. 刘强:《论社区矫正顶层设计需要澄清的基本问题》,载《净月学刊》2016 年第 6 期。

41. 刘强:《论社区矫正的社区刑罚执行性质》,载《社会科学战线》2015 年第 8 期。

42. 刘政:《社区矫正的立法模式与立法取向》,载《南海法学》2017 年第 4 期。

43. 卢建平:《宽严相济与刑法修正》,载《清华法学》2017 年第 1 期。

44. 廖斌:《社区矫正工作主体初论》,载《法学杂志》2005 年第 4 期。

45. 刘嫚:《社区矫正立法还有“最后一公里”》,载《南方都市报》2018 年。

46. 苗伟明:《再社会化与犯罪改造——再社会化在罪犯改造活动中的特殊性及其表现》,载《青少年犯罪问题》2003 年第 5 期。

47. 马长生、田兴洪:《完善体制机制强化社区矫正经费保障》,载《中国司法》2016 年第 6 期。

48. 屈学武:《中国社区矫正之制度设计及其践行思考》,载《中国刑事法杂志》2013 年第 10 期。

49. 时延安:《隐性双轨制:刑法中保安处分的教义学阐释》,载《法学研究》2013 年第 3 期。

50. 桑先军:《社区矫正检察工作相关立法思考》,载《江苏警官学院学报》2017 年第 5 期。

51. 上海市司法局课题组:《社区矫正地方立法研究》,载《中国司法》2016 年第 9 期。

52. 孙文红:《我国社区矫正效果评估体系的评价与重构》,载《社会科学辑刊》2015 年第 5 期。

53. 宋正海:《回归人类古老的生存信仰:地理环境决定论》,载《山西大学师范学院学报》2000 年第 2 期。

54. 王利荣:《行刑一体化视野下的矫正体制架构——写在〈社区矫正法〉征求意见之际》,载《当代法学》2017 年第 6 期。

55. 王廷兴、张楚:《社区矫正比较研究》,载《法制与社会》2017 年第 9 期。

56. 王琼等:《行刑的社会化(社区矫正)问题之探讨》(上),载《中国司法》2004 年第 5 期。

57. 吴宗宪:《社区矫正立法中的警察问题探讨》,载《中国司法》2014 年第 11 期。

58. 吴宗宪:《论社区矫正中的危险控制》,载《中国司法》2005 年第 1 期。

59. 吴宗宪:《论中国社区服刑人员的处遇措施及其完善》,载《杭州师范学院学报(社会科学版)》2007 年第 5 期。

60. 吴宗宪:《论减刑条件的问题与改革》,载《河南社会科学》2010 年第 4 期。

61. 吴宗宪:《论“社区服刑人员”与相关概念》,载《中国司法》2013 年第 11 期。

62. 吴宗宪:《通过方法创新促进教育矫正效果》,载《中国司法》2015 年第 6 期。

63. 吴宗宪:《论我国社区矫正的适用对象》,载《北京师范大学学报(社会科学版)》2017 年第 3 期。

64. 吴宗宪:《社区矫正应急管理规范化探讨》,载《上海政法学院学报(法治论丛)》2017 年第 2 期。

65. 吴宗宪:《我国社区矫正基层执法机构的问题及改革建议》,载《甘肃社会科学》2016 年第 6 期。

66. 武玉红:《我国应扩大“社区矫正”的服刑方式》,载《探索与争鸣》2003 年第 10 期。

67. 武玉红:《行刑社会化的内涵构成及实施载体》,载《华东政法大学学报》2008 年第 4 期。

68. 武玉红:《对我国假释模式的检讨与改进》,载《江南社会学院学报》2010 年第 1 期。

69. 武玉红:《审前调查制度在我国社区矫正中的应用及构建》,载《犯罪与改造研究》2011 年第 5 期。

70. 武玉红:《“缓刑执行不是刑罚执行”辩——兼与屈学武教授商榷》,载《青少年犯罪问题》2014 年第 5 期。

71. 武玉红:《我国社区矫正队伍专业化建设探究》,载《北京联合大学学报(人文社会科学版)》2016 年第 3 期。

72. 魏哲哲:《社区矫正法草案首次提请审议保障和规范社区矫正工作》,载《人民日报》2019 年 6 月 26 日。

73. 谢超:《我国社区矫正现状及立法建议》,载《法学杂志》2017 年第 11 期。

74. 许宏记、曹晓东:《社区矫正法律监督初探》,载《兴义民族师范学院学报》2017 年第 2 期。

75. 薛芳:《社区矫正中派驻检察室监督机制研究》,载《中州大学学报》2016 年第 4 期。

76. 杨宏:《“社区矫正”的重新表述》,载《山东警察学院学报》2017 年第 3 期。

77. 杨海明:《论社区矫正信息化》,载《法制与社会》2017 年第 35 期。

78. 翟中东:《我国社区矫正立法中需要解决的四个问题》,载《上海政法学院学报(法治论丛)》2017 年第 2 期。

79. 张俐:《我国社区矫正立法研究》,载《安徽警官职业学院学报》2017 年第 2 期。

80. 赵爽:《社区矫正惩罚机制的探讨》,载《犯罪与改造研究》2017 年第 2 期。

81. 张凯:《检视与推进:我国社区矫正制度深化路径之探讨》,载《河北法学》2017 年第 2 期。

82. 张东平:《论监狱行刑与社区矫正的一体化互动》,载《北京警察学院学报》2017 年第 3 期。

83. 赵朴初:《对宗教工作的几点认识和意见》,载格勒主编:《西部大开发与藏区现代化研究》,中国藏学出版社 2014 年版。

84. 郑永君、张大维:《刑罚观与社区矫正的公众认同——基于湖北省调查数据的分析》,载《青少年犯罪问题》2016 年第 1 期。

85. 王顺安:《社区矫正的法律问题》,载《政法论坛》2004 年第 3 期。

86. 程应需:《社区矫正的概念及其性质新论》,载《郑州大学学报(哲学社会科学版)》2006 年第 4 期。

87. 何显兵、王平:《社区矫正概念的反思与重构》,载《犯罪与改造研究》2010 年第 2 期。

88. 任文岱、李卓谦:《专家学者热议社区矫正法草案》,载《民主与法制时报》2019 年 7 月 18 日。

附录一　研究社区矫正及以青藏地区为研究样本的缘由

一、社区矫正简要历史回顾

从古到今,如何使犯罪人不再犯罪,在任何国家和社会始终都是一个充满挑战性的课题,激发着每一个国家和社会对犯罪的反应与应对策略。由于犯罪是十分复杂的社会现象,人们对它的认识有一个逐渐深化的过程,从而形成了不同的犯罪观与刑罚观,指导着国家根据社会的发展需求,时势性地调整刑罚策略。综观人类社会应对犯罪的刑罚策略,在整体上呈现缓和化、人道化与文明化的趋向。

首先,在刑罚理念上,早期主张"恶有恶报、善有善报"这一古老的、朴素的报应原理,坚持"因为有犯罪而科处刑罚"的绝对主义刑罚理念;后来随着对刑罚本身的价值在于预防犯罪的认识,提出应该"为了没有犯罪而科处刑罚"的相对主义刑罚理念,其中包括主张通过威慑犯罪人使其不再犯罪的威慑刑论和主张通过教育犯罪人使其不再犯罪的教育刑论。之后,又产生了将上述两种刑罚理念的合理性予以折中,提倡"因为有犯罪并为了没有犯罪而科处刑罚"的综合主义刑罚理念。

在刑罚种类上,起初是适用酷刑,将死刑与肉刑作为刑罚体系的中心,后来随着社会文明程度的演进,强调反对适用酷刑,将自由刑作为刑罚体系的中心。

在刑罚执行方面,经历了从漠视罪犯是人、不认可罪犯享有作为人应该享有的权利到不体罚、不虐待罪犯,尊重罪犯人格尊严,注重罪犯享有法律地位的发展过程。

如贝卡里亚所描述,"……在刚刚摆脱野蛮状态的国家里,刑罚给予那些僵硬心灵的印象应该比较强烈和易感。为了打倒一头狂暴地扑向枪弹的狮子,必须使用闪击。但是,随着人的心灵在社会状态中柔化和感觉能力的增长,如果想保持客观与感受之间的稳定关系,就应当降低刑罚的强度”。[1] 总体上,“从贝卡里亚时代起,刑法通过反对中世纪专断和残酷的刑罚得到了发展,刑罚逐渐减弱了”。[2] 人类社会应对犯罪的刑罚策略在经历野蛮生长后,步入文明发展的轨道,这背后的支撑是深厚的历史渊源与人文基础以及人类社会对人自身价值的深刻认识。具体到社区矫正,主要的影响因素包括:(1)监狱及其功能受到人们的关注;(2)监狱行刑与犯罪原因的关系受到人们的重视;(3)人们认识到自由刑的弊端;(4)人们认识到刑罚执行更应该注重犯罪人的未来。

早在18世纪,人们就对监狱的功能产生了质疑。1777年,被誉为“监狱改革之父”的英国杰出人物约翰·霍华德在其《英格兰和威尔士监狱的状况》中,通过实证研究揭示了监狱的恶劣环境和罪犯在监狱中的悲惨处境,使当时的社会受到极大震动,人们开始关注监狱并对其提出种种责难,如监狱管理水平低下,监狱管理措施违反科学性,监狱管理手段残忍、非人道,监狱管理腐败,监狱日常工作经费高昂,监狱建设经济负担沉重,监狱设施、条件落后,监狱人满为患、拥挤混乱,服刑犯无法得到良好的改造环境等。监狱行刑实际存在的弊端与危害日渐暴露。人们发现,在监狱服刑的人更容易获得犯罪经验。1939年,美国犯罪学家埃德温·哈丁·萨瑟兰在《犯罪学原理》一书中表述了犯罪产生主要是通过与亲密人群的交往、学习,获得经验的理论观点。他认为,监狱服刑人员更容易获得犯罪技术的学习机会,更容易认同犯罪选择,更容易坚定犯罪态度。1940年,美国社会学家唐纳德·克莱默在《监狱社会》一书中提出“监狱化”一词,认为罪犯的监狱服刑过程就是学习监狱文化的过程,监狱文化包括监狱纪律规则与监狱服刑犯间的亚文化(以下简称监狱亚文化)。一方面,封闭式的监狱将服刑的罪犯关押在高墙之中与社会隔绝,让他们过着纪律严格的监狱生活,长期单调、刻板的监禁生活,使服刑犯的“兴奋度被心理上的麻痹、萎靡和陷入监狱中的苦闷所代替。一切痛苦仍然是很大的,但已不如以前那样敏感,开始有些习惯了。活泼的性格也磨没了,在押犯变成绝对服从他人和过着单调

---

[1] [意]贝卡里亚:《论犯罪与刑罚》,黄风译,中国大百科全书出版社1993年版,第44页。

[2] [意]恩里科·菲利:《犯罪社会学》,郭建安译,中国人民公安大学出版社1990年版,第102-103页。

无味生活的无权者"[1]。服刑犯的自律能力逐渐弱化,习惯于听从命令,被动地按照监狱所限定的生活环境、生活内容和生活方式来约束自己的行为,甚至对监狱产生心理依赖,不适应出狱以后的正常生活。另一方面,监狱亚文化影响服刑犯的价值观念与行为模式。监狱亚文化是反社会的,是服刑犯之间的相处规则,包括对犯罪持赞赏态度、学习违法犯罪活动所必需的知识和技能,应对监狱管理的措施、逃避监管与惩罚的手段等,服刑犯对它的违反往往意味着将要遭到其他服刑犯的孤立与制裁。在监狱亚文化的影响下,服刑犯的犯罪心理会得到强化,也会形成孤独、颓废、疑忌、仇视、"阳奉阴违"的不良处世态度,不仅增加了监狱监督管理的难度,而且使服刑犯重新犯罪的人身危险性增强。

针对监狱的教育功能,德国著名法学家拉德布鲁赫曾于 1910 年指出:就刑罚的性质而言,它是否适合教育还值得怀疑。刑罚教育是强制教育,而强制就会产生对抗,只有投其所好,教育才能奏效。现时的监狱建筑,防止越狱的堡垒,对服刑犯处处设防的囚牢,都构成了教育障碍,而教育只能在信任的气氛中进行。[2]

19 世纪下半叶至 20 世纪上半叶,西方盛行罪犯复归理论。该理论认为,所有的罪犯都是可复归的,监狱应该是一个提供矫正罪犯的富有建设性的地方,而不只是一个惩罚罪犯的场所。美国学者巴特勒斯在此基础上反思和检讨复归理论及其在实践中的作用,对监狱功能的认识进一步延伸和深化。他认为,"将一个人数年之久关押在高度警戒的监狱里,告诉他每天睡觉、起床的时间和每日每分钟应做的事,然后再将其抛向街头并指望他成为一名模范公民,这是不可思议的!"[3]因此,巴特勒斯主张矫正罪犯,认为"矫正的任务包括在犯人和社区之间建立或重新建立牢固的联系,使罪犯归入或重归社会生活中去,恢复家庭关系,获得职业的教育。就广泛的意义而言,即在于为犯人在社会政党

---

〔1〕 [波兰]布·霍维斯特:《犯罪学的基本问题》,冯树梁等译,国际文化出版公司 1989 年版,第 168 页。

〔2〕 参见[德]拉德布鲁赫:《法学导论》,米健、朱林译,中国大百科全书出版社 1997 年版,第 88-89 页。

〔3〕 [美]克莱门斯·巴特勒斯:《矫正导论》,孙晓雳等译,中国人民公安大学出版社 1991 年版,第 130 页。

生活中获得一席之地提供帮助。这不仅要求必须努力改变每一名罪犯——这一点曾经是复归模式的唯一目标,而且这需要发动和改造社会及其各类机构"[1]。

20 世纪 70 年代,瑞典、丹麦、加拿大曾进行过较大规模的实证调查,结果发现在防范罪犯重新犯罪方面,非监禁措施比监狱行刑更加有效。例如在加拿大,监狱服刑犯的重新犯罪率为 44%,而被处非监禁者的重新犯罪率为 28%。1973 年,美国对某些州监狱服刑犯的重新犯罪情况开展调查,调查结果显示监狱行刑效果与进监狱的次数成反比,即在监狱服刑的次数越多,监狱行刑效果越差,累犯率越高。比如,当时的统计结果显示,第一次监狱服刑犯再犯率为 38%,第二次监狱服刑犯的再犯率为 40%,第三次监狱服刑犯的再犯率为 53%。[2] 20 世纪 90 年代后,在西方发达国家关于狱政制度的理论研究中,大量数据的实证分析结论表明,监狱行刑对于预防犯罪和减少重新犯罪的效能具有很大的局限性。[3]

面对监狱行刑的种种弊端和不良效应,为顺应行刑社会化与人道主义的要求,西方国家着手采取改革措施:一是尽可能地减少自由刑的适用,诸如选择适用罚金刑替代自由刑,以避免罪犯因为被监禁而与社会隔离,导致其不适应社会;二是对自由刑的传统执行方式进行改变,创立了开放式处遇制度,改变了罪犯一律被监禁隔离的监狱行刑模式。在不影响刑罚执行的情况下,对罪犯增加不同程度的信任,逐步对罪犯采取人道的非监禁化措施,尽可能地缩短其服刑生活同正常社会生活之间的距离,以社会作为教育矫正罪犯的平台,争取获得最好的行刑效果。在此背景之下,社区矫正模式应运而生。

社区矫正是对实务中具有相似特点的非监禁化措施的统称。其中,缓刑和假释是社区矫正的典型形式。现代意义上的缓刑制度是对罪犯有条件地不执行原判刑罚;假释制度是有条件地提前释放罪犯。两种制度的共同点在于罪犯都是有条件地不在监狱服刑(封闭模式),而是在社会矫正自己的行为(开放模

---

[1] [美]克莱门斯·巴特勒斯:《矫正导论》,孙晓雳等译,中国人民公安大学出版社 1991 年版,第 22 页。

[2] 参见兰洁主编:《监狱学》,中国政法大学出版社 1999 年版,第 254 页。

[3] 参见贡太雷:《惩戒与人权——中国社区矫正制度的法治理论》,法律出版社 2015 年版,第 52 页。

式)。有美国学者认为,缓刑和假释工作的三个必要成分就是治疗、监视和执法。治疗包括危险评估、个案监督计划和提供服务;监视涉及对个案监督计划的严格监控;执法要求通过多种机制,包括回到监狱、强制性地服从个案监督计划。[1] 1996年,美国矫正协会(American Correctional Association,ACA)组成的社区矫正委员会将社区矫正定义为:"社区矫正是通过提供制裁和服务来促进公共安全并使被害人和被告人处在社区中的司法制度的组成部分。"并认为,社区矫正的目标,要通过选择恰当的参加者、让犯罪人承担责任、修复对被害人和社区造成的损害、监督和治疗犯罪人、吸收公民参与、在社区和犯罪人之间维持积极联系来实现。[2] 显然,与社会隔离的监狱服刑模式不同,社区矫正模式下的罪犯,在通过危险评估后,不再被拘押于一定的场所,而是让其留在社会上,一般留在罪犯所在地的当地社区中,在让其保持正常生活的同时,也对其作出一定的限制。一方面,要求罪犯不能任意行事,必须遵守限制性规定,如定期报告、向社区提供无偿服务、禁止从事某些活动等,并接受必要的监督管理,以保护社区公众的安全,防范社区受到罪犯犯罪行为的侵害;另一方面,当地社区有不同的人员和力量参与社区矫正,为罪犯提供一定的服务,帮助罪犯掌握一定的生活技能和社会知识,解决生活、工作中遇到的问题,形成符合社会正常生活的处世态度,缓解、修复与被害人之间的关系等,最终使罪犯能顺利回归社会。

二、社区矫正在我国的发展

2011年,"社区矫正"出现在我国法律中;2019年,随着《社区矫正法》的颁布,"社区矫正"正式成为我国的一项法律制度。回溯发展过程,结合社区矫正的适用范围与适用要求,社区矫正在我国经历了由模式到制度的转变,即由事实上的存在发展为法律上的存在。事实上的存在,是指虽然法律没有明确规定社区矫正,但由于我国刑事法律中明确规定了以非监禁监督为特征的管制刑、缓刑、假释、监外执行等制度,因此在实务工作中实际已经有了社区矫正模式的活动与措施。法律上的存在,是指我国法律明确规定了社区矫正制度。

---

[1] 参见吴宗宪:《社区矫正比较研究》(上),中国人民大学出版社2011年版,第2页。

[2] 参见吴宗宪:《社区矫正比较研究》(上),中国人民大学出版社2011年版,第2页。

追溯历史,我国社区矫正“事实上的存在”又可分为“历史上的存在”和“现代社会中的存在”。这种划分是基于现代中国的社区矫正制度,实际上社区矫正最早可以追溯到清末刑律变革的事实。当时主持修订法律的大臣沈家本先生呼吁“取人之长以补吾之短”“彼法(西法)之善者,当取之,当取而不取是之为愚”[1]。在沈家本先生的不懈努力下,中国的法律制度进行了历史上最伟大的变革,废止了沿袭数千年的封建刑律,打破了中华法系传统的法典立法原则和模式,仿效西法、贯彻西方刑法理论,制定出了中国法律史上第一部具有独立意义的、标志着中国近代刑法诞生的刑法典——《大清新刑律》。《大清新刑律》删除重法,废除了凌迟、枭首、戮尸、缘坐和刺字等酷刑、肉刑和非人道的刑罚执行方式,缩小了刑讯使用范围,兴办习艺所和变笞杖为惩役或罚金,改徒流折赎银以及削减死罪条目等。总体上,清末刑律变革与社区矫正有关的因素主要集中于两个方面:一方面,是刑罚体系近代化的完成,即以肉刑为中心过渡到以自由刑为中心,刑罚明显地趋于轻缓化。刑法学家蔡枢衡先生曾指出,我国的刑罚史经历了“五帝时代以死刑为中心的刑罚体系、三王时代以肉刑为中心的刑罚体系、隋唐至清以徒流体刑为中心的刑罚体系和清末以后以自由刑为中心的刑罚体系等四个刑罚体系”[2]。另一方面,规定了近代刑罚制度,确立了罪刑法定原则以及刑法不溯及既往的派生原则,规定了轻重有别的处罚规则,在中国刑罚史上第一次采用了缓刑、假释制度。《大清新刑律》第十二章为“缓刑”,其第63条规定:“具有左列要件而受四等以下有期徒刑者或者拘役之宣告者,自审判确定之日起,得宣告缓刑五年以下、三年以上:一、未曾受拘役以上之刑者。二、前受三等至五等有期徒刑执行完毕或免除后逾七年、受拘役执行完毕或免除后逾三年者。三、有一定之住所及职业者。四、有亲属或故旧监督缓刑内之品行者。”第十三章为“假释”,其第66条规定:“受徒刑之执行而有悛悔实据者,无期徒刑逾十年后,有期徒刑逾二分之一后,由监狱官申达法部,得许假释出狱。但有期徒刑之执行未满三年者,不在此限。”虽然《大清新刑律》在颁布后未得以施行,但却对中华民国的刑事立法产生了重要的影响。民国时期的刑法不仅继续保留了缓刑制度和假释制度,而且新增入了保安处分制度。1935

---

[1] 张晋藩主编:《中国法制史》(第2版),高等教育出版社2007年版,第302页。

[2] 蔡枢衡:《中国刑法史》,广西人民出版社1983年版,第2页。

年的《中华民国刑法》设置“保安处分”一章，规定对未满14岁、精神障碍或其他心智缺陷者的危害社会的行为不处罚，但须送入感化教育处所或相当处所，施以感化教育或监护；对施用毒品成瘾者、因酗酒成瘾并有再犯可能者或故意传播传染病者，应于刑罚执行前送入相当处所施以禁戒或强制治疗；对有犯罪之习惯或因游荡或懒惰成习而犯罪者，於刑之执行前，令入劳动场所，强制工作。上述各种处分措施的执行与撤销由法院宣告和决定，其期限有3年以下、6个月以下和3个月以下。

之所以在此提到“保安处分”制度，是因为保安处分措施与现代社区矫正功能的实现有相似重合之处。有观点认为，“社区矫正就是典型的保安处分措施”[1]，“刑法中的保安处分措施具体包括缓刑监督、假释监督”[2]；还有观点主张“将适用社区矫正的管制刑改造为社区保安处分”[3]；等等。

管制刑为我国所独创。新民主主义革命时期，管制刑就已出现。解放战争期间，刑事立法开始为全国解放作准备，各个解放区都把惩办和改造反革命分子及加强社会治安作为中心任务。1948年11月15日发布的《中共中央关于军事管制问题的指示》规定，对一切反动党派和团体，收缴其各种反动证件，登记其各级负责人员，对登记后的少数反动分子实行管制（每日或每星期须向指定的机关报告其行动）。逮捕那些应该逮捕的战犯及罪大恶极的反动分子，没收那些应该没收的官僚资本。中华人民共和国成立后，司法机关继续沿用管制并对其逐步予以完善与发展。1952年4月，中央人民政府发布《惩治贪污条例》，将管制排在死刑、无期徒刑、有期徒刑、拘役之后，罚金之前。1956年11月，全国人大常委会通过《关于反革命分子的管制一律由人民法院判决的决定》，规定对反革命犯罪分子和其他犯罪分子的管制，一律由人民法院依法判决，交由公安机关执行。自此，管制被确定为刑罚种类。

自1978年起，随着改革开放的实践，我国对社会的治理经历了“政府统一管理—社会管理创新—社会治理”的发展阶段。响应时代背景的要求，社区矫正作为社会治理的一种手段，我国对其“法律上的存在”也历经探索与确立。概

---

〔1〕 王牧主编：《新犯罪学》，高等教育出版社2005年版，第345页。

〔2〕 时延安：《隐性双轨制：刑法中保安处分的教义学阐释》，载《法学研究》2013年第3期。

〔3〕 王牧主编：《新犯罪学》，高等教育出版社2005年版，第345页。

言之，自改革开放后，现代社区矫正制度在我国的开展历程可以分为以下四个阶段：

(一)萌芽阶段(1978—1999年)

1978年，党的十一届三中全会作出了“把全党的工作重点转移到社会主义现代化建设上来”的战略抉择，掀开了我国改革开放的伟大序幕，我国开始从计划经济体制向市场经济体制转轨。1979年7月1日，新中国第一部刑法——《刑法》(以下简称“79刑法”)正式颁布。“79刑法”第28条明确规定管制刑为5种主刑的第一种，并在第33—第36条中规定了管制制度。同时，“79刑法”在第67—第70条中规定了缓刑制度，在第73—第75条中规定了假释制度。(见表1)

表1　“79刑法”中的管制、缓刑、假释核心规定

刑罚名称	具体规定
管制	第三十四条　被判处管制的犯罪分子，在执行期间，必须遵守下列规定： (一)遵守法律、法令，服从群众监督，积极参加集体劳动生产或者工作； (二)向执行机关定期报告自己的活动情况； (三)迁居或者外出必须报经执行机关批准。 对于被判处管制的犯罪分子，在劳动中应当同工同酬。 第三十五条　被判处管制的犯罪分子，管制期满，执行机关应即向本人和有关的群众宣布解除管制。
缓刑	第六十七条　对于被判处拘役、三年以下有期徒刑的犯罪分子，根据犯罪分子的犯罪情节和悔罪表现，认为适用缓刑确实不致再危害社会的，可以宣告缓刑。 被宣告缓刑的犯罪分子，如果被判处附加刑，附加刑仍须执行。 第六十九条　对于反革命犯和累犯，不适用缓刑。 第七十条　被宣告缓刑的犯罪分子，在缓刑考验期限内，由公安机关交所在单位或者基层组织予以考察，如果没有再犯新罪，缓刑考验期满，原判的刑罚就不再执行；如果再犯新罪，撤销缓刑，把前罪和后罪所判处的刑罚，依照本法第六十四条的规定，决定执行的刑罚。

续表

刑罚名称	具体规定
假释	第七十三条　被判处有期徒刑的犯罪分子,执行原判刑期二分之一以上,被判处无期徒刑的犯罪分子,实际执行十年以上,如果确有悔改表现,不致再危害社会,可以假释。如果有特殊情节,可以不受上述执行刑期的限制。 第七十五条　被假释的犯罪分子,在假释考验期限内,由公安机关予以监督,如果没有再犯新罪,就认为原判刑罚已经执行完毕;如果再犯新罪,撤销假释,把前罪没有执行的刑罚和后罪所判处的刑罚,依照本法第六十四条的规定,决定执行的刑罚。

“79 刑法”于 1980 年 1 月 1 日起施行,这一时期国家的关注点在经济体制改革,社会由政府统一管理,因此刑法的工具性色彩较为鲜明。但经济体制改革逐渐引发社会结构的整体变革,我国社会面貌开始发生巨大变化。

1992 年 10 月,党的十四大明确提出了“建立社会主义市场经济体制”的改革目标,改革开放进入全面提速阶段。经济转轨带来了社会转型,社会流动人口增多,社会矛盾冲突不断加剧,社会治安管理工作变得日益紧迫。1993 年党的十四届三中全会通过的《中共中央关于建立社会主义市场经济体制若干问题的决定》出现了“加强政府的社会管理职能”的表述。1997 年党的十五大报告明确提出要“加强社会治安综合治理,打防结合,预防为主,加强教育和管理,落实责任制,创造良好的社会治安环境”。在这种背景之下,1997 年 3 月 14 日,基于对刑事司法实践经验的科学总结和升华,第八届全国人民代表大会第五次会议对“79 刑法”进行修订,重新公布《刑法》(以下简称“97 刑法”),并于 1997 年 10 月 1 日起施行。

“97 刑法”仍然保留管制刑作为五种主刑的第一种,并根据社会变革的现实情况,对管制刑进行了完善,在第 38—第 41 条中明确规定了管制制度。同时,“97 刑法”在第 72—第 77 条中规定了缓刑制度,在第 81—第 86 条中规定了假释制度。(见表 2)

表2　"97刑法"中的管制、缓刑、假释核心规定

刑罚名称	具体规定
管制	第三十九条　被判处管制的犯罪分子，在执行期间，应当遵守下列规定： （一）遵守法律、行政法规，服从监督； （二）未经执行机关批准，不得行使言论、出版、集会、结社、游行、示威自由的权利； （三）按照执行机关规定报告自己的活动情况； （四）遵守执行机关关于会客的规定； （五）离开所居住的市、县或者迁居，应当报经执行机关批准。 对于被判处管制的犯罪分子，在劳动中应当同工同酬。
缓刑	第七十二条　对于被判处拘役、三年以下有期徒刑的犯罪分子，根据犯罪分子的犯罪情节和悔罪表现，适用缓刑确实不致再危害社会的，可以宣告缓刑。 被宣告缓刑的犯罪分子，如果被判处附加刑，附加刑仍须执行。 第七十五条　被宣告缓刑的犯罪分子，应当遵守下列规定： （一）遵守法律、行政法规，服从监督； （二）按照考察机关的规定报告自己的活动情况； （三）遵守考察机关关于会客的规定； （四）离开所居住的市、县或者迁居，应当报经考察机关批准。 第七十六条　被宣告缓刑的犯罪分子，在缓刑考验期限内，由公安机关考察，所在单位或者基层组织予以配合，如果没有本法第七十七条规定的情形，缓刑考验期满，原判的刑罚就不再执行，并公开予以宣告。
假释	第八十一条　被判处有期徒刑的犯罪分子，执行原判刑期二分之一以上，被判处无期徒刑的犯罪分子，实际执行十年以上，如果认真遵守监规，接受教育改造，确有悔改表现，假释后不致再危害社会的，可以假释。如果有特殊情况，经最高人民法院核准，可以不受上述执行刑期的限制。 对累犯以及因杀人、爆炸、抢劫、强奸、绑架等暴力性犯罪被判处十年以上有期徒刑、无期徒刑的犯罪分子，不得假释。 第八十四条　被宣告假释的犯罪分子，应当遵守下列规定： （一）遵守法律、行政法规，服从监督； （二）按照监督机关的规定报告自己的活动情况； （三）遵守监督机关关于会客的规定； （四）离开所居住的市、县或者迁居，应当报经监督机关批准。 第八十五条　被假释的犯罪分子，在假释考验期限内，由公安机关予以监督，如果没有本法第八十六条规定的情形，假释考验期满，就认为原判刑罚已经执行完毕，并公开予以宣告。

总结这一阶段，我国没有法律规定社区矫正，也没有“社区矫正”的提法，但实际上在刑事立法与刑事司法中已经有了社区矫正模式的做法，具体表现在管制刑、缓刑、假释以及监外执行的规定与执行中，这一阶段，我国的社区矫正属于“事实上的存在”。

（二）探索阶段（2000—2010 年）

21 世纪，我国刑罚理念的发展动向是倡导刑罚谦抑性，体现刑罚人道主义思想，通过提高社会治理能力和发展多元化的社会治理手段，将刑罚置于社会治理体系之中，降低刑罚的作用，注重预防犯罪实效。在这样的理念引导下，我国关于社区矫正的实践机制进入构建阶段，并对社区矫正的法治化进行了初步探索。

2001 年 5 月，河北省石家庄市长安区人民检察院在中国内地率先探索实施社会服务制度，并出台《关于实施“社会服务令”暂行规定》，对犯罪较轻的未成年犯罪嫌疑人，由检察机关下达“社会服务令”，推荐到社会公益性机构，由检察机关聘用的辅导员对其进行思想感化教育，并在规定时间内从事有益的无薪工作，对社会作出一定补偿，使其重拾自尊，早日回归社会。检察机关根据未成年犯罪嫌疑人社会服务期间的工作表现和思想转变情况，决定是否对其作出不起诉处理来代替检控。

2002 年年初，司法部将“社区矫正研究”列为 2002 年度重点研究课题并组成课题组。课题组完成《关于改革和完善我国社区矫正制度的研究报告》。时任中央政法委员会书记罗干对此报告给予了充分肯定并批示：“社区矫正制度是一个方向，但从报告中看，它涉及方方面面的问题，可以在现有法律许可的范围内，先进行一些试点，在试点中逐步商量有关部门解决有关问题，包括立法修改问题。”〔1〕该批示对于我国探索社区矫正工作具有重大的指导作用。

2002 年 8 月，根据司法部的要求，上海市政法委发布《关于开展社区矫治工作试点的意见》（沪委政法〔2002〕101 号），决定在上海市普陀区曹杨新村街道、徐汇区斜土路街道和闸北区宝山路街道开展社区矫治试点工作，以注重教育挽

---

〔1〕 朱久伟、陈耀鑫：《社区矫正地方立法研究》，载《中国司法》2016 年 9 月 5 日。

救违法犯罪青少年和轻微犯罪者。应该说,上海市开创了社区矫正在地方制度化的先河,在我国社区矫正规范化、制度化的进程中具有里程碑意义。

2002 年 11 月,党的十六大报告将社会管理明确为政府的四项主要职能之一,提出要“坚持打防结合、预防为主,落实社会治安综合治理的各项措施,改进社会管理,保持良好的社会秩序”,社会管理被列为维护社会稳定的具体途径。2004 年,党的十六届四中全会提出构建社会主义和谐社会的宏伟目标,明确了社会管理的领导体制,提出建立健全“党委领导、政府负责、社会协同、公众参与”的社会管理格局。社区矫正工作作为推进社会管理的重要内容,2003 年 7 月,由最高人民法院、最高人民检察院、公安部和司法部(以下简称“两高两部”)联合颁布《关于开展社区矫正试点工作的通知》(司发〔2003〕第 12 号),首先在北京、上海、天津、江苏、浙江、山东 6 个省(直辖市)中开展社区矫正试点工作。2004 年 5 月,司法部制定下发《司法行政机关社区矫正工作暂行办法》(司发通〔2004〕88 号),确立了社区矫正试点工作的依法开展。

由于上述 6 个省(直辖市)的社区矫正试点工作取得了一定成效,在维护社会和谐稳定、降低刑罚执行成本等方面发挥了显著作用,中央决定进一步推动社区矫正工作的深入开展。2005 年 1 月,“两高两部”又联合颁布《关于扩大社区矫正试点范围的通知》(司发〔2005〕3 号),将河北、内蒙古、黑龙江、安徽、湖北、湖南、广东、广西、海南、四川、贵州、重庆等 12 个省(自治区、直辖市)列为第二批社区矫正试点地区。从此,社区矫正的司法实践在我国大面积展开。

2006 年,党的十六届六中全会作出《中共中央关于构建社会主义和谐社会若干重大问题的决定》,提出要着力发展社会事业,完善社会管理;明确要求实施宽严相济的刑事司法政策,积极推行社区矫正。2007 年,党的十七大将“社会建设”“经济建设”“政治建设”“文化建设”并列为“四大建设”,在重申“健全党委领导、政府负责、社会协同、公众参与的社会管理格局”的同时,提出“要最大限度激发社会创造活力,最大限度增加和谐因素,最大限度减少不和谐因素”的新要求。这个时期,社区矫正工作已被视为加强特殊人群管理的重要手段,党中央、国务院对社区矫正工作高度重视。2008 年 12 月,《中央政法委员会关于深化司法体制和工作机制改革若干问题的意见》对推进社区矫正工作提出了明确要求。司法部在全面总结社区矫正试点经验,认真调查研究、深入分析社区矫正工作面临的形势任务的基础上,提出了全面试行社区矫正工作的意见。经中央批准,2009 年 9 月,“两高两部”联合制定下发《关于在全国试行社区矫正工作的意见》(司发通〔2009〕169 号),对全国全面试行社区矫正工作作出了具体规定。该意见明确提出开展社区矫正工作是我国司法体制和工作机制改革的重要内容;把那些不需要、不适宜监禁或者继续监禁的罪犯放到社区里,充分利用社会力量有针对性地对其实施矫正,促进其顺利回归和融入社会,对于贯彻落实宽严相济的刑事政策,探索完善中国特色刑罚执行制度,降低刑罚执行成本、提高刑罚执行效率,最大限度地增加和谐因素,最大限度地减少不和谐因素,维护社会和谐稳定,具有重要意义。2009 年 10 月,“两高两部”召开全国社区矫正工作会议,对全面试行社区矫正工作作出部署。社区矫正工作正式在我国全面试行。

试行阶段,各省市积极探索社区矫正工作机制,结合实际,有针对性地提出创新措施,积累了有益的社区矫正工作经验。例如,云南省提出了“裁前评估、全员接收、分类管控、有效施教、解教跟踪、全程监督”的 24 字工作流程,由法院、监狱、公安等机关在作出非监禁刑罚决定前,评估刑事被告人是否适合社区矫正,矫正机构要求被调查人提供担保,并把担保作为适合社区矫正的必要条件。实施亲友担保共同监督、共同管理。进入社区矫正后,根据社区矫正人员的犯罪类型、重新犯罪可能性、人身危险性、个体差异性等进行分类,分别实施不同等级的处遇和管理强度,开展针对性的教育矫正。对于矫正期限届满的社区矫正人员,实施安置帮教工作,跟踪反思矫正工作中存在的问题,及时加以改进;并与保障社会安全稳定工作对接,对发现的不稳定因素,主动及时化解或及时予以反馈处理。[1] 2010 年年初开始,张家港市探索“行政管理和社会服务”相结合,以政府购买服务的社会工作组织模式,让社区矫正实现了专业化运作。此外,诸多省市为有力有序有效地推进社区矫正工作,纷纷结合当地的实际情况,制定出台了相关配套文件及其他适用于本地的规范性文件,为推进我国社区矫正立法工作奠定了重要基础。例如,2010 年 6 月,吉林省长春市人大常委会审议通过了《关于全面试行社区矫正工作的决定》,这是我国通过的第一个具有地方性法规性质的关于社区矫正工作的规范性文件。[2] 又如,上海市制定

〔1〕 储皖中:《云南“24 字流程”规范社区矫正》,载搜狐新闻网,http://news.sohu.com/20100607/n272607707.shtml。

〔2〕 朱久伟、陈耀鑫:《社区矫正地方立法研究》,载《中国司法》2016 年 9 月 5 日。

出台了《关于推进本市社区矫正工作的实施意见(试行)》[1]《关于社区矫正对象法律文书转递工作的规定(试行)》《上海检察机关参与社区矫正工作试行办法》《上海法院参与社区矫正工作的若干意见》等;北京市发布了《关于开展社区矫正试点工作的意见》《北京市社区矫正工作告知书》《北京市社区矫正工作实施细则》等;湖北省制定出台了《拟适用非监禁刑审前社会调查实施办法》《湖北省罪犯假释工作暂行规定》《湖北省社区矫正对象考核奖惩办法》等规范性文件。

综上,总结这一阶段的突出表现,一是从社区矫正的理论研究到试点试行,司法行政机关发挥了重要作用;二是各个地方对社区矫正工作机制的积极探索取得明显成效。有些地方创新实践、勇于探索,创造性地形成了独具特色的社区矫正模式,在全国产生了较大的影响力,其中以北京和上海最为典型,学界称其为"北京模式"与"上海模式"。"北京模式"的行政色彩较浓,强调社区矫正应该由国家机关执行,实施以司法所为主体承担社区矫正工作,并抽调监狱警察与司法所的司法助理人员共同组成社区矫正的主要力量。因此,北京各区虽然成立了阳光社区矫正服务中心,名义上是民间社团组织,但这些机构均为政府主导组建。而"上海模式"有市场化的色彩,强调多方主体应当参与社区矫正工作,推行模式主要表现为政府购买社团组织服务,主张由社会工作者承担社区矫正工作。值得肯定的是,两种探索模式下的社区矫正工作都产生了显著的效果。

(三)发展阶段(2011—2015年)

"97刑法"实施以来,针对刑法的规定存在不适应社会发展要求或者没有反映社会发展要求的滞后状况,我国通过制定发布《刑法修正案》的方式对刑法予以完善。从《刑法修正案》的内容来看,刑事法网越来越严密,而刑罚程度越来越趋向宽缓,鲜明地以"严而不厉"的刑法结构彰显着宽严相济刑事政策的时代精神。

2011年2月25日,第十一届全国人民代表大会常务委员会第十九次会议

---

[1] 《连续三年社区矫正对象零重犯 听专家讲述〈社区矫正法〉的上海经验》,载新浪新闻网,http://news.sina.com.cn/c/2020-07-25/doc-iivhvpwx7369459.shtml。

通过《刑法修正案(八)》,其中明确规定了对判处管制、宣告缓刑以及假释的罪犯依法实行社区矫正。从法律意义上来看,社区矫正从此有了“合法的身份”。《刑法修正案(八)》的颁布标志着社区矫正制度在刑法中的确立,使我国实行社区矫正有章可循、有法可依,为司法行政机关履行指导、管理社区矫正工作职能提供了法律依据。同时,《刑法修正案(八)》的颁布也是对我国经历了试点、已经进入试行的社区矫正工作成效的充分肯定,不仅为社区矫正的发展提供了法律基础,而且进一步有力地推动了我国社区矫正法律制度的建立与完善。

2011 年,党中央、国务院印发《关于加强和创新社会管理问题的意见》,明确提出,加强和创新社会管理,要坚持以人为本、服务为先、多方参与、共同治理。2012 年 1 月 10 日,为贯彻落实中央加强和创新社会管理的要求,“两高两部”联合发布《社区矫正实施办法》,自 2012 年 3 月 1 日起施行。《社区矫正实施办法》将各地在实践中形成的行之有效的工作体制机制、矫正方法和模式经验等固定下来,上升为统一的制度,使之成为社区矫正工作的操作指导和基本依据,全面规范了社区矫正从适用前调查评估、交付与接收、矫正实施到解除矫正整个工作流程,注重针对性与可操作性,为社区矫正工作在全国依法顺利开展提供了制度保证。

《社区矫正实施办法》第 2 条第 1 款规定:“司法行政机关负责指导管理、组织实施社区矫正工作。”据此,2012 年 1 月,中央机构编制委员会办公室《关于设立司法部社区矫正管理局的批复》同意司法部设立社区矫正管理局,该局的主要职责是:负责监督检查社区矫正法律法规和政策的执行工作;拟定全国社区矫正工作发展规划、管理制度和相关政策并组织实施;监督管理对社区矫正人员的刑罚执行、管理教育和帮扶工作;指导开展社区矫正社会工作和志愿服务。

2012 年 3 月 14 日,第十一届全国人民代表大会第五次会议通过《全国人民代表大会关于修改〈中华人民共和国刑事诉讼法〉的决定》,明确规定“对被判处管制、宣告缓刑、假释或者暂予监外执行的罪犯,依法实行社区矫正,由社区矫正机构负责执行”。2012 年 10 月 26 日,第十一届全国人民代表大会常务委员会第二十九次会议通过《全国人民代表大会常务委员会关于修改〈中华人民共和国监狱法〉的决定》,对暂予监外执行或者假释的罪犯实行社区矫正制度也作出具体规定。至此,社区矫正制度在我国的刑事基本法律中都得到了确认。

2012年,党的十八大报告在“党委领导、政府负责、社会协同、公众参与”的社会管理16字方针中增加了“法治保障”,标志着“社会管理法治化”已成为我国法治建设和社会管理的重要指引与基本方向。2013年11月,党的十八届三中全会召开,会议作出的《中共中央关于全面深化改革若干重大问题的决定》提出全面深化改革的总目标是完善和发展中国特色社会主义制度,推进国家治理体系和治理能力现代化。国家将“社会管理”转换为“社会治理”,明确提出要“健全社区矫正制度”。为贯彻党的十八届三中全会精神,各省市相继制定出台了辖区社区矫正的相关细化规范。例如,2014年1月,江苏省十二届人大常委会第八次会议审议通过的《江苏省社区矫正工作条例》是我国第一部社区矫正的地方性法规。2014年10月,党的第十八届四中全会通过了《中共中央关于全面推进依法治国若干重大问题的决定》,作出了“完善刑罚执行制度,统一刑罚执行体制”的决策部署,提出了“制定社区矫正法”的明确要求。由此,制定一部专门的、系统的、符合中国国情的《社区矫正法》势在必行。

综上,回顾这一阶段的工作,社区矫正在我国的发展实际上是立足于中国对社会治理实践经验的积累与提升,在推进社会治理现代化的语境中,始终在坚持探索符合中国特色的社区矫正理论和实践模式。其中,最为重要的是将社区矫正纳入法治轨道,国家不仅在宏观方面通过基本法律的形式确认了社区矫正制度,同时还开展了社区矫正实施的具体办法规定,使我国社区矫正在适用范围、具体实践和工作程序等方面规范运行,为今后的社区矫正专门立法奠定了基础。

(四)深化阶段(2016年至今)

2016年12月,国务院法制办公室向社会公开《社区矫正法(征求意见稿)》及其说明,向社会各界征求意见和建议;2017年国务院再次将社区矫正立法列入全面深化改革急需的立法项目;2018年3月7日,全国政协委员、时任司法部副部长刘振宇接受采访时表示:“社区矫正立法已形成共识,还有‘最后一公里’的问题需要解决,社区矫正执法主体身份的问题还需要进一步研究加以明确。”[1]2019年6月25日,在总结实践经验的基础上,《社区矫正法(草案)》首

---

〔1〕 刘嫚:《社区矫正立法还有“最后一公里”》,载《南方都市报》2018年3月12日,第1版。

次提请十三届全国人大常委会第十一次会议审议，受国务院委托，司法部在作草案说明时介绍，我国社区矫正从2003年开始试点，2009年在全国全面试行。16年来，全国累计接收社区矫正对象431万人，累计解除矫正361万人，目前在册社区矫正对象70万人。社区矫正的人均执行成本只有监狱的1/10，社区矫正期间社区矫正对象的再犯罪率只有0.2%。社区矫正工作对维护社会和谐稳定，推进平安中国、法治中国建设发挥了积极作用。[1] 2019年10月，《社区矫正法(草案)》进入全国人大常委会第二次审议；2019年12月28日，第十三届全国人民代表大会常务委员会第十五次会议通过《社区矫正法》，自2020年7月1日起实施。2020年6月，为贯彻实施《社区矫正法》，"两高两部"联合制定出台《社区矫正法实施办法》(司发通〔2020〕59号)，自2020年7月1日起实施。

《社区矫正法》的颁布实施，标志着我国社区矫正工作进入了深化阶段。《社区矫正法》对我国社区矫正的机构、人员、职责、监督管理、教育帮扶和未成年人社区矫正等作出了明确规定，有利于保证罪犯的基本人权，有效合理地配置司法资源，有利于推动落实社区矫正法治化、规范化，以保证更好地降低罪犯的再犯罪率，维护社会的长治久安，积极推动我国社区矫正事业的发展。

回顾我国发展社区矫正事业的发展历程，毋庸置疑，工作取得了显著成效。但是我们也必须注意到，当前社区矫正工作中仍然存在较多的困难和突出的问题，从目前的实际情况看，主要体现在以下两个方面：

一方面，社区矫正是对社区矫正对象进行监督管理和教育帮扶的有机统一，因此，社区矫正工作的开展需要一支专业化、职业化的队伍，加强矫正队伍的规范化建设是工作开展的必然需求，也是迫切需求。但整体上，社区矫正工作队伍的现状与规范化要求还有很大的差距，主要表现为社区矫正机构工作人员的专业化程度普遍薄弱；接受委托承担社区矫正日常工作的司法所面临人员少、任务重的问题；实践普遍反映社会力量参与、支持社区矫正不充分，[2] 当前

---

〔1〕 司法部于2019年6月25日在第十三届全国人民代表大会常务委员会第十一次会议上作的《关于〈中华人民共和国社区矫正法(草案)〉的说明》。

〔2〕 司法部于2019年6月25日在第十三届全国人民代表大会常务委员会第十一次会议上所作的《关于〈中华人民共和国社区矫正法(草案)〉的说明》中提到了社会力量参与问题和有关机关在社区矫正中的衔接配合程序问题。

的社会力量普遍存在薄弱、缺失、不专业、缺乏经验、不规范、参与度不高、参与效果形式化等问题;在帮助社区矫正对象回归社会的目标实现过程中,仍然存在社区矫正经费保障不足、有关机关在社区矫正中的衔接配合不流畅、社区矫正监督管理水平不高,甚至有渎职失职、徇私舞弊等违法违纪现象发生的问题。

另一方面,在《社区矫正法》颁布实施之前,对于社区矫正工作中遇到的问题与困难,往往将其归结为立法不健全。但我们需要认识到,很多情况下,造成问题的并非只是因为缺乏规则,而是人们对规则的态度。现实生活中,"有法律无秩序""有规则却得不到执行"的现象依然普遍,"法律体系"与"法治体系"之间还有相当大的努力空间。因此,我们需要梳理社区矫正中存在的问题是否为立法不健全的问题。以"徒法不足以自行"的原理分析,社区矫正工作中存在的有些问题并不会因为《社区矫正法》的颁布实施而自动消失,督促人们养成尊重、遵守国家制定的社区矫正工作规则的习惯,仍然是我们依法开展工作中需要关注的重要问题。只有认真贯彻落实《社区矫正法》,注重提高社区矫正能力、素养、理念、认知等关键性因素,才能让社区矫正制度发挥实效。

总之,上述这一系列问题影响着社区矫正的有效发展,社区矫正工作的开展需要思考如何才能使《社区矫正法》及其他规则得以全面实施,促使社区矫正法的基本精神与具体规定真正落地;同时,也需要督促社区矫正实践者在运用法治思维的基础上,积极探索对社区矫正对象矫正方法的创新,认真研究社区矫正规则实施机制以及实践中需要衔接和协调的问题;还需要开展广泛的社会共识建设,争取最大范围的社会支持,以及及时制定相应的配套实施措施,以更有效地防范再犯罪;等等。

三、青藏地区的人文地理特征

青藏地区是全国四大地理区划之一,主要包括青海、西藏、甘肃甘南、四川阿坝与甘孜等地区,所处高原也因此得名青藏高原。青藏地区地势高耸,有"世界屋脊"之称,是黄河、长江、澜沧江的发源地。青藏地区是藏族的主要聚居区,具有丰富的人文特色。

具体来说,青藏地区主要涵盖青海省和西藏自治区两个省级行政区域。青海省共辖 8 个地级行政区,包括 2 个地级市、6 个自治州,共计 7 个市辖区、5 个县级市、32 个县(包括 7 个自治县);西藏自治区共辖 6 个地级市、1 个地区,共计8个市辖区,66个县。[1] 另外,甘肃省的甘南与四川省的甘孜都属于藏族自治州,四川省的阿坝属于藏族羌族自治州。

(一)青藏地区的地理环境

青藏地区位于我国横断山脉以西、喜马拉雅山脉以北、昆仑山脉和阿尔金山以南。青藏地区的显著特色是“高”和“寒”。“高”,是指地势高、海拔高,以高原为主,平均海拔超过4000米,是平均海拔最高的高原,世界上海拔超过8000米的山峰几乎都在该地区。“寒”,是指由于地势高,空气稀薄,形成独特的高寒气候,年温差小,日温差大,冬寒夏凉。青藏地区是我国夏季气温最低的地方,也是我国年积温最低的地方。该地区冬季严寒,因寒冷造成许多山脉终年积雪,雪峰连绵、冰川广布。

青藏地区是世界山岳冰川的主要分布区,冰川侵蚀形成大量湖泊,而丰富的冰雪融水成为许多大河的源头,并为星罗棋布的内陆湖提供补给。青海三江源地区就是长江、黄河、澜沧江的发源地,素有“江河源”之称,被誉为“中华水塔”。长江总水量的25%、黄河总水量的49%、澜沧江总水量的15%都来自这一地区。青海三江源国家级自然保护区是中国面积最大的湿地类型国家级自然保护区。

青藏地区全年干旱少雨,辐射强烈,植被较少。许多地方以农牧生产为主。由于气温较低,仅适于喜温凉、生长期短的作物生长,如青稞、小麦、豌豆。该地区是我国重要的畜牧区,但畜牧业只适于放牧适应高寒、缺氧、低气压等特殊环境的牲畜,如牦牛、藏绵羊、藏山羊等。

(二)青藏地区的社会经济发展概况

自改革开放以来,青藏地区的社会经济取得了快速的发展。近年来,在习近平总书记和党中央、国务院的亲切关怀下,青藏地区的各族干部群众坚持以习近平新时代中国特色社会主义思想为指导,贯彻新发展理念,坚持以人民为中心,认真落实稳增长、促改革、调结构、惠民生、防风险等各项措施,使青藏

---

[1] 参见中华人民共和国民政部——全国行政区划信息查询平台,http://xzqh.mca.gov.cn/map,最后访问日期:2019年12月4日。

地区的经济结构进一步优化，人民生活持续改善，民族团结进一步加强，社会取得更大的进步，各民族人民安居乐业。

2014 年，青海省实现生产总值 2301.12 亿元，增长 9.2%；2014 年年末全省常住人口 583.42 万人，比上年末增加 5.63 万人，其中，少数民族人口 274.09 万人。2015 年，全年生产总值达 2417 亿元，增长 8.2%；2015 年年末全省常住人口 588.43 万人，比上年年末增加 5.01 万人，其中，少数民族人口 280.74 万人。2016 年，实现生产总值 2572.49 亿元，比上年增长 8.0%；2016 年年末，全省常住人口 593.46 万人，比上年年末增加 5.03 万人，其中，少数民族人口 283.14 万人。2017 年，青海省经济保持总体平稳、稳中向好的发展态势，实现生产总值 2642.80 亿元，比上年增长 7.3%；2017 年年末，全省常住人口 598.38 万人，比上年年末增加 4.92 万人，其中，少数民族人口 285.49 万人。2018 年，实现生产总值 2865.23 亿元，比上年增长 7.2%；2018 年年末，青海省常住人口 603.23 万人，比上年年末增加 4.85 万人，其中，少数民族人口 287.80 万人。2019 年，实现生产总值 2965.95 亿元，比上年增长 6.3%；2019 年年末全省常住人口 607.82 万人，比上年年末增加 4.59 万人，其中，少数民族人口 289.99 万人。2020 年，面对突如其来的新冠肺炎疫情，全年实现生产总值 3005.92 亿元，按可比价格计算，比上年增长 1.5%；全年城镇新增就业人员 6.19 万人；全年居民消费价格总水平比上年上涨 2.6%；全年全省常住居民人均可支配收入 24037 元，比上年增长 6.3%。[1]

2014 年，西藏自治区实现全区生产总值 920.83 亿元，比上年增长 10.8%；2014 年年末，全区常住人口总数为 317.55 万人，比上年净增加 5.51 万人。2015 年，全区实现生产总值 1026.39 亿元，比上年增长 11.0%；2015 年年末，全区常住人口总数为 323.97 万人，比上年净增加 6.42 万人。2016 年，实现全区生产总值 1150.07 亿元，比上年增长 10.0%；2016 年年末，全区常住人口总数为 330.54 万人，比上年净增加 6.57 万人。2017 年，实现全区生产总值 1310.63 亿元，比上年增长 10.0%；2017 年年末，全区常住人口总数为 337.15 万人，比上年净增加 6.61 万人。2018 年，实现全区生产总值 1477.63 亿元，比上年增长

---

〔1〕《青海省国民经济和社会发展统计公报》，载青海省统计局官网，http://tjj.qinghai.gov.cn，最后访问日期：2021 年 7 月 23 日。

9.1%,增速位居全国第一;2018年年末,全区常住人口总数为343.82万人,比上年净增加6.67万人。2019年,实现全年地区生产总值(GDP)1697.82亿元,按可比价计算,比上年增长8.1%;2019年年末,全区常住人口总数为350.56万人,比上年净增加6.74万人。2020年,面对新冠肺炎疫情的严重冲击,自治区全年地区生产总值1902.74亿元,按可比价计算,比上年增长7.8%;全区居民消费价格比上年上涨2.2%;城镇新增就业5.6万人;全体居民人均可支配收入21744元,比上年增长11.5%。[1]

应该说,青藏地区的综合实力日益增强,整个社会正处于历史上经济社会发展的最好时期。但我们也要认识到,从横向发展来看,青藏地区仍然存在诸多发展局限。

首先,青藏地区地势高,平均海拔超过4000米,自然条件恶劣,生态环境脆弱,植被生长缓慢,森林覆盖率低,气候高寒、干旱,空气稀薄,环境艰苦,发展的硬环境较差,外来人才难以适应,各类人才缺乏。其次,在总体发展水平上,青藏地区的基础设施建设和产业发展仍然相对滞后,不能满足经济社会的发展需求。农牧村生产生活基础条件整体较为落后,有些地区自然环境恶劣,人们居住分散、交通不便、信息闭塞,在交通、上学、看病、通信等方面仍然存在条件较差、比较难的问题;受自然条件限制,加之长期的历史地理等复杂原因导致青藏地区综合经济实力薄弱,贫困面广、贫困程度深,自我发展能力较弱,经济发展主要依靠国家在资金、人力、技术和物资等方面的扶持,对国家具有较强的依赖性,发展任务艰巨。另外,青藏地区的社会事业基础薄弱,整体上人口综合素质不高,思想观念落后的现象仍然较为普遍;由于地理环境、办学条件、家庭经济状况和认识观念等多种因素的影响,青藏地区的失学辍学现象仍然存在;地域间教育均衡发展存在的差异性、教育资源配置不均、地区优质教育资源依然不足等因素影响着教育事业的发展;如何最大限度地减少宗教在青藏地区产生的消极影响依然是一个不容忽视的问题。总之,我们需要付出更大的努力进一步优化青藏地区的社会结构、公共服务等多项社会发展指标,以实现青藏地区各民族共同繁荣进步的目标。

---

〔1〕《西藏自治区国民经济和社会发展统计公报》,载西藏自治区统计局官网,http://tjj.xizang.gov.cn,最后访问日期:2021年7月23日。

(三)青藏地区的人文资源与法律环境

青藏地区拥有较多的少数民族,是我国少数民族聚居的主要地区之一,包括藏族、回族、蒙古族、土族、撒拉族、珞巴族、门巴族等。在历史发展的长河中,青藏地区各民族经历了冲突与交流的不断融合与发展,孕育出了多元的民族风俗,各民族之间在长期交往中彼此影响、相互依存,共同发展创造出了丰富多彩的传统文化资源,使青藏地区的文化既有鲜明的地域特色,又有浓郁的民族特色,形成多民族文化共融的氛围。青藏地区的文化资源通常表现为宗教文化、民族习惯、民俗活动、民族节日、民族语言文字、民谣谚语、民族音乐、歌舞表演、绘画雕刻、民族刺绣、服饰等,它们承载着厚重的历史文化积淀,同时展现着鲜明的民族民俗文化特色,反映着现代文化的发展精神。青藏地区独具特色的人文资源,已成为中华民族灿烂文化宝库的重要组成部分。

青藏地区的很多群众自出生时起,就受到相关文化资源的熏陶和影响,他们非常尊重这些文化资源,并按照这些文化资源安排自己的生活,形成生活习惯。生活中表现很鲜明的特征是他们的言行举止、衣食住行,甚至性格特征都有着相关文化资源的表达。俗话说:“一方水土养一方人。”青藏地区独特的自然环境造就了青藏地区特有的人文生态资源。从环境的视角关注青藏地区的人文资源对当地人们的深刻影响,是本书研究的需要,也符合本书研究的旨趣。略作梳理,以下三个方面值得关注:

第一,长期在青藏地区“高、寒”、险峻、恶劣的地理环境中生存与发展,青藏地区各族人民的性格中具有鲜明的高原色彩。例如,藏族自古以来生活在青藏高原,青藏高原海拔高、地势险峻多变、地形复杂,日照辐射强、气温低、积温少,使“在青藏高原这个雪地母亲拥抱中成长起来的藏民族,其性格中具有对艰苦环境非凡的适应性,是一个顽强、倔强、不畏艰险、不怕困难,吃苦耐劳的民族”〔1〕。而青藏高原广袤的地域,促使藏族群众选择了游牧的生活方式,为寻找水草丰美的牧场,他们不断地变换着居所,但“游牧的生产和生活方式又造成了游牧民族性格中的另一面:散漫、自由”〔2〕。又如,青藏地区的回族群众主要

---

〔1〕 李燕:《藏族的民族性格与现代化》,载《西南民族学院学报(哲学社会科学版)》1996年第4期。

〔2〕 李燕:《藏族的民族性格与现代化》,载《西南民族学院学报(哲学社会科学版)》1996年第4期。

居住于青海省的河湟地区。河湟地区西临青藏高原，不仅与青藏高原连为一体，而且是黄河流经的青海东部农业区和湟水流域，从而形成了农牧结合地区，这种地理环境的特殊性在一定程度上成为推动河湟地区农牧业生产和农畜产品贸易交流的重要因素，也促使生活在此地区的回族群众形成重视经商的传统观念和善于经商的民族文化特征。对此，理论界也有研究指出“民族性格深受社会、经济、文化传统、生活方式及地理环境的影响”[1]，认为“作为人类生存和发展的自然地理环境对社会历史发展有着一定的决定作用，这不仅体现在生理特征、性格、心理、生产、经济上，而且在文学艺术、风俗习惯、地方法律乃至政体上有着深刻影响”[2]。

第二，蕴含着青藏地区人民群众的思想感情、价值观念的文化资源对于青藏地区社会的发展具有重要影响。在青藏地区的多元文化结构中，如果分析对人们的生活、地区的发展产生强有力影响作用的文化因素，不可避免地要提及宗教文化。首先，青藏地区具有博大精深的藏传佛教文化。绝大多数藏族群众有宗教信仰，宗教精神对藏族群众生活有着深刻影响。有理论研究认为，藏传佛教几乎囊括了藏族文化的全部。[3] 在现实生活中，藏族群众对藏传佛教信仰的极端虔诚和全身心投入，使他们的生活模式也表现出浓厚的宗教色彩。其次，青海世居少数民族中的回族、撒拉族群众多数信奉伊斯兰教，他们将宗教教义作为精神支柱，安排支配生活中的人情世故与行为观念。另外，青藏地区的其他少数民族群众如蒙古族、土族、珞巴族、门巴族群众等，在历史发展的长河中，经过民族间的相互交往、相互影响和相互融合，也形成了自己完整的宗教信仰体系。时至今日，在他们的待人接物、衣食住行、生产生活中，仍然能明显感受到鲜明的宗教情结，影响着他们的社会心理、人生观、价值观的形成与发展。

第三，回归到法律制度的推行，我们不能不关注法律与环境之间的关系。法律与其所处环境之间有着深刻的内在联系：一方面，法以社会为基础，法不能脱离社会环境，因此法的生成、存在、实施、执行以及作用的发挥、发展亦不可避免地深受各种环境因素的影响；另一方面，社会的发展需要法予以保驾护航，但

[1] 时蓉华、刘毅编著：《中国民族心理学概论》，甘肃民族出版社 1993 年版，第 133 页。

[2] 宋正海：《回归人类古老的生存信仰：地理环境决定论》，载《山西大学师范学院学报》2000 年第 2 期。

[3] 李燕：《藏族的民族性格与现代化》，载《西南民族学院学报（哲学社会科学版）》1996 年第 4 期。

社会所处的法律环境又影响、制约着社会的进步与发展。

青藏地区有着多民族的地域文化色彩，传统的民族文化特征使青藏地区在国家法律制度之外，还活跃着丰富的民族习惯法，如藏族部落习惯法、回族习惯法等。高其才教授认为，“习惯法是独立于国家制定法之外，依据某种社会权威和社会组织，具有一定的强制性的行为规范的总和”。[1] 其中，少数民族习惯法（简称民族习惯法），是习惯法中最为丰富、最具影响力的重要组成部分，是少数民族在长期的生产、生活过程中逐渐自发形成的，用以维护本民族内部安全稳定，调整、分配、保护本民族利益的行为规则。卢梭曾经指出，一定的社会除了国家的法以外，还存在最重要的法，“这种法律既不是铭刻在大理石上，也不是铭刻在铜表上，而是铭刻在公民们的内心里；它形成了国家的真正宪法；它每天都在获得新的力量；当其他的法律衰老或消亡的时候，它可以复活那些法律或代替那些法律，它可以保持一个民族的创制精神，而且可以不知不觉地以习惯的力量代替权威的力量。我说的就是风尚、习俗，而尤其是舆论”[2]。高其才教授曾指出：“中国传统社会疆域广大、社会情况复杂，其之所以能几千年延续而且没有根本变化，除了国家制定法外，少数民族习惯法等习惯法是起了很大作用的”，而且“社会发展变迁过程中，如何处理国家制定法的发展只是其中的一个方面，从某种角度认识，如何对待包括少数民族习惯法在内的习惯法和习惯法文化比如何对待国家制定法更为关键、更为重要”[3]。因此，青藏地区在推行国家制度、实施法律过程中，应当关注习惯法的存在，重视习惯法的影响力，发挥民族习惯法等习惯法的积极作用，对于青藏地区的稳定与发展具有重要的意义。

---

[1] 高其才：《中国少数民族习惯法研究》，清华大学出版社 2003 年版，第 8 页。

[2] [法]卢梭：《社会契约论》，何兆武译，商务印书馆 1980 年版，第 73 页。

[3] 高其才：《中国少数民族习惯法研究》，清华大学出版社 2003 年版，第 14-15 页。

附录二　社区矫正问卷

一、社区矫正人员认知问卷

您好：

这是一份关于社区矫正项目的社会调查问卷，以下表格填写需要您的信任并占用您的宝贵时间，但您的付出对于我们的社会和我们每一个公民都有积极意义，我们会绝对保护好涉及您个人隐私的任何内容，非常感谢您的参与配合！

您的性别(　　)　出生年月(　　)　文化程度(　　)

婚姻状况(　　)　罪名(　　)　原判刑期(　　)　矫正期限(　　)

判刑次数(　　)　第一次犯罪时年龄(　　)　管理等级(　　)

1. 您认为社区矫正的好处是什么？(多选)(　　)

①自由　②和家人在一起　③去学校上学、去单位工作

④信任、关心　⑤公平、正义　⑥其他

2. 正在接受社区矫正的牛某换了一份新工作，您认为他应不应该向司法所报告？(　　)

①应该　②没有必要　③不知道

3. 您知道参加社区服务是为了培养社会责任感吗？(　　)

①知道　②不知道

4. 对社区矫正工作中的监督管理措施，您的态度是(　　)。

①完全能够接受　②比较能够接受　③基本能够接受　④不能接受

5. 社区矫正中的教育学习对您有帮助吗？(　　)

①有很大帮助　②有一些帮助　③没有帮助

6. 您是否接受过有关机构提供的心理咨询服务？(　　)

①接受过　②没接受过

7. 您知道您在社区矫正过程中享有什么权利吗？(　　)

①知道　②不知道　③知道一点儿

8. 在日常生活中，您和社区邻里交往如何？(　　)

①经常交往　②偶尔交往　③不交往

9. 社区矫正后，您认为您的社区邻里对您的态度怎么样？(　　)

①友好　②戒心　③敌意　④看不起　⑤社区邻里不认识我　⑥我不清楚

10. 从长远来看，您认为自己所面临的最大困难是什么？(　　)

①服刑人员的身份　②缺乏谋生技能、文化水平低　③人际关系交往　④其他

11. 如果您遇到困难，首先向谁求助？(　　)

①家人　②亲友　③邻里　④社区　⑤政府　⑥社区矫正机构

12. 社区矫正期间，您内心最需要什么？(　　)

①家人关心　②亲友支持　③社会帮助　④被害人理解　⑤社区友善

13. 案件处理过程中，您取得被害人的谅解了吗？(　　)

①取得了被害人的谅解　②没有取得被害人的谅解

14. 您现在对被害人持一种什么心态？(　　)

①有些怨恨　②两不相欠　③很有歉意　④自认倒霉

15. 您现在能够适应社会生活吗？(　　)

①能够很好适应　②基本能够适应　③完全不能适应

16. 您认为自己现在有没有改变？(　　)

①有　②没有

17. 您能接受公益劳动吗？(　　)

①自愿接受　②比较能接受　③基本能接受　④不能接受

18. 您对社区矫正工作有什么看法？(　　)

①做得好　②说不出来　③需要改善

19. 矫正过程中，您最希望政府提供什么帮助？(　　)

①心理咨询　②社会保障　③就业技能　④文化教育　⑤落实户口、责任田等

20. 您认为社区矫正期间，下列哪一项对您最重要？(　　)

①文化、技能的教育和培训　②批评、建议和监督

③帮助就业　④家人的帮助　⑤其他事项

二、社区矫正工作人员认知问卷

您好：

这是一份关于社区矫正项目的社会调查问卷，以下表格填写需要您的信任并占用您的宝贵时间，但您的付出对于我们的社会和我们每一个公民都有积极意义，我们会绝对保护好涉及您个人隐私的任何内容，非常感谢您的参与配合！

1. 社区矫正是依法对符合社区矫正条件的犯罪人实施的监督管理的总称。您赞同这种社区矫正的定义吗？（司法行政专答）（　　）

①赞同　②不赞同　③说不清楚

2. 社区矫正是指将符合条件的罪犯置于社区内，由司法行政机关主管，在有关部门、社会组织和志愿者的协助下，在判决、裁定或决定确定的期限内，矫正其犯罪心理和行为恶习的非监禁刑事执行活动。对此，您是否知道？（　　）

①知道　②不知道　③不太清楚

3. 监狱不利于罪犯改造，让罪犯在社会上改造，取得的效果比在监狱好。您赞同这种观点吗？（　　）

①赞同　②不赞同　③说不清楚

4. 您认为以下哪种素质对社区矫正工作人员最重要？（　　）

①服务意识　②社会工作知识　③法律法规　④丰富的工作经验　⑤其他

5. 您在矫正过程中的角色是什么？（多选）（　　）

①教育者　②监督管理者　③冲突调停者　④权益争取者　⑤提供服务者

⑥政策倡导者　⑦社会资源链接者　⑧其他

6. 您认同以下哪些工作理念？（多选）（　　）

①尊重保护　②严格管理　③强制改造　④其他

7. 社区矫正中最重要的职能在于使社区矫正人员服从矫正组织的监督管理，必须遵守各项矫正制度规定。您同意这种观点吗？（　　）

①同意　②不同意　③说不清楚

8. 利用多种相对宽松的方式对社区矫正人员进行教育，您认为是社区矫正

的工作方法吗？(　　)

①是 ②不是 ③说不清楚

9. 您认为司法行政矫正机构是否有必要主动与民政部门联系，将社区矫正纳入社区建设规划当中？(　　)

①有必要 ②没有必要 ③说不清楚

10. 司法所为某一社区矫正人员制定的社区矫正方案，一经制定就再不会调整。您赞同这种做法吗？(　　)

①赞同 ②不赞同 ③说不清楚

11. 社区矫正人员沈某，在接受社区矫正期间，曾经和他一起混的狐朋狗友还总是来找他。称他们已经加入了某某团伙，还常说钱挣得如何如何多，日子过得如何如何好。请问，沈某是否要将此情况向司法所报告？(　　)

①应该 ②不是必须的 ③说不清楚

12. 您对我国社区矫正的社会工作现状有什么认识？(　　)

①社会工作者严重缺乏 ②社会工作者专业化程度低 ③不了解

13. 社区矫正工作手段有限，缺乏足够有效的强制措施，工作中底气不足。您赞同这种说法吗？(　　)

①赞同 ②不赞同

14. 您对人民检察院制发的社区矫正违法执法活动纠正检察建议的态度是(　　)。

①没有必要，矫正工作难度很大，要求不能太高

②应该制发，能有效监督社区矫正工作

③从长远来看，应该制发，但现阶段对矫正工作的开展是一种阻碍

15. 我国明确规定了社区矫正人员的人身安全、合法财产和辩护、申诉、控告、检举以及其他未被依法剥夺或者限制的权利不受侵犯。您知道这个规定吗？(　　)

①知道 ②不知道 ③应该有规定，内容不太清楚

三、社区矫正公众认知问卷

您好：

这是一份关于社区矫正项目的社会调查问卷，以下表格填写需要您的信任并占用您的宝贵时间，但您的付出对于我们的社会和我们每一个公民都有积极

意义，我们会绝对保护好涉及您个人隐私的任何内容，非常感谢您的参与配合！

您的性别（　　）　您的民族（　　）

您的职业（　　）

①务农　②务工　③经商　④事业单位　⑤公务员　⑥无业

您的年龄（　　）

①14—24岁　②25—34岁　③35—44岁　④45—54岁　⑤55岁以上

您的文化程度（　　）

①文盲　②小学　③初中　④高中　⑤中专　⑥大专、本科

⑦研究生及以上

1. 您知道社区矫正吗？（　　）

①大概知道　②明确知道　③听说过　④完全不知道

2. 您知道我国有社区矫正吗？（　　）

①知道　②不知道

3. 您是如何知晓社区矫正的？（　　）

①工作　②经历　③学校　④开会　⑤媒体　⑥听别人说　⑦其他

4. 如果您所在的社区有社区矫正人员，您的态度是（　　）。

①厌恶　②害怕　③有些不安　④无所谓　⑤希望能给予帮助

5. 对罪犯，我们不把他关起来，我们让他继续留在社会上，让他继续与他的家人一起生活，让他继续工作，或者继续学习。你赞同这种做法吗？（　　）

①赞同　②不赞同　③说不清楚

6. 你参与过社区矫正吗？（　　）

①参与过　②没参与过

7. 如果有家人或亲友在社区实行矫正，您愿意担任他的保证人吗？（　　）

①愿意　②不知道　③不愿意

8. 您觉得社区矫正有用吗？（　　）

①应该有用　②相信有用　③估计没有　④基本没用　⑤不清楚

9. 您愿意帮助一个犯过罪的人吗？（　　）

①愿意　②不愿意　③不知道

10. 您参加过对社区矫正人员的帮助教育活动吗？（　　）

①有 ②没有

11. 对实行社区矫正的罪犯,我们应该一起帮助改造,让他成为我们中的一员,他有困难了,我们要想办法帮他解决。你愿意这样做吗?( )

①愿意 ②不愿意 ③不知道

12. 如果社区矫正人员愿意向受害人道歉、赔偿,您认为他们的关系会和解吗?( )

①应该会 ②基本会 ③很难会 ④说不准

13. 您认为国家应该采取怎样的态度对待犯罪?( )

①严厉打击,重惩戒 ②刑罚轻重有度 ③重教育

14. 您知道社工或志愿者吗?( )

①知道 ②只知道社工 ③只知道志愿者 ④不知道 ⑤听说过

15. 您做过一些社会志愿者活动吗?( )

①做过 ②没做过 ③不知道如何去做 ④想做

16. 对您所在的社区举办的社区活动,您的态度是( )。

①很感兴趣,经常参加 ②感兴趣,但没有时间参加

③不感兴趣,也不参加 ④不清楚

17. 在日常生活中,您认为您所在的社区居民交往情况怎样?( )

①经常交往 ②偶尔交往 ③不交往

四、监督社区矫正访谈问卷

1. 您怎么看检察院的监督职能?

2. 检察院是如何行使监督职能的?

3. 检察人员多长时间来一次?监督形式有哪些?(怎么监督的?)监督内容是什么?(来了以后做了哪些工作?干什么了?)监督效果如何?(你们觉得有效吗?对你们的工作有无影响?有积极影响还是消极影响?)有无典型事例?有无改善的地方?

4. 您知道检察院对社区矫正的监督吗?监督内容是什么?

5. 您是否接到过检察院发出的口头纠正意见、纠正违法通知书和检察建议书?如果接到过,是什么原因?

6. 请回答社区矫正中检察院的工作模式有哪些?

①监所检察科与派驻看守所检察室合署办公,社区矫正法律监督工作限于社区矫正专项检察。②对于辖区内无看守所的县级人民检察院,其监所检察人员专门负责社区矫正检察工作,成为专职社区矫正检察官。③对于撤销监所检察部门的县级人民检察院,社区矫正法律监督工作由其他科室检察人员兼职承担。④在社区矫正人员数量较多的乡镇街道设立社区矫正检察办公室、监督站或联络站,由监所检察人员担任社区矫正检察官,定期、不定期地到办公室工作。⑤在乡镇街道建立与人民法庭、派出所以及司法所相对应的派出检察室,将社区矫正法律监督作为主要职责,将社区矫正检察官与乡镇街道检察室工作人员有机整合。

7. 检察院对社区矫正监督的观念强不强？对社区矫正监督在检察院中是否具有突出的地位？是否将对社区矫正的监督纳入部门的考核？

8. 检察人员的监督相对于社区矫正来说,是否应当具备专业化程度和专业素养？他们在这方面是否存在欠缺？

9. 检察监督的具体程序以及介入时间、监督后果等有无明确的规定？是否有具体、规范的流程？您认为其中最需要完善的机制是什么？

10. 检察机关采取的是定期检察还是不定期检察？是全面检察还是重点检察？

11. 检察机关采取的是事后监督、事中监督、事前监督中的哪一种？监督效果如何？

12. 检察机关对社区矫正的监督,如何获得相关信息？获得的途径？(单一？被动？)获得的形式？(书面？直接或间接？)获得的信息怎么样？(片面或全面？滞后？动态？真实？完整？)

13. 检察机关对社区矫正监督的手段怎么样？(单一？强制力如何？)

14. 如果被监督者不采纳建议,检察机关怎么处理？可否进一步采取有效措施对违法行为予以强有力的纠正？

15. 您认为检察院的建议是否被采纳取决于什么因素？(取决于被监督单位的自觉性？取决于为了维护好兄弟单位的关系？)

16. 检察机关对调查评估中的虚构造假等违法或不公行为如何监督？对社工和志愿者的违规违法行为如何监督？(是否可以通过监督监管者的途径予以解决？)

附录三　司法所调研表

1. 具体司法所的情况：

特点	1 人所	
	2 人所	
	3 人所	
工作员人数		
编制	公务员	
	事业编	
	公益性岗位	
	临聘	
性别	男	
	女	
年龄	18—29 周岁	
	30—39 周岁	
	40—49 周岁	
	50 周岁以上	
学历	高中及以下	
	大专	
	本科	
	研究生	
专业背景	法律	
	社会	
	心理	
	教育	
	其他	

续表

工资待遇	1500 元以下				
	1500—2000 元				
	2000—2500 元				
	2500—3000 元				
	3000 元以上				
社区矫正工作时间	半年				
	1—3 年				
	3—5 年				
	5 年以上				
在册社区矫正人员数量(人)		总数:	男:	女:	未成年:
社会志愿者(人)		(如有,请填数字与来源;没有,写“无”)			
专业社会工作者(人)					

2. 在册社区矫正　缓刑(　)人　管制(　)人　假释(　)人　监外执行(　)人

3. 司法所办公条件:好(　　)　不好(　　)

办公场所面积(　　)　办公设备(　　)

4. 下列情况如果有,请填数字;如果没有,填“0”。

单位:个

建立就业基地	建立教育基地	建立社区服务基地	合计

5. 司法所对社区矫正人员开展的如下工作,如果有统计,请将一年的次数填上;如果不到一年,请填上一段时间的统计;没有,填“0”。

单位:次

司法所	集中教育	个别谈话	心理辅导	组织社区服务	技能培训	指导就业就学